Mercedes-Benz

Kartoffelknödelteig wäre wundervoll, hörten Autor **GERHARD WALDHERR** und Fotograf **BERND JONKMANNS** auf die Frage, was sie mitbringen sollten. Die deutsche Freundin des Führers Ray Watt, mit dem die beiden durch die Drakensberge tourten, war so hilfsbereit, dass sie diesen Wunsch gerne erfüllten. Was ihnen selbst am besten schmeckte: die mysteriöse Aura der Berge, die Ruhe, die Schönheit. Ihre Reportage lesen Sie **ab Seite 136.**

Schnipsel sind das Material der Künstlerin **JULIA GREY,** 25. Aus Gefundenem und Gemaltem, Geschnittenem und Gedichtetem hat sie ein genauso schönes wie ungewöhnliches Buch über Kapstadt und seine Umgebung gemacht. Ursprünglich war das Projekt eine freie Arbeit, die sie während ihrer Ferien an der Michaelis School of Fine Art begonnen hatte. Unser Autor **STEFAN NINK** traf sie und ließ sich ihre Lieblingsstellen am Kap zeigen. **Ab Seite 46.**

Vier Jahrzehnte ist Autor **RANDOLPH BRAUMANN,** 71, regelmäßig in Afrika unterwegs gewesen, oft als Kriegsreporter. Johannesburg, wo er zeitweise fest verwurzelt war, betrachtet er als seine zweite Heimat, „gerade weil es eine so raue Stadt ist". Wie man das Leben dort auch in kritischen Zeiten genießen kann und wie man versucht, den Alltag in die Innenstadtviertel der einstigen „Hauptstadt des Verbrechens" zurückzuholen, lesen Sie **ab Seite 148.**

Joachim Negwer, Chefredakteur

EDITORIAL

Liebe Leserin, lieber Leser,

es war Abend im Krüger-Nationalpark, und eigentlich wollte Autor Stefan Nink nur noch vor dem Essen eine kleine Ausfahrt machen. Nink ist ein erfahrener Safari-Gänger, an diesem ersten Tag bekam er aber doch Herzrasen. Gleich hinter der Umzäunung des Camps stand ein gewaltiges Nashorn, das ziemlich ärgerlich war. Nink suchte den Rückwärtsgang, fand ihn nicht gleich, weil die Gangschaltung in Südafrika links vom Fahrer sitzt. Das Nashorn raste los, und er verfluchte den Augenblick, als er den billigsten und damit mickrigsten Mietwagen gebucht hatte … Wie unser Autor aus dieser prekären Situation entkam, lesen Sie ab Seite 82.

Zwölf Jahre ist es her, dass die Apartheid beendet wurde – zwölf Jahre, in denen sich das Land massiv verändert hat. Überall trifft man auf Signale des Aufbruchs. Kapstadt ist eine pulsierende Metropole. Die Kapregion, die Weinberge und die Garden Route – überall dort erleben wir das moderne und manchmal auch das mondäne Südafrika. Auf der anderen Seite ist aber die Armut nicht zu übersehen, Aids ist die Geißel des Landes und die Kriminalität in einigen Regionen Besorgnis erregend hoch. In diesem Heft berichten wir auch über diese Probleme. Doch die Reportagen von Thomas Zwicker über das Aids-Projekt Jabulani (Seite 132) und die über Johannesburg von Randy Braumann (Seite 148) tragen eine gehörige Portion Hoffnung in sich. Die Psychologie-Professorin Pumla Gobodo-Madikizela sagte meiner Kollegin Anne Zuber im Interview (ab Seite 110): „Wir haben nach dem Ende der Apartheid eine Sprache der Versöhnung gefunden, die das Bewusstsein der Bevölkerung durchdrungen hat." Und gerade deshalb ist sie sich sicher, dass Südafrikas Zukunft friedlich ist.

In diesem Sinne wünsche ich Ihnen viele interessante Begegnungen im neuen Südafrika.

Herzlichst Ihr

Joachim Negwer

Fotos: Bernd Jonkmanns; Guy Stubbs

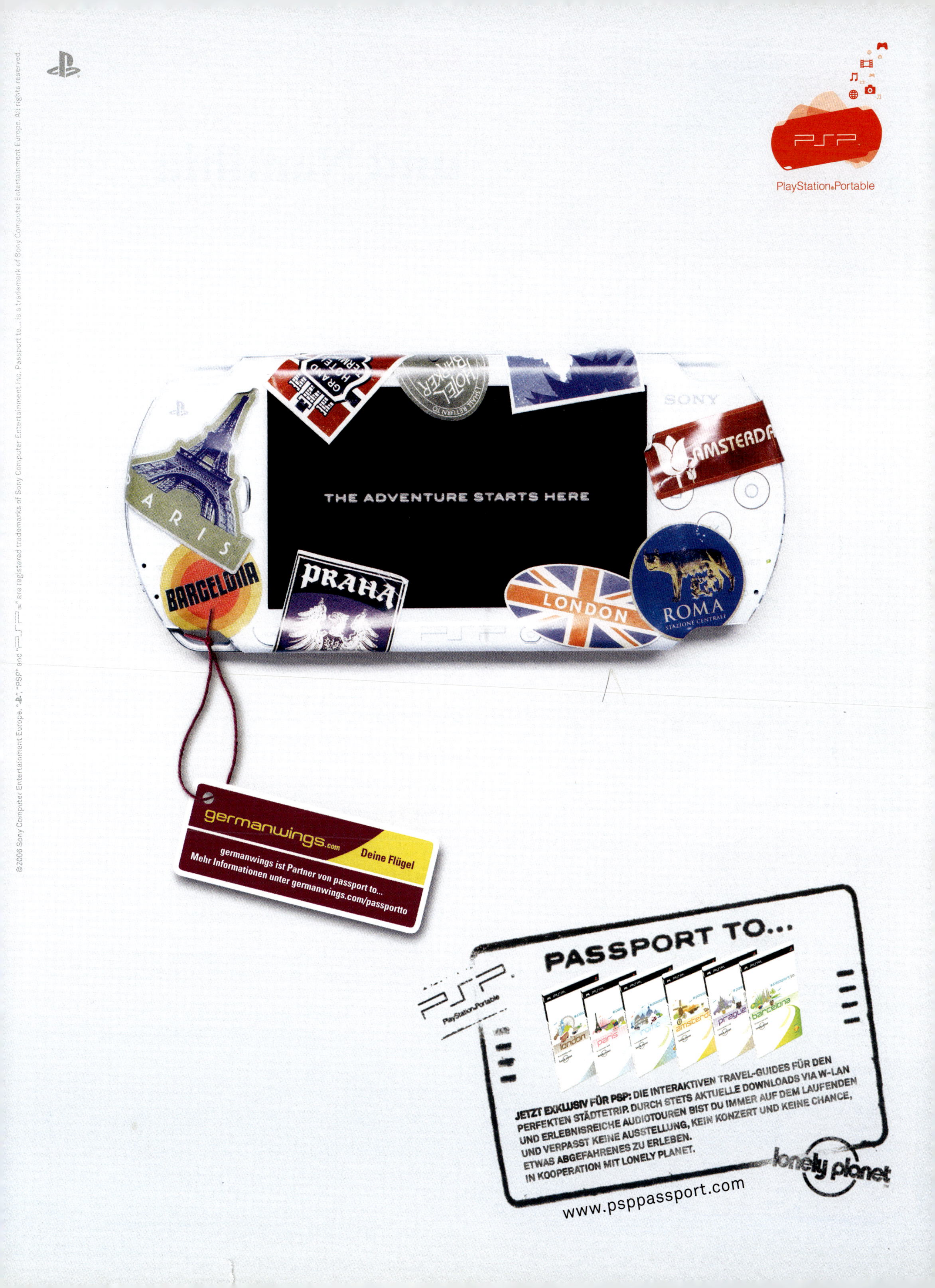
PlayStation.Portable
SONY
AMSTERDA
PARIS
BARCELONA
PRAHA
LONDON
ROMA
STAZIONE CENTRALE
THE ADVENTURE STARTS HERE
germanwings.com
Deine Flügel
germanwings ist Partner von passport to...
Mehr Informationen unter germanwings.com/passportto
PASSPORT TO...
PlayStation.Portable
london
paris
amsterdam
prague
barcelona
JETZT EXKLUSIV FÜR PSP: DIE INTERAKTIVEN TRAVEL-GUIDES FÜR DEN PERFEKTEN STÄDTETRIP. DURCH STETS AKTUELLE DOWNLOADS VIA W-LAN UND ERLEBNISREICHE AUDIOTOUREN BIST DU IMMER AUF DEM LAUFENDEN UND VERPASST KEINE AUSSTELLUNG, KEIN KONZERT UND KEINE CHANCE, ETWAS ABGEFAHRENES ZU ERLEBEN.
IN KOOPERATION MIT LONELY PLANET.
lonely planet
www.psppassport.com
©2006 Sony Computer Entertainment Europe. "PSP" and "PSP" are registered trademarks of Sony Computer Entertainment Inc. Passport to... is a trademark of Sony Computer Entertainment Europe. All rights reserved.

DAS WILDE LEBEN Begegnungen im Krüger-Park

LEBEN IN KAPSTADT Logenplatz am Meer

LEBENSWELTEN Zwischen Tradition und Moderne

INHALT

Südafrika und Namibia

REPORTAGEN

KAP-REGION

Titelmotiv: Picture Finders/Ifa-Bilderteam
Fotos: Frans Lanting; Svenja Kruse; Bernd Jonkmanns

FUSSBALL Eine südafrikanische Leidenschaft

NAMIBIA Die schönsten Stationen einer Rundtour

Besuchen Sie uns auch im Internet: Unter www.adac.de/reisemagazin finden Sie die wichtigsten Links aus dem Heft zum Anklicken, können Ihr Südafrika-Wissen testen und E-Cards verschicken. Dazu: Leseproben zu allen lieferbaren Titeln.

www.adac.de/reisemagazin

SCHNELLSUCHE

Elefanten-Parade im Krüger-Nationalpark

HINTERGRUND

RUBRIKEN

STICHPUNKTE

Fotos: Guy Stubbs; Jochen Vorfelder

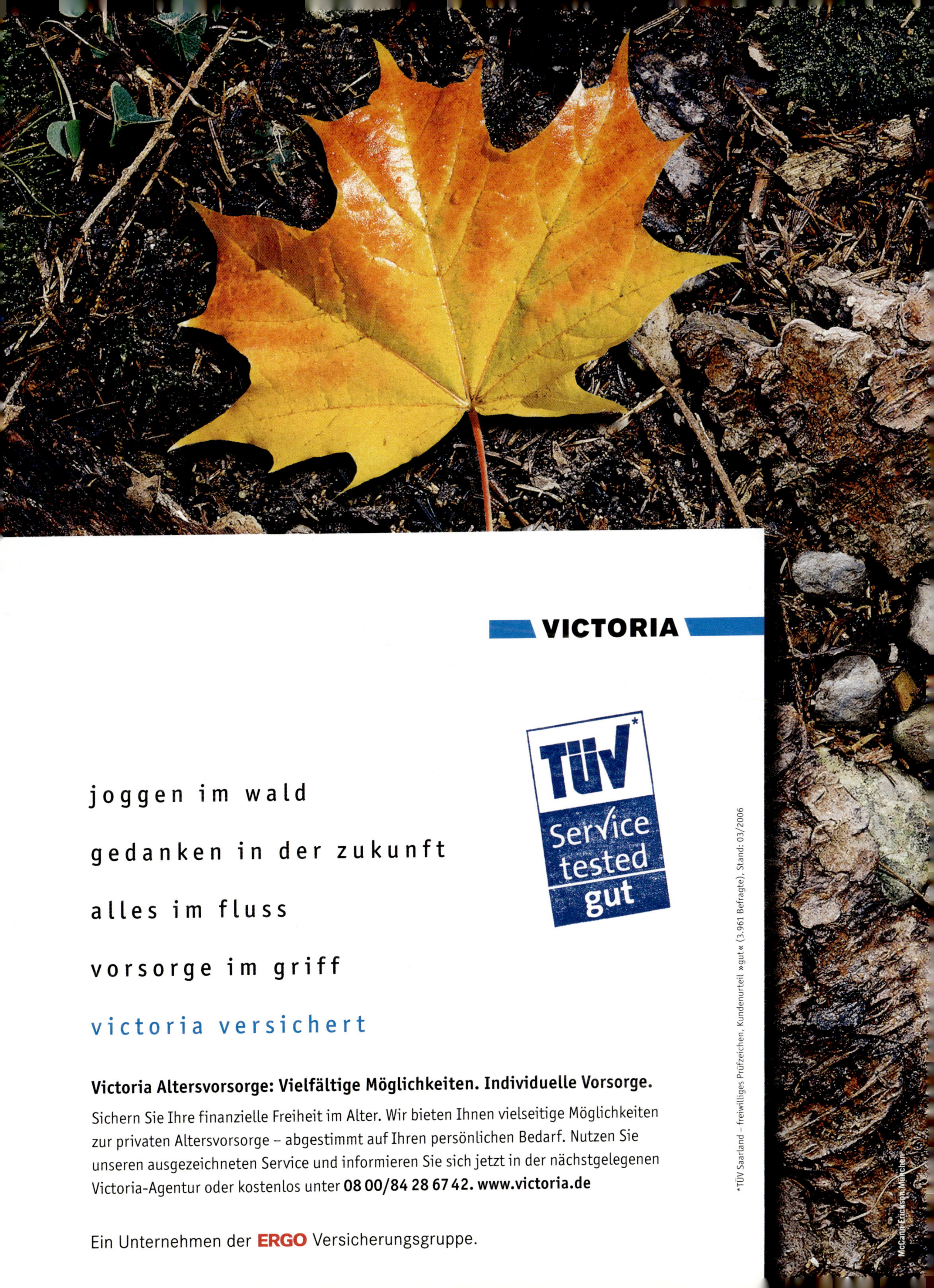

SÜDAFRIKA

Gesichter eines Landes

Eigentlich bezieht sich das Bild der „Regenbogen-Nation“ ja auf die Menschen verschiedener Hautfarben, die in Südafrika zusammenleben. Es passt aber auch deshalb so gut zu diesem Land, weil in seinem besonderen Licht angesichts seiner atemberaubenden Landschaften und der Herzlichkeit seiner Bewohner das Leben einfach bunter erscheint als anderswo

Foto: Gerald Hänel

Gelb, rot, grün leuchten die kleinen viktorianischen Badehäuschen von St. James südlich von Kapstadt auf der Kap-Halbinsel. 52 Kilometer weit ragt diese Landzunge in den Atlantik hinein, als habe Afrika an dieser Stelle noch nicht enden wollen und sei einfach ein Stück weitergewachsen. Gut so, denn die kleinen Küstenorte, die Pinguine von Boulders Beach, das sturmumtoste Kap der Guten Hoffnung und die spektakuläre Küstenstraße Chapman's Peak wollen wir nicht missen

Foto: Africa von Michael Poliza, erschienen bei teNeues

Kupfern schimmern die Flecken auf dem Fell der Giraffen. Ein wahrlich erhebender Anblick, diese Tiere – auch wenn sie nicht zu den Big Five gehören. Aber wer tut das schon? Eben nur fünf der 300 Arten von Säugetieren, die in Südafrika leben. Das sind sechs Prozent aller weltweit vorkommenden, und sie versammeln sich auf nur einem Prozent der gesamten Landmasse der Erde. Wie schade wäre es da, nur nach Löwe, Leopard, Elefant, Nashorn und Büffel Ausschau zu halten. Nein, das haben die Giraffen nicht verdient, auch nicht die Antilopen und die Warzenschweine und die Delfine und die Nilpferde und, und, und ...

GRINDROD MEWS
FOR SALE

Fotos: Ralf Schultheiß (2)

Blaue Stunde in Durban: Wenn die Wellenreiter an der Beachfront die Bretter einpacken und die indischen Curry-Händler am Victoria Market ihre orangefarbenen Pulver in Säcken verschließen, ist der perfekte Moment für einen bunten Cocktail gekommen, zum Beispiel in der Jazz Lounge des BAT Centre am Hafen

Schwarze, Weiße, Coloureds und Asiaten – Nelson Mandelas Traum von der Regenbogen-Nation, in der alle Rassen und Hautfarben gleichberechtigt miteinander leben, mag noch keine Realität sein. Aber Südafrikas bewundernswerter Wandel vom totalitären System zur Demokratie macht uns Hoffnung

Foto: Bernd Jonkmanns

Beige und schwarz ist die Decke, in die sich Molefi Jonas Makae, 82, gehüllt hat, Häuptling des Dorfes Matebeng in Lesotho. Das kleine Königreich, das zu den ärmsten Ländern der Welt gehört, ist vollständig von seinem einzigen Nachbarn Südafrika umgeben. Nahezu alle der etwa zwei Millionen Einwohner gehören zum Bantuvolk der Basotho. Die Wolldecke ist Teil ihrer traditionellen Kleidung, Kobo heißt sie in der Landessprache SeSotho. Zu den beliebtesten Motiven gehören der Maiskolben als Symbol der Fruchtbarkeit und die Krone

DER MEULEN -ST
STR

Violett, himmelblau und in all den anderen Farben, die auf der Pastellpalette noch zu finden sind, strahlen die Fassaden im islamischen Viertel Bo-Kaap. Mit seinen historischen Häusern, teils aus dem 18. Jahrhundert, und seinen Moscheen ist es eines der ältesten Wohngebiete Kapstadts

Türkis schimmert das Meer nahe der Kapspitze am Platboom Beach, einem von vielen (Surf-)Stränden an 3000 Kilometer Küste. Da reihen sich aneinander: mächtige Felsen an der Wild Coast, bunte Unterwasserwelten an der Rocktail Bay und Logenplätze für Wal-Beobachter am Western Cape

Fotos: Jon Hicks/Corbis; Emmler/laif

Rot oder weiß – ist eigentlich egal, die südafrikanischen Weine genießen in jeder Farbe einen hervorragenden Ruf. Das war nicht immer so: Als Jan van Riebeeck, der im Auftrag der Holländisch-Ostindischen Kompanie eine Kolonie weißer Siedler am Kap errichtet hatte, 1659 den ersten Wein erntete, soll er ein

Foto: Gerald Hänel

Bouquet von Putzmittel und Essig gehabt haben. Doch schon 30 Jahre später kelterte man in Constantia und Stellenbosch so vorzügliche Weine, dass sich bald die europäischen Fürstenhöfe in großem Stil beliefern ließen. Und heute? Schmeckt ein Besuch der wunderschönen Weingüter am Kap allen Reisenden

Goldenes Licht liegt auf den Bergen von Lesotho während des Sonnenaufgangs und erzählt vom größten Schatz des südlichen Afrika: der Landschaft. Ob auf den Gipfeln der Drakensberge, ob in der Wüste im Grenzgebiet von Northern Cape und Namibia oder in der Weite der Savanne – ihre Schönheit

und ihre Ursprünglichkeit rühren an unserer Seele. Gerne sind wir da bereit, den Forschern zu glauben, die aufgrund von Knochenfunden hier und in Ostafrika die Wiege der Menschheit vermuten. Der Homo sapiens hätte sich für seinen ersten Auftritt keine dramatischere Bühne aussuchen können

Galleria

Warum sich Sardinen vor der Küste drängen wie in der Dose, wie Kapstadt seine Politiker besingt. Wo sich Wale blicken lassen, wie sich südafrikanische Trachten mit der Mode vertragen und wie junge Leute aus lauter Ärger erfolgreich Musik machen

Kein Wirbelsturm, sondern ein Schwarm Sardinen. Sie drängen sich aneinander, um sich vor hungrigen Delfinen zu schützen

SARDINEN

Unter-Wasser-Rennen

Jedes Jahr im Mai/Juni zieht ein rund 15 Kilometer langer, 500 Meter breiter und knapp zehn Meter tiefer, silbrig glänzender Schwarm Sardinen an der südafrikanischen Küste vorbei. In Formationen, die oft Windhosen ähneln, folgen Millionen dieser kleinen Fische vom Kap dem Benguelastrom etwa 1000 Kilometer weit gen Nordwesten. Es ist eine der größten Tierwanderungen der Welt und ein Festschmaus für etliche Meeresbewohner.

Meist greifen zuerst Delfine die Fische an. Obwohl sich die Sardinen zur Verteidigung zu einer dichten Masse zusammentun und oft ruckartig Richtung und Form ändern, schaffen es die Delfine mit Klicklauten und Luftblasen, einen Teil des Schwarms abzutrennen. Auch aus der Luft sind die Sardinen bedroht: Tölpel holen sich im Sturzflug aus bis zu acht Meter Tiefe ihren Teil der Beute. Angelockt vom großen Fressen, stoßen schließlich Haie, Tümmler und einige Robben zum Büfett-Spektakel. Natürlich profitiert auch der Mensch von der beweglichen Masse. Fischer werfen Netze aus, manchmal treiben die Sardinen sogar bis zum Strand, wo sie einfach aufgesammelt werden. Auf die Frage, warum die Tiere alljährlich zum Sardine Run, dem Sardinen-Rennen, aufbrechen, haben Forscher bislang keine schlüssige Antwort gefunden. **Bianca Gerlach**

www.thesardinerunassociation.org

Beim Coon Carnival in Kapstadt bekennt man Farbe – äußerlich und politisch

KARNEVAL

Ordentlich feiern

Kaum hat man sich von der Silvesterparty erholt, feiert Kapstadt schon wieder: Am 2. Januar ziehen beim Coon Carnival Tausende so genannte Coloureds, Farbige, durch die Straßen der Townships. Die Narren tragen schrillbunte Kostüme, schwenken bonbonfarbene Regenschirme oder spielen auf Trommeln und Trompeten. Coon Carnival (offiziell „Cape Town Minstrel Carnival") ist die größte Party der Stadt. Ähnlich wie in Rio oder Mainz folgt das Treiben allerdings auch hier einer strengen Ordnung: Die Narren sind in rund 170 Vereinigungen mit bis zu 1500 Mitgliedern organisiert, ein Voorloper (Zugmarschall) geht voraus; außerdem hat jede Vereinigung einen musikalischen Leiter für Chor und Band.

Ursprünglich feierten die farbigen Einwohner Kapstadts mit dem Coon Carnival ab 1834 die Abschaffung der Sklaverei. Mit weißer Schminke und Schmähgesängen verspotteten sie damals die ehemaligen Sklavenhalter; heute richten sich Lieder und Rufe meist gegen Kapstadts Kommunalpolitiker. Die Rückkehr ins Zentrum erinnert außerdem daran, dass die Coloureds während der Apartheid systematisch aus Kapstadts Innenstadt in die Townships vertrieben wurden. **Stefan Nink**

http://kaapsekarnaval.org

60-SEKUNDEN-QUIZ

Wie heißt Südafrikas Königin der Blumen?
Protea cynaroides (Königsprotea), sie hat distelähnliche Blüten. Silberbaumgewächse wie sie wachsen vor allem an der Küste zwischen Port Elizabeth und Vanrhynsdorp.

Wie heißt die südlichste Spitze des afrikanischen Kontinents?
Cape Agulhas. Es liegt südöstlich des Kaps der Guten Hoffnung und bekam seinen Namen – übersetzt „Nadelkap" – von portugiesischen Seefahrern, die es 1488 mit Bartolomeu Diaz erreichten.

Woran erinnert der Feiertag Freedom Day am 27. April?
An den Tag der ersten freien Wahlen 1994.

Wie ist Afrikaans entstanden?
Die Sprache basiert auf dem spätmittelalterlichen Niederländisch, das in Afrika teils vereinfacht, teils mit neuen Redewendungen und Vokabeln bereichert wurde. Afrikaans ist eine der elf offiziellen Landessprachen (Seite 188).

In welcher Stadt tagt das südafrikanische Parlament?
In Kapstadt, Südafrikas Hauptstadt der Legislative. Tshwane/Pretoria ist Regierungssitz und Hauptstadt der Exekutive.

Wie hoch ist das Bevölkerungswachstum der Republik Südafrika?
Zuletzt lag es bei ca. 2,2 Prozent, wegen der vielen HIV-infizierten Erwachsenen sinkt die Zuwachsrate vermutlich auf null.

Fotos: NPL/Arco Digital Images; Emmler/laif; Svenja Kruse

Von der Küste bis zur Wüste

Südafrika gliedert sich in neun Provinzen. Sie alle auf einer Reise kennen zu lernen ist fast unmöglich: Das 45-Millionen-Einwohner-Land ist mit 1,2 Millionen Quadratkilometern gut dreimal so groß wie Deutschland. Und extrem vielseitig

Western Cape Viele Reisende bevorzugen diese Provinz, denn auf ihrer 129 370 Quadratkilometer großen Fläche befinden sich die berühmtesten Attraktionen Südafrikas, zum Beispiel Kapstadt, der Tafelberg, das Kap der Guten Hoffnung, das Weinland, die Walküste. Im Süden besticht Western Cape mit der fruchtbar-grünen Garden Route, und im Landesinnern kann man auf Fahrten durch die Klein-Karoo-Halbwüste unvergessliche Eindrücke sammeln.

Northern Cape Südafrikas größte Provinz (361 830 Quadratkilometer) hat die geringste Bevölkerungsdichte und erstreckt sich von der Karoo-Halbwüste im Süden bis in die roten Sanddünen der Kalahari-Wüste. Dort beginnt der grenzüberschreitende Kgalagadi Transfrontier Park. Neben schwarzmähnigen Löwen, den Augrabies-Wasserfällen und den Frühlingsblüten des Namaqualandes ist die Provinz Northern Cape für Schätze aus den Tiefen der Erde berühmt: große Diamanten aus Kimberley.

Free State Obwohl größtenteils geprägt von einer Hochebene, dem Highveld, kann man im Free State wunderbar wandern, zum Beispiel in den nördlichen Drakensbergen und den Golden Gate Highlands National Parks. Typisch für die 129 480 Quadratkilometer große Provinz sind Landwirtschaft und Viehzucht sowie eine gewisse Betulichkeit. Einschließlich der Provinzhauptstadt Bloemfontein, wo viele Weiße burischer Abstammung wohnen, geht es hier relativ gemütlich zu.

Eastern Cape Während der Apartheid entstanden in der grünen Hügellandschaft der 169 580 Quadratkilometer großen Provinz die Homelands Ciskei und Transkei, die den Xhosa zugewiesen wurden. Sehr naturbelassen ist die Wild Coast mit Wäldern, Grasland, Felsklippen und Buchten. Und von der südöstlich Bishos gelegenen Hafenstadt Buffalo City (East London) zieht sich Richtung Durban ein Strand nach dem anderen. Nördlich von Port Elizabeth hat man im Addo-Elephant-Nationalpark gute Chancen, Elefanten zu sehen.

Illustrationen: Olaf Hajek

Limpopo Südafrikas nördlichste Provinz umfasst 123 910 Quadratkilometer und bietet ein wechselvolles Landschaftsbild: hier Berge, da subtropische Ebenen, dort Savannen, zu deren faszinierendsten Pflanzen der Affenbrotbaum (Baobab) gehört. Er kann Hunderte von Jahren alt werden und in seinem tonnenförmigen Stamm Wasser speichern. Wenn Fremde nach Limpopo kommen, interessieren sie sich meist für die Kultur der Venda und für den Nordteil des Krüger-Nationalparks. Polokwane, die Hauptstadt der Provinz, hieß früher Pietersburg und gilt als Zentrum konservativer Afrikaander.

Mpumalanga Der Name bedeutet „Ort der aufgehenden Sonne", und tatsächlich eröffnet Mpumalanga viele Möglichkeiten: etwa zum Wandern, Reiten, Radfahren, Angeln oder Steilwandklettern – alles in der Umgebung der nordöstlichen Drakensberge. Westlich der Provinzhauptstadt Nelspruit liegt einer der Eingänge zum Krüger-Nationalpark, wo man vom Auto aus Giraffen und andere beeindruckende Wildtiere beobachten kann. Weitere Höhepunkte der 79 490 Quadratkilometer großen Provinz Mpumalanga: die spektakulären Aussichten im Blyde River Canyon, die Wälder bei Sabie und die historische Goldgräberstadt Pilgrim's Rest.

Gauteng Die kleinste Provinz (17 010 Quadratkilometer) ist zugleich die am dichtesten besiedelte und wirtschaftlich leistungsstärkste. Nicht zuletzt wegen der hohen Konzentration an Bergbau-, Industrie- und Dienstleistungsunternehmen erwirtschaftet Gauteng gut ein Drittel des südafrikanischen Bruttosozialprodukts. Auch politisch spielt es eine wichtige Rolle, denn hier befindet sich der Regierungssitz der Republik: Tshwane, besser bekannt als Pretoria. Hauptstadt der Provinz wiederum ist Johannesburg mit seiner weithin sichtbaren Wolkenkratzer-Skyline.

KwaZulu-Natal Im Westen der Provinz liegen die Drakensberge mit fast 3500 Meter hohen Gipfeln. Wer statt in die Höhe lieber in die Tiefe steigt, findet sein Glück in den Tauchrevieren des Indischen Ozeans mit seiner langen subtropischen Küste und den Korallenriffen an der Grenze zu Mosambik. Am Strand von Durban wimmelt es von Surfern, die auf den Wellen vor der Metropole ideale Bedingungen vorfinden. Zu den weiteren Höhepunkten der 92 100 Quadratkilometer großen Provinz KwaZulu-Natal gehören verschiedene Nationalparks wie die Hluhluwe-Umfolozi Game Reserves.

North West Riesige Mais-, Weizen- und Sonnenblumenfelder prägen das Erscheinungsbild der 116 320 Kilometer großen Provinz. Trotzdem dreht sich in North West nicht alles um die Landwirtschaft: Östlich von Mafikeng liegt die Spielerstadt Sun City, der attraktivste Vergnügungskomplex der Südhalbkugel. Ungleich beschaulicher als dort geht es im Pilanesberg-Nationalpark zu, wo man Wildtiere beobachten kann. Kulturgeschichtlich hochinteressant sind die Felsmalereien, die Südafrikas erste Bewohner, die San, im ganzen Land hinterlassen haben, zum Beispiel in den Naturreservaten im Nordwesten und Südosten der Provinz.

Detaillierte Südafrika-Karte Seite 190

KULTUR-TIPPS

SCHON GELESEN?

ZAKES MDA
DIE MADONNA VON EXCELSIOR
Als noch die Rassentrennungsgesetze galten, kamen in Excelsior Kinder zur Welt, die von Vermischung zeugten. Roman mit wahrem Hintergrund.
■ Unionsverlag, 2005. 19,90 €

JOHN M. COETZEE
SCHANDE
Als seine Affäre mit einer Studentin auffliegt, zieht sich ein Kapstädter Professor auf die Farm seiner Tochter zurück. Ein Überfall bringt alte Konflikte zutage.
■ Fischer, 2000. 9,90 €

NADINE GORDIMER
ENTZAUBERUNG
Entwicklungsgeschichte eines Mädchens aus der weißen Oberschicht, das die schwarzen Seiten der Rassentrennung realisiert und sich politisch engagiert.
■ Fischer, Neuauflage 2003. 9,90 €

MICHAEL POLIZA
AFRICA
Texte über den Fotografen und die Natur des Kontinents führen in diesen XL-Bildband ein, dessen Tier- und Landschaftsaufnahmen perfekt komponiert sind.
■ teNeues Verlag, 2005. 98 €

SCHON GEHÖRT?

MIRIAM MAKEBA
HER ESSENTIAL RECORDINGS
Doppel-CD mit den besten Popsongs der „Mutter Afrikas". Soulfood Music

LADYSMITH BLACK MAMBAZO
Wie die Band heißt auch die neueste CD mit traditionellen A-cappella-Liedern aus der Township Ladysmith. MP Media

Weitere Musiktipps: Seite 33 und
■ www.adac.de/reisemagazin

SCHON GESEHEN?

TSOTSI
Regie: Gavin Hood, GB/SA 2005. Arthaus/Kinowelt (DVD)
Ein Baby, das er auf dem Rücksitz eines von ihm geklauten Autos findet, verändert das Leben des jungen Gangsters Tsotsi aus Johannesburg. Oscar-prämiert.

DIE GÖTTER MÜSSEN VERRÜCKT SEIN
R: Jamie Uys, SA 1980/1989. Columbia
Zweiteilige Zivilisations-Komödie um eine Colaflasche, einen Buschmann in der Kalahari und überforderte Europäer.

Es ist ein erhebender Augenblick, wenn sich ein Wal zeigt – hier vor Durban

WHALE-WATCHING

Wale wie gerufen

Sie verputzen täglich 1600 Kilogramm tierisches Plankton und haben eine Körpermasse von rund 30 Tonnen. Glattwale sind, wenn sie auftauchen, wirklich nicht zu übersehen. Zwischen Juni und November kommen sie aus der Antarktis an die Küsten Südafrikas. In den vierziger Jahren war die Population des Southern Right Whale, wie man den Glattwal hier nennt, wegen intensiven Fangs auf schätzungsweise 200 bis 300 Exemplare gesunken. Dank Schutzmaßnahmen zählt man nun wieder etwa 2000 Tiere, die zum Paaren und zur Aufzucht der Jungen hierherkommen. Beobachten lassen sie sich am besten im September und Oktober.

In der Bucht von Hermanus südöstlich von Kapstadt halten sich dann fast täglich zwischen 50 und 100 Wale auf und tauchen nicht weit vom Ufer entfernt auf. Boote dürfen ihnen nicht näher als 300 Meter kommen, weshalb man vom Land aus meist mehr sieht. Andere gute Aussichtsorte sind Witsbank, Plettenberg Bay und das De Hoop Nature Reserve. Um die Meeressäuger zu orten, muss man horchen: Entweder lauscht man dem Horn des Walschreiers in Hermanus, der den aktuellen Walstandort verkündet, oder dem Rufen der Tiere. Beide sind kilometerweit zu hören. Generell lohnt es sich auch an anderen Küstenabschnitten, Ohren und Augen offenzuhalten (Seite 80). Der Anblick eines Wals ist gewaltig. **Bianca Gerlach**

Fotos: South African Tourism; dpa/picture-alliance

■ **www.hermanus.co.za**

„Güte, Liebe, Mitgefühl, Sanftheit sind nicht nur Dinge für Weichlinge. Sie sind Dinge, nach denen die Welt sich letztlich sehnt"

Desmond Tutu
(1931 in Klerksdorp geborener Theologe und Bürgerrechtler)

WIRD ER EINMAL EINEN EINBRECHER AM
HERZSCHLAG ERKENNEN?
WIRD ER EINMAL DIE STRASSE LESEN,
WÄHREND SIE FAHREN?
WIRD ER IHNEN EINMAL DAS LEBEN RETTEN,
OHNE DASS SIE ES MERKEN?
VOLVO
K S 80
S 80
V8 AWD
DER NEUE VOLVO S80. INTUITIVE INTELLIGENZ.
INTELLIGENTE SICHERHEITSTECHNOLOGIEN AUF PREMIUM-NIVEAU UND DAZU EIN ERSTKLASSIGER FULL SERVICE – DAS RUNDUM-SORGLOS-PAKET VOLVO PRO MIT KOSTENFREIEN WARTUNGEN UND REPARATUREN FÜR VOLLE 3 JAHRE BZW. BIS ZU EINER GESAMTLAUFLEISTUNG VON 60.000 KM. ALLES SERIENMÄSSIG IM NEUEN VOLVO S80.
VOLVO INFOLINE: 01803 386586, FAX 01803 086586 (0,09 EUR/MIN.)
Volvo. for life
VOLVO

„Ich komme aus einem kleinen Ort in Südafrika. Da hat man andere Probleme als Schmutz im Gesicht oder ein paar Pfunde zu viel oder zu wenig“

Charlize Theron (1975 bei Johannesburg geborene Schauspielerin)

MODE

Auffallend typisch

Jedes Mal zur ersten Parlamentssitzung nach der Sommerpause scharen sich die Fotografen um die südafrikanische Gesundheitsministerin Manto Tshabalala-Msimang. Ihre extravagante Kleidung ist immer gut für ein besonderes Bild. Mal trägt sie einen Traum aus wallender türkisfarbener Seide, im Kopfschmuck apfelgrüne Federn. Mal ein leuchtend rotes Kostüm, über dessen Schulterpartie sich schwarze Zebrastreifen schlängeln, dazu einen Turban aus schwarzem Tüll.

Nicht dass es in den Metropolen einen Mangel an Models und Modenschauen gäbe, aber zur Parlamentseröffnung in Kapstadt fungiert der rote Teppich auch als eine Art Laufsteg, auf dem die Politikerinnen stolz die kulturelle Vielfalt ihres Landes zeigen. Allen voran die wegen ihrer umstrittenen Aids-Politik heftig kritisierte Gesundheitsministerin, die Kreationen ihres Couturiers Darrol präsentiert.

Generell gibt sich die Mode Südafrikas abwechslungsreich und eigenwillig – immer kann man an typischen Elementen ihre afrikanische Herkunft erkennen. Cool ist, wer heimische Labels wie zum Beispiel Sun Goddess kauft. Ob man ein figurbetonendes, aber ansonsten eher schlichtes Kleid mit auffallendem Schmuck kombiniert oder ein Zebra-Shirt mit Khaki-Hose, ob man zur Jeans ein geschnürtes Top aus handbedrucktem afrikanischem Stoff trägt oder ein einfaches Trägerhemd zum üppigen Rock, in den Perlen und Federn genäht sind: Auf die Mischung und das Detail kommt es an. „Fusion“ ist angesagt, da passen prachtvolle afrikanische Trachten wunderbar mit modernen Schnitten zusammen. Eine Mode, die auch in Europa ankommt. **Susanne Bittorf**

■ Modegeschäfte in Kapstadt: Seiten 173/174.

Südafrikanische Designer verwenden gern moderne Materialien und folkloristische Muster, etwa für die Marke Sun Goddess

DIAMANTEN

Brillante Geschäfte

Der Junge, der 1866 am Ufer des Oranje River einen eigenartigen Stein findet, weiß nicht, was er Kostbares in Händen hält. Ähnlich geht es drei Jahre später einem Hirten, der ebenfalls über einen Klumpen kristallisierten Kohlenstoffs stolpert. Ihre Funde gehen als Eureka und Star of South Africa (taxiert auf 83,5 Karat) in die Geschichte ein.

So beginnt ein Mythos: Südafrika und seine Diamanten. Bereits 1871 buddeln 50 000 Menschen in der Provinz Northern Cape nach den begehrten Schätzen, vornehmlich in der Gegend um Kimberley, wo zunächst ein Hügel abgetragen wird, Colesberg Kopje, und dann bis zum Jahr 1914 das größte von Menschenhand gegrabene Loch der Erde entsteht: The Big Hole, 215 Meter tief, 17 Hektar groß. 22,5 Millionen Tonnen Erdreich wurden dabei bewegt, 14,5 Millionen Karat (1 Karat entspricht 0,2 Gramm) gefördert.

Kimberley ist immer noch Synonym für Südafrikas Reichtum an Diamanten von überdurchschnittlicher Größe und brillanter Qualität. Konsequenterweise hat eine in Südafrika gegründete Firma bis heute den bekanntesten Namen im Geschäft: De Beers Consolidated Mines ist der größte Produzent und Händler von Diamanten weltweit, ein Geschäft, das jährlich 60 Milliarden Dollar umsetzt. Bis zu 85 Prozent des Welthandels kontrollierte De Beers einmal, wobei die Steine überwiegend in London verkauft wurden, zu festgesetzten Preisen an handverlesene Kundschaft. So hielt man Nachfrage und Preise hoch. Man sprach vom härtesten Kartell der Welt. Inzwischen ist De Beers' Marktanteil auf 65 Prozent gesunken; durch Grabungslizenzen in anderen afrikanischen Ländern (Namibia, Botsuana, Kongo) und seine Einkaufspolitik ist das Unternehmen dennoch weiterhin Marktführer.

Gerhard Waldherr

KIMBERLEY MINE MUSEUM
Das Museum besteht aus Gebäuden, wie sie zur Zeit der Goldgräber existierten. Besucher können eine Auswahl an Diamanten besichtigen und einen Blick auf das Big Hole werfen.
■ Kimberley, Tucker St., Tel. 053 833 15 57.
www.places.co.za/html/bighole

Fotos: dpa/picture-alliance (2); Gewe/Mauritius Images

„Ich habe mein ganzes Leben über Freiheit gesprochen"

Nelson Mandela (1918 in Mvezo geboren, Ex-ANC-Aktivist, Ex-Staatspräsident, Friedensnobelpreisträger)

ZEITGENÖSSISCHE KUNST

Vorwärts mit Fantasie

Leinwand und Farbe sind teuer und für Künstler, die in den armen Schwarzensiedlungen Südafrikas aufwachsen, unerschwinglich. Also suchen sie sich billigere Materialien wie Draht, Blech und andere Produkte, die irgendwo herumliegen. So haben sich völlig neue Kunstformen entwickelt: Montagen, Collagen, Installationen, ein Mix, der so vielfältig und ungewöhnlich ist wie das Land selbst.

Auch Mbongeni Buthelezi hatte kein Geld, als er vor 20 Jahren sein Studium aufnahm. Aus der Not erfand er eine neue Maltechnik, mit der er sich einen Namen gemacht hat. Der Künstler sammelte alte Plastiktüten, schnitt sie in dünne Streifen, sortierte diese nach Farben und legte sie wie Pinselstriche aneinander, um sie dann mit einer geliehenen Heißluftpistole zu verschmelzen. Auf diese Weise entstanden Bilder, die wie Aquarelle wirken und eine geheimnisvolle Leuchtkraft haben. Inzwischen hat Buthelezi seine Technik perfektioniert. In seinem Atelier in Johannesburg „malt" er Szenen aus den Townships, die auch sein Leben geprägt haben.

„Jozi", wie die pulsierende Wirtschaftsmetropole Johannesburg in der Szene fast liebevoll genannt wird, ist zweifellos das Zentrum der neuen schwarzen Künstlergeneration. Sie wird angeführt und betreut vom 68-jährigen Übervater David Koloane, der in Newtown die erste Galerie für schwarze Künstler gründete. Auch Koloane spielt mit Materialien und Farben, seine Bilder erzeugen eine Spannung, die viel Kämpferisches hat und die gesellschaftliche Atmosphäre im Lande wiedergibt.

Aber in der zeitgenössischen Kunst am Kap geht es nicht nur um Politik. Moderne Stadtansichten, Porträts, Alltag und Fantasie werden in Bildern von Pat Mautloa lebendig, der sein Atelier in der von Koloane gegründeten Bag Factory hat und 2006 für den wichtigsten Kunstpreis Südafrikas nominiert wurde. Auch die Straßenszenen der 30-jährigen Gabi Ngobo zeigen, dass sich die Jungen von den Fesseln der leidvollen Vergangenheit befreit haben. Und Beezy Bailey, einer der kreativsten und faszinierendsten Vertreter der weißen Kunstszene, betreibt Gemeinschaftsprojekte. Es ist deutlich zu sehen: Hautfarben stehen nicht mehr im Vordergrund, die Zusammenarbeit schwarzer und weißer Künstler gehört zum Alltag. **Susanne Bittorf**

Künstler Pat Mautloa bei der Arbeit

MUSEEN

■ South African National Gallery, Kapstadt, Gardens, Government Avenue, Tel. 021 467 46 60.
www.iziko.org.za/sang

■ Johannesburg Art Gallery, Johannesburg, Joubert Park, King George St., Tel. 011 725 31 30.
www.joburg.org.za/whatson/fineart.stm

■ Museum Africa, Johannesburg, Newtown, Mary Fitzgerald Square, 121 Bree St., Tel. 011 833 56 24.
www.joburg.org.za/whatson/fineart.stm

GALERIEN

■ AVA Gallery, Kapstadt, 35 Church St., Tel. 021 424 74 36.
www.ava.co.za

■ Bag Factory, Johannesburg, Fordsburg, 10 Mahlatini St., Tel. 011 834 91 81.
www.bagfactoryart.org.za

Zeitgenössische Künstler machen aus Perlen Bilder wie das Porträt „Babalwa seated" aus der AVA Gallery

Fotos: Richard Dobson; Viola Schmieskors; Themba Hadebe/AP Photo

MUSIK-ENTWICKLUNG

Voller Ärger? Voller Erfolg!

Es wummert, swingt, dröhnt. Am Busbahnhof, im Restaurant, auf der Straße: Musik ist Kompagnon des südafrikanischen Alltags und der nicht zu überhörende Beweis eines breiten Spektrums. Traditionelle Stammesgesänge und religiöser Gospel gehören ebenso dazu wie Pop, Jazz und Hip-Hop.

Viele moderne Stile haben sich in der ersten Hälfte des 20. Jahrhunderts entwickelt. Man tanzte zum Beispiel zu Marabi, einem Sound mit Anleihen aus Blues und Jazz. Und zu Kwela: fröhlich, geprägt vom Swing und dem Hauptinstrument Schnabelflöte, Pennywhistle genannt. Dann spielte man Mbaqanga, eine Mischung aus Soul, Jive, Jazz, Gospel und Zulu-Gesängen, und den rhythmischen African Jazz.

Zu den inoffiziellen Stars von damals gehörte die Band Jazz Epistles mit Trompeter Hugh Masekela und Pianist Dollar Brand, später bekannt als Abdullah Ibrahim. Sie waren die erste schwarze Gruppe, die ein Jazz-Album herausbrachte. Doch Sängerinnen wie Miriam Makeba gingen ins Exil, weil sie sich unter der strengen Aufsicht der Apartheid-Wächter nicht entfalten konnten. Abdullah Ibrahim zog es nach New York und Zürich.

Mit dem Ende der Apartheid kam der kreative Musikmotor wieder in Gang. In Johannesburgs Township Hillbrow erfanden junge Künstler Kwaito. Der Name ist vermutlich eine Kombination aus dem Wort Kwaai, das in Afrikaans „voller Ärger“ bedeutet, und To, einer Abkürzung für Township. Die Musik vermischt elektronischen House, Hip-Hop, R'n'B und Ragga, eine Spielart des Reggae. Mit Sprechgesang in Zulu, Tsotsi Taal (einem Township-Slang) und Englisch erzählten die Künstler zu peitschenden Beats von Diskriminierung, dem Leben in den Gettos. Anfangs konnte man die Songs nicht im Radio hören: Sender in der Hand weißer Eigentümer boykottierten sie, Plattenfirmen lehnten dankend ab. Die jungen Künstler vermarkteten sich deshalb selbst und schufen ihre eigenen Labels wie Arthur's 999 und Ghetto Ruff.

Kwaito-Star Zola bewegt die Jugend

Als 1997 der Jugendradiosender YFM startete, ließ sich der Erfolg des Kwaito nicht mehr aufhalten. Einige Bands wie Bongo Maffin wurden sogar international bekannt. Kwaito wurde Lifestyle, Teil der Jugendkultur, Sänger genießen Vorbildstatus. Coole Turnschuhe und Kleidung gehören ebenso dazu wie Lässigkeit – zunehmende Kommerzialisierung und der Verlust einer Botschaft mittlerweile auch. Zola und andere Kwaito-Stars treten heute in TV-Serien auf, machen Werbung und Kompromisse. Was zunächst ernsthafter Post-Apartheid-Soundtrack war, ist jetzt Spaßmusik über schnelle Autos, Glamour und den Traum vom besseren Leben. Dennoch: Kwaito mag an Substanz verloren haben, was bleibt, ist ein neues Selbstbewusstsein. Und das klingt extrem gut. **Bianca Gerlach**

■ Kwaito auf CD und im Radio:
Kwaito, South African Beats; Emi.
Mzansi Music (CD mit Booklet);
Bundeszentrale für politische Bildung.
www.yfm.co.za

Vom Signal Hill gesehen gibt sich Kapstadt ganz metropolitan: mit den Bankgebäuden und dem modernen Seehafen, von dem aus übrigens die Menschen in der Antarktis versorgt werden. Die Stimmung ist gut, auch den Mund des in Bronze gegossenen Nelson Mandela an der Victoria & Alfred Waterfront umspielt ein Lächeln

Von den blauen Bergen kommen wir, von Bloubergstrand nämlich, und blicken auf Kapstadt

KAPSTADT

Liebe auf den ersten Blick

Der Tafelberg bildet die fantastische Kulisse, die Brandung des Atlantiks gibt die Hintergrundmusik – kein Wunder, dass man hier sein Herz verliert. Ein sehr persönliches Porträt von Südafrikas schönster Stadt

Text von Stefan Nink, Fotos von Lois Lammerhuber

Farben wie im Rausch: die Häuser im moslemischen Viertel Bo-Kaap, die Blüten im Botanischen Garten Kirstenbosch, in dem mehr als 6000 einheimische Pflanzen des südlichen Afrika wachsen. Und, als i-Tüpfelchen über allem: die Schirme der Kitesurfer über den bunten Badehäuschen am Sunrise Beach im nahen Muizenberg

Marktstände statt Militär: Früher fanden auf dem Platz vor der City Hall, dem alten Rathaus, noch Paraden statt

Hinter der weißen Fassade der Houses of Parliament hielt Nelson Mandela 1994 seine Antrittsrede als Präsident des neuen Südafrika. Für die zwei moslemischen Jungs aus Bo-Kaap ist das schon ein ganzes Leben her. Zeitlos dagegen sind die Masken und Trommeln, die im Pan African Market an der Long Street angeboten werden

Die Long Street – Lebensader der Stadt und 1,5 Kilometer langer Architekturmix: Viktorianisches neben modernen Bürogebäuden neben kapholländischen Häuschen

TAXI

Kapstadt und die Kap-Halbinsel mit dem Kap der Guten Hoffnung liegen im südwestlichen Teil Südafrikas am Atlantik

Ich hatte eine Affäre in Afrika, am Fuß des Tafelbergs. Sie begann mit einem Augen-Blick an einer Möwen-umzingelten Fish & Chips-Bude in Hout Bay und endete an einem Sonntagmorgen auf einer Bank im Company's Garden, dem Stadtpark von Kapstadt. Desmond Tutu ging gerade vorbei, ganz purpurne Soutane, und die Spaziergänger blieben stehen und winkten und hatten keine Augen für das Pärchen, das sich zum Abschied umarmte. Ein rauer Wind blies vom Berg hinunter und fuhr in die Bäume. Irgendein Vogel machte einen Höllenradau.

Ich hatte eine Affäre in Kapstadt, und jetzt bin ich nach Kapstadt zurückgekehrt und in meiner eigenen Vergangenheit gelandet. Die Stadt hat sich kaum verändert. Ihr touristischer Kern hat sich gereckt und gestreckt und ist ein bisschen größer geworden, und man hört noch häufiger Deutsch und sieht noch mehr dieser beigefarbenen Safariwesten, die es zu Hause beim Kaffeeröster zu kaufen gibt. Ansonsten ist alles wie früher. Die Long Street mit ihren winzigen Cafés und Läden, der Greenmarket mit den Souvenirständen, der Signal Hill, der klobig in den Himmel ragt, ein steinerner Wachposten über der Stadt. Unten an der Waterfront kann man noch immer nett sitzen, einen Chardonnay trinken und zuhören, wie die Trommler wahnwitzige Polyrhythmen in den Himmel über Südafrika schicken. Und der Tafelberg ist auch noch da, und die Wolken auch, sie wallen über sein Plateau und fallen vorne die Kante hinunter, was aussieht, als liege ein Tischtuch über dem Berg. Doch: Kapstadt ist noch immer eine Stadt, deren Schönheit einen auf den ersten Blick gefangen nimmt. Man sieht sie zum ersten Mal – und kann gar nicht anders.

Sie war das, was man am Kap eine Coloured nennt, eine Nachfahrin moslemischer Sklaven aus Indonesien, unter deren Ahnen sich im Lauf der Jahrhunderte arabische Tanten, ghanaische Großonkel und ein jüdischer Urgroßvater aus Berlin geschmuggelt hatten. Während der Apartheid hatte sie dieser genetische Pool zum Bodensatz der Gesellschaft gemacht, nach deren Ende zum Mitglied der demografischen Mehrheit: Kapstadt ist die einzige Stadt Südafrikas, in der die Nachkommen aus Verbindungen zwischen weißen Siedlern, schwarzen Einheimischen und asiatischen Zuwanderern die Mehrheit stellen: 1,5 Millionen – gegenüber 800 000 Schwarzen und 650 000 Weißen. Das Bo-Kaap war ihre Heimat, ein Gewusel aus kleinen Häuschen in Bonbonfarben, die vom Zentrum aus den Signal Hill hinaufkrabbeln, als seien sie bei einem Wettrennen zum Gipfel angetreten. Das Viertel ist eine kleine, eigene Welt für sich: verwinkelte, steile Gassen, in denen Bougainvilleen blühen und es nach frischem Fladenbrot riecht, in denen Kinder lärmen und Männer diskutieren, und abends treffen sich alle auf einen Tee bei Rose an der Ecke. Rose, die einen beim ersten Besuch mit einem Blick bedachte, als wolle

Frisur ohne Salon: Braids heißen die kleinen Zöpfe, die man sich auch von einer Open-Air-Friseurin in der Mittagspause flechten lassen kann. Im Two Oceans Aquarium an der Waterfront scheinen die Haie zum Greifen nah – dabei schaut man durch eine 28 Zentimeter dicke Acrylscheibe in den Zwei-Millionen-Liter-Tank

Das alte Werftviertel, erfolgreich revitalisiert: An der Victoria & Alfred Waterfront laufen Fischerboote ein, gibt es Shopping-Malls, historische Gebäude und Restaurants

Nein, dies hier ist nicht New Orleans. Obwohl man das angesichts der Kolonial-Bauten an der Long Street und der musizierenden Herren an der Waterfront fast glauben könnte

sie einen in einen Schmetterlings-Sammelkasten nieten und ausstellen, und die am zweiten Tag zur Begrüßung strahlte, als sei ihr Lächeln ans Stromnetz angeschlossen. Wir aßen Kuchen bei einer Großtante und halfen einem Onkel, die Kirschen am einzigen Baum in seinem Garten zu pflücken. Abends saßen wir auf den weiß getünchten Treppenstufen vor ihrem Apartment und wussten nicht, ob wir hinaus aufs Meer oder hinüber zum Tafelberg schauen sollten.

Kapstadts geografische Lage ist es, die es – ja, doch, und da wird niemand widersprechen – zu einer der schönsten Städte der Welt gemacht hat. Was hätten ihre holländischen Gründerväter auch schon falsch machen können bei solchen Voraussetzungen? Auf drei Seiten wird die Innenstadt von schützenden Bergen gerahmt (den Tafelberg flankieren Devil's Peak und Lion's Head) und auf der vierten von der Table Bay begrenzt. Viel Platz ist da nicht, alles drängt und quetscht sich auf wenigen Quadratkilometern, was Kapstadt zu einem idealen Reiseziel für Fußgänger macht. Für Wanderer übrigens auch: Der Tafelberg – sechsmal älter als der Himalaya, eine Art Urgroßvater aller Berge – mag klein und überschaubar aussehen, wenn man ihn aus einem Caféstuhl in der Kloof Street aus betrachtet, das Gesicht in der warmen Morgensonne, den Latte Macchiato vor sich. Das täuscht. Er ist so groß, dass es in Kapstadts Buchhandlungen wuchtige Wanderführer für ihn zu kaufen gibt. Und wegen seiner meteorologischen Kabinettstückchen so gefährlich, dass man tunlichst die Seilbahn hinunter nehmen sollte, wenn sich sein Plateau von jetzt auf gleich in Wolken hüllt.

Sie liebte den Berg. Jeden Morgen lief sie zum Fenster und sah nach, ob die Wolken fort waren und die Fahrt hinauf sich lohnte. Die Aussicht von da oben ist atemberaubend: vorne und an den Seiten das Meer, der endlose Kontinent hintendran. Und weil das Plateau im beinahe rechten Winkel abfällt, kann man vom Tafelberg nicht nur bis in alle Ewigkeit, sondern auch in die Nachbarschaft schauen: Gleich unter einem liegt die City Bowl mit dem Stadtzentrum, weiter drüben der Vorort Green Point, und Camps Bay sieht von oben so grandios gestylt aus, wie es sich unten gibt. Normalen Touristen zieht der Tafelberg das Kleingeld aus der Tasche, weil man nicht mehr aufhören kann, durch die Fernrohre zu schauen – sie aber hatte nur Augen für die Klippschliefer, die hier überall herumwuseln. Genetisch gesehen sind das die nächsten Verwandten des Elefanten, weil aber in der Evolution an irgendeiner Stelle etwas schiefgelaufen ist, sehen sie aus wie Murmeltiere, die an einem Abspeckprogramm teilgenommen haben. Sie fütterte sie mit Erdnüssen, was natürlich verboten ist. Aber das schreckt Menschen, für die den größten Teil ihres Lebens so gut wie alles verboten war, nicht unbedingt ab.

Den besten Blick auf den Tafelberg hat man übrigens von einem Felsen im Wasser vor Kapstadt. Die einstige Gefängnisinsel Robben Island ist nicht groß, kaum mehr als fünf Quadratkilometer Schiefergestein, zwölf Kilometer vor dem Festland. Dass sie sich in den Jahren nach der Apartheid zu einer der populärsten Sightseeing-Attraktionen des Landes entwickelt hat, liegt vor allem am Gefangenen Nummer 466/64, der hier 18 Jahre lang in einer sechs Quadratmeter großen Zelle darauf wartete, dass die Zeiten draußen sich änderten. Als sie es schließlich getan hatten, machte Nelson Mandela Mithäftlinge zu Ministern und lud zwei seiner ehemaligen Aufseher zu seiner Amtseinführung als Präsident ein. Andere Wärter führen heute Besucher durch das Gefängnis, auch ehemalige Insassen tun das, und je nachdem, wer die Führung leitet und wer sie besucht, kann eine Besichtigung surreale Züge annehmen. Was allerdings nichts am Gefühl ändert, dass Robben Island ein Ort mit verstörender Aura und seltsamen Schwingungen ist, die unter die Haut kriechen. Auf der Rückfahrt scheint die Insel dann merkwürdigerweise immer größer zu werden. Als wolle sie einen nicht loslassen. Als wolle sie zeigen: Du kannst schwimmen oder fahren, so schnell du willst. Ich hole dich wieder ein.

Auf dem Rückweg beginnt es zu regnen, schwere Tropfen zerplatzen auf dem Asphalt, und kurz darauf sieht die Stadt aus wie frisch geduscht. Das ist immer so: Hat ein Schauer erst einmal den Dunst aus der Atmosphäre gespült, besitzt Kapstadt die klarste Luft der Welt. Dann schwebt man durch die Fußgängerzone oder den Botanischen Garten und atmet Luft, so rein wie aus einer Taucherflasche, und weil die Sonne die nassen Farben aufpoliert, scheinen die Straßen plötzlich in allen Regenbogentönen zu explodieren. Offensichtlich hat dieses Licht im Laufe der Zeit das Verhältnis der Kapstädter zu Farben im Allgemeinen manipuliert, jedenfalls hat man hier alle Hemmungen verloren, wenn es um menschgemachte Kombinationen geht. Häuser werden violett gestrichen, das passt zu den quittengelben Fensterläden. Orangefarbene Hosen kombiniert man mit einer froschgrünen Jacke. Und im Szenetreff Afro Café gibt's knatschbunte Graffiti an den Wänden, eine pink bepinselte Decke sowie Tischtücher mit schrillen Heiligenbildchen. Die Kronleuchter hat jemand aus neonfarbenen Plastik-Küchenteilen zusammengesetzt. Da kann einem schon mal etwas blümerant werden.

Das ist überhaupt typisch Kapstadt: Es lässt derart viele Eindrücke auf die Sinne einprasseln, dass man am Ende eines Besichtigungstages ziemlich benommen in die Couch einer Bar sinkt und ein großes Bier bestellt. Für den Neuling reicht

EINE KLASSE FÜR SICH:
16X TESTSIEGER, 10x KAUFTIPP
1
VDR-D300
2x Kauftipp
VDR-D250
1x Kauftipp
VDR-D150
2x Testsieger
1x Kauftipp
NV-GS500
3x Testsieger
NV-GS300
2x Testsieger
2x Kauftipp
NV-GS280
2x Kauftipp
NV-GS180
2x Testsieger
1x Kauftipp
NV-GS37
2x Testsieger
1x Kauftipp
NV-GS27
5x Testsieger
EXPERTEN PRÄMIEREN PANASONIC CAMCORDER 2006
Führende Fachzeitschriften prüften das Marktangebot an Camcordern auf Herz und Nieren und trennten die Spreu vom Weizen. Ihre Testergebnisse sind für Sie als Kunden ein hilfreicher Wegweiser – und der zeigt geradewegs in Richtung Panasonic. Alle Modelle des aktuellen Sortiments gingen als Testsieger, Kauftipp oder mit Bestnoten aus den Leistungsprüfungen hervor. Ganz gleich, ob man einen Camcorder mit Aufnahme auf DVD oder MiniDV-Kassette sucht: Panasonic ist immer eine ausgezeichnete Wahl.
MEHR INFORMATIONEN ZU DEN TESTERGEBNISSEN UNTER:
www.panasonic.de/ecam
Panasonic
ideas for life

Wenn einer Robbe, die auf einer der nahe gelegenen, kleinen Inseln lebt, nach etwas Aufmerksamkeit zumute ist, schaut sie an der Waterfront vorbei und lässt sich ein wenig fotografieren

anfangs schon ein Bummel durch die Long Street aus, um eine Überdosis abzukriegen. Die Lange Straße ist die Pulsader der Stadt, seit drei Jahrhunderten schon, 20 architektonisch außer Rand und Band geratene Blocks Richtung Tafelberg. Zwischen viktorianische Gebäude haben sich Art-déco- und Klassizismus-Fassaden gemogelt, auch ein paar kapholländische Überbleibsel sind dabei. Eine prächtige Kulisse für ein Straßentheater, dessen Vorhang niemals fällt und dessen Akteure in wechselnden Besetzungen auftreten. Morgens kommt die Straße nur langsam in die Gänge, nachts geht sie spät und unwillig zu Bett, sonntags ist sie ausgestorben, samstagabends überfüllt. Und zwischendrin? An einem Dienstag um 16.25 Uhr zum Beispiel? Kurzer Check, die Ecke zwischen Bloem Street und Buitensingel: ein Laden für Siebziger-Jahre-Design, ein öffentliches Badehaus, ein Geschäft für Perlen und Knöpfe, ein Backpacker-Hostel, ein Antiquariat und zwei Cafés, das Ganze bevölkert von etwa 67 ziemlich trendigen Einheimischen und etwa 34 Touristen, zwei Dealern, drei Prostituierten, fünf Stepptänzern und sieben Parkplatzanweisern in roter Warnweste. Und, weil es ja nun langsam Abend wird, auch noch von drei Hobbyköchinnen, die eine Garküche auf dem Gehsteig postieren und laut lachend mit dem Grillen von Calamares beginnen. Außerdem ein Mann im Anzug und mit rot-gelb-grüner Rastamütze, der Flugblätter verteilt.

Auch sie war Aktivistin, und vielleicht war sie das mehr als alles andere. Sie ging gegen die Globalisierung auf die Straße und sammelte Unterschriften für Greenpeace. Im District Six Museum mischte sie sich in eine offizielle Führung ein, mit dem Kurator der Sklaven-Lodge diskutierte sie über die korrekte Ausleuchtung. Bei einem Bummel durch den Botanischen Garten schleppte sie mich zu einer Dornenhecke, die von den Holländern 1660 gepflanzt worden war, um die junge Kolonie von Rest-Afrika abzuschotten – die erste Barriere der Apartheid. Und an unserem zweitletzten gemeinsamen Tag verschwand sie für vier Stunden, um einen Vortrag zum Thema HIV-Prävention zu halten. Sie hatte Hoffnung für ihre Stadt, wo sie als Kind mit ihren Cousins und Cousinen gespielt und ihre Träume in die Rinde der Tamarinden-Bäume am Signal Hill geflüstert hatte. Und sie glaubte an ihr Land, glaubte an Tutus Vision von der Regenbogennation, in der jede Hautfarbe ihren Platz hat. Passenderweise wird fünf Jahre später in der „Cape Times" Tutus neue Botschaft an das weiße Südafrika zitiert: Er hoffe, dass eines Tages einfach einmal Danke gesagt werde, „danke dafür, dass ihr uns nicht den Kopf abgeschlagen habt".

Südafrika ist so, und Kapstadt erst recht. Es geht offensiv mit seiner Vergangenheit um, es mahnt und erinnert, und manchmal provoziert es auch, aber niemals klagt es an, und vielleicht lässt sich damit seine innere Zerrissenheit erklären. Es ruht in sich selbst und leidet gleichzeitig an Mitleid erregenden Gemütsschwankungen. Es ist heute stolz und morgen paranoid, selbstsicher beim Frühstück, depressiv zum Mittagessen, eine Stadt auf der emotionalen Achterbahn zwischen himmelhoch jauchzend und zu Tode betrübt. Lässig schaut es in die Zukunft und beklagt in derselben Sekunde all jene hochfliegenden Pläne und Träume, die in der Zwischenzeit auf dem harten Boden der Realität zerschellt sind. Der ANC zum Beispiel: hat die letzte Bürgermeisterwahl verloren, Kapstadts First Lady ist eine Weiße, Helen Zille, Enkelin von Heinrich, und jetzt weiß man nicht, ob man sich über das eine mehr wundern soll oder über das andere. Aber egal, ob Kapstadt nun das touristische Aushängeschild des jungen Staates ist oder nur eine große Illusion: Afrika ist es nicht. Vielleicht sein Tor, an dessen Pfosten ein Zettel hängen sollte: „Komm herein, sieh dich um, und wenn du so weit bist, zieh weiter. Nach Afrika." Das beginnt dann wenige Kilometer die N 2 stadtauswärts, in Townships wie Langa und Khayelitsha und in den Flats, wo Kapstadts schwarze Bevölkerung lebt.

Wir unternahmen Ausflüge, wie es alle Touristen tun, wenn sie ein paar Tage durch die City Bowl gelaufen sind. Einer ihrer Cousins war stark sehbehindert, und sie kannte die Inschriften am Blindenpfad im Botanischen Garten Kirstenbosch auswendig. Mit geschlossenen Augen stolperten wir den Pfad entlang und lauschten und schnupperten. Wenn wir durch Scarborough fuhren, sangen wir das Lied von Simon & Garfunkel, schief und schräg, und lachten dabei. Nachmittags gingen wir in Galerien, abends an die Waterfront. Später lagen wir auf dem Rücken im Gras und lasen eine Zukunft in den Sternen, von der wir beide wussten, dass wir sie nicht hatten. Hinter uns ragte die dunkle, schweigende Masse des Tafelbergs in den Himmel, und oben am Firmament war er auch, Mensa, ein nach ihm benanntes Sternbild nahe dem Kreuz des Südens. Es gibt Momente, da ist Kapstadt überall.

Ich hatte eine Affäre in Afrika, am Fuße des Tafelbergs. Ihr Name war Dewi. Ich habe sie nie wieder gesehen. ■

Info und Karte ab Seite 54

Der Autor **STEFAN NINK** wird auf Seite 80 vorgestellt.

Der Fotograf **LOIS LAMMERHUBER** empfand Kapstadt als eine sehr lebenswerte Metropole, auch wenn die sozialen Gegensätze nicht zu übersehen sind. Ihm war die Stadt allerdings etwas zu brav, ihm fehlten Action und Großstadttrubel. Lois Lammerhuber, geboren 1952, lebt und arbeitet in Wien.

DAS PEUGEOT 407 COUPÉ
POUR HOMME
407
MwSt.-Ersparnis*
bis zu € 5.300,–
www.peugeot-mehrwertsteuer.de Infoline: 0 18 01/407 407 (€ 0,06/Min.)
Passt wie maßgeschneidert: Das elegante PEUGEOT 407 Coupé. Sein Komfort ist auf allen Plätzen von exklusivem Zuschnitt. Auch bei der Sicherheit sehen alle Passagiere gut aus – was 5 Sterne im Euro-NCAP-Crashtest beweisen. Die Einparkhilfe und Bi-Xenon-Scheinwerfer machen den Auftritt perfekt.
407 Coupé
PEUGEOT
PEUGEOT EMPFIEHLT TOTAL
*PEUGEOT reduziert die unverbindliche Preisempfehlung um den Betrag der Mehrwertsteuer. Dieses Angebot gilt beim privaten Kauf eines bis zum 31.12.06 gelieferten PEUGEOT 407 Coupé – bei allen teilnehmenden PEUGEOT Händlern.

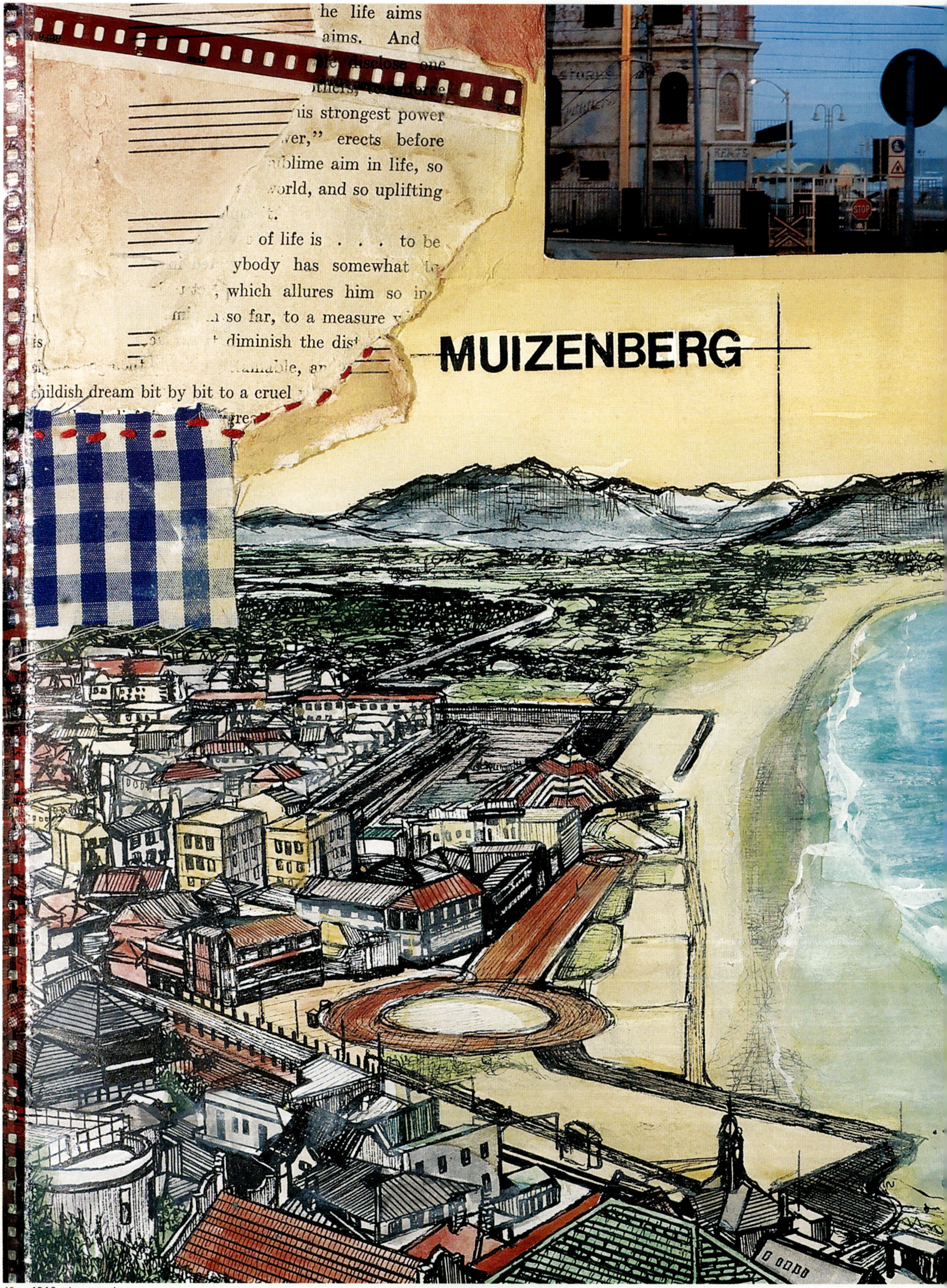
he life aims
aims. And
his strongest power
erects before
sublime aim in life, so
world, and so uplifting
of life is . . . to be
ybody has somewhat
which allures him so
so far, to a measure
diminish the dist
childish dream bit by bit to a cruel
MUIZENBERG
STOP

KAP-REGION

SO MALERISCH IST DIE PROVINZ

Beim Ausflug an das Kap der Guten Hoffnung hatte unser Autor einen ganz besonderen Reiseführer im Gepäck: die Collagen und Gedichte, die ihm die Künstlerin Julia Grey mit auf den Weg gab

Text von Stefan Nink, Illustrationen von Julia Grey

Zeichnung, Fundstück, Text, Fotos – und bunte Knöpfe. Ergibt ein Bild von Muizenberg, das stimmiger ist als ein Hochglanzfoto

KALK BAY ENG AN DIE HÄNGE DER AUFSTEIGENDEN BERGE KUSCHELN SICH HIER DIE HÄUSER, AN DER MAIN ROAD REIHEN SICH ANTIK- UND TRÖDELLÄDEN

Einen Moment, sagt sie und geht in die Hocke, ihre Finger greifen nach etwas am Boden, dann steht sie auf und pustet den Sand von einem Streichholzbriefchen. Die Pappe ist aufgeweicht, ein Streichholz noch drinnen, mit blassrotem Kopf, außen kann man die Aufschrift kaum noch entziffern: „In-ya-thi Bar", liest Julia halblaut, „In-ya-thi Bar", mehrmals hintereinander. Als könnte sie ihrem Fund so seine Geheimnisse entreißen, woher stammst du, wie kommst du hierher, wem hast du gehört, Antworten auf all die Fragen, die einem so einfallen, wenn man Julia Grey ist. Sie befühlt das Streichholzbriefchen noch einmal. Dann verschwindet es in der Tasche ihrer Jacke. „Wo waren wir?"

Am Strand von Kalk Bay, eine halbe Stunde südlich von Kapstadt. Beziehungsweise bei Julia Greys künstlerischem – nein, das Wort mag sie überhaupt nicht – „Werdegang, wie das klingt!". Entwicklung? Ist ihr lieber. Entspricht eher ihrem Selbstverständnis. Und wie sieht das aus? Sie dreht mit dem Fuß vorsichtig eine Muschel um. „Künstlerin. 25 Jahre alt. Findet beim Spazieren abgerissene Eintrittskarten, Postkarten, Einkaufszettel und eine Million andere Dinge. Baut ihre Funde in ihre Zeichnungen ein und schafft so Collagen. Ist am Kap aufgewachsen, liebt es. Hat ihre Arbeiten in einem Buch veröffentlicht, das in jeder Buchhandlung zwischen all den Bildbänden verloren geht." Stimmt. Leider. Es gibt unglaublich viele Fotobücher über die Halbinsel zwischen Kapstadt und dem Kontinent-Ende, Bände, in denen jeder Ort und jede Bucht detailscharf abgelichtet sind. Und daneben liegen Julia Greys Collagen, die mit ihren Formen und Farben und kurzen Gedichten einen anderen Blick auf das schönste Ende der Welt freigeben. Träumerischer, visionärer und irgendwie treffender. Versprochen: Man sieht das Kap ein kleines bisschen anders, wenn man Julias Buch als Reiseführer dabeihat. Vielleicht sieht man auch ein bisschen mehr.

In Muizenberg an der False Bay zum Beispiel, der Halbinsel östlicher Flanke, da entdeckt man die blauweißen Karos aus Julias Collage ziemlich schnell auf den Tischdecken des Empire Café wieder – und die designte Topfblume in einer kleinen Galerie. Muizenberg ist der erste Kap-Ort, wenn man von Kapstadt kommt, der letzte, wenn man die Runde im Westen

HOUT BAY ÜBER DIE ZEHN KILOMETER LANGE, SPEKTAKULÄRE PANORAMASTRASSE CHAPMAN'S PEAK IST DAS FISCHERSTÄDTCHEN MIT NOORDHOEK VERBUNDEN

begonnen hat. Nicht richtig Stadt, nicht richtig Land, eine unentschlossene Übergangszone, durch die die meisten fahren, ohne anzuhalten. Dabei ist Muizenberg ziemlich ursprünglich geblieben, weil die allmächtige Immobilienbranche es sich noch nicht unter den Nagel gerissen hat. Drei, vier Straßenzüge, kleine Läden, Häuser am Ufer, die dringend neu gestrichen werden müssten, was Julia ziemlich sympathisch findet: „Ich mag es, wenn man Dingen ihr Alter ansieht." Am Strand stehen übrigens die gleichen bunten Badehäuschen, die der James Bay ein paar Kilometer weiter zu Postkartenruhm verholfen haben, aber hier beachtet sie niemand. Stattdessen schaut jeder aufs Meer hinaus – Muizenberg gilt als superbes Surfrevier, auch für Anfänger; die Dünung ist flach, das Wasser bis zu acht Grad wärmer als auf der anderen Seite des Kaps. Weshalb man sich nicht wundern muss, dass einem hier öfter Menschen in Neoprenanzug begegnen. Und auch nicht, dass da gerade ein älterer, distinguierter Herr mit Surfbrett unterm Arm aus dem Zeitschriftenladen tritt, ein Auto öffnet, den Surfanzug gegen einen grauen Dreiteiler tauscht, seine Krawatte bindet und mit klatschnassen Haaren davonfährt. Wahrscheinlich zum ersten Banker-Meeting des Tages.

Die Menschen hier seien gelassen, sagt Julia. Wer am Kap wohnt, ist zwar nur eine halbe Stunde weg vom Trubel der Metropole, lebt aber gleichzeitig in einer anderen Welt. Dem ist das Rauschen der Brandung wichtiger als die DJ-Beats der Clubs. Und die aktuelle „Wallpaper"-Ausgabe ebenso egal wie ständig wechselnde Shopping-Geheimtipps. Modetrends? In-Restaurants? Vernissagen beim Galeristen? Wer am Kap lebt, frühstückt samstags in kleinen, chaotischen Cafés wie dem Empire in Muizenberg. Seinen Wein kauft er nicht in Stellenbosch, sondern im Laden um die Ecke. Abends geht er mit Freunden ins Cape to Cuba, ein wunderbar zusammengezimmertes Strand-Restaurant in Kalk Bay, dessen Mobiliar man bei Gefallen kaufen kann. Und wenn sich in Kapstadt die Clubs langsam füllen, dann geht er – zu Bett.

Dieses Kalk Bay ist übrigens einer jener Orte, an dem das Kap ganz es selbst ist und gleichzeitig – oder gerade deswegen – sein feinmaschiges Fangnetz über den Besucher wirft. Orte wie Kalk Bay machen es einem leicht, weil sie wie Julias Bilder aus unzähligen nur schönen Elementen zusammengesetzt sind: den kleinen Antiquitätenläden, dem Meer, den Menschen, dem golden leuchtenden Berg, der sich hinter den

ST. JAMES DIE BADEHÄUSCHEN AM SICHEREN GEZEITENPOOL SIND NICHT NUR FOTOGEN, SONDERN KÖNNEN AUCH GEMIETET WERDEN

Häusern in den Himmel reckt, und alles ist hübsch, alles ist einfach, und da vorne steht tatsächlich die Fish & Chips-Bude aus Julias Buch: Kalky's („leider zu viele Kalorien, leider absolut unwiderstehlich"). Selbst die Rentnerinnen, die sich morgens im Matisse auf eine Partie Bridge treffen, strahlen diesen ortstypischen, hippiesken Laisser-faire-Charme aus. Und dann fährt man ein paar Kilometer weiter und ist in Simon's Town, wo selbst die Kolonie der putzigen Pinguine nicht darüber hinwegtäuschen kann, dass hier die steife Brise kolonialer Zeiten durch die viktorianischen Straßen weht. Die Aushänge im Schaufenster der Immobilienhändler verursachen dann auch leichten Schwindel.

Im Innern, abseits der Küsten, ist die Kap-Halbinsel vor allem: grün. Orte wie Hout Bay sehen aus wie riesige Parks, in die man ein paar Häuser gesetzt hat, auf den Straßen rund um Constantia hat man den Eindruck, durch einen Dschungel zu fahren. Selbst die Weinberge machen auf üppige Plantagen. In Julias Buch scheint sich das Gut Constantia aus einem Rebenblätterdickicht herauszuschälen, und dann steht man davor, und es sieht wirklich so aus. Ja, doch: Es regnet oft im Schatten des gewaltigen Tafelbergs, und oft regnet es ziemlich merkwürdig. Manchmal sieht man ihn auf sich zukommen, den Regen, von der anderen Straßenseite, eine kleine Säule, und zehn Sekunden später ist alles vorbei. Manchmal fällt der Regen auch gar nicht richtig zu Boden – dann schwebt er in der Luft, als habe da oben jemand mit einem Wasserbestäuber hantiert. An diesem Morgen im Botanischen Garten Kirstenbosch zum Beispiel möchte man gar nicht glauben, dass das Wetter wirklich schlecht ist. Ist es aber – sonst wäre man ja nicht bis auf die Haut nass. Böen von der Flanke des

CONSTANTIA IST DAS ÄLTESTE WEINANBAUGEBIET SÜDAFRIKAS UND EIN BEZAUBERNDER FLECKEN ERDE. DARAUF: GROOT CONSTANTIA VON 1685

Berges jagen in gischtige Nebelregenwände hinein, isolieren einzelne Fetzen, spielen mit ihnen, treiben sie hin und her. Mal sieht man den Bergrücken, mal nicht, mal nur die nächsten hundert Meter botanische Wunderwelt, Sekunden später kann man bis in alle Ewigkeit ins Grün hineinschauen. Und natürlich bildet sich ein Regenbogen. Und natürlich liegt die Kamera im Auto.

Wenn es stimmt, dass Orte magisch werden können, wenn ihnen nur viele über lange Zeit hinweg diese Bedeutung zusprechen, dann kann man andere Orte ja wahrscheinlich auch entmystifizieren. Und wenn das stimmt, dann ist Cape Point mit ziemlicher Sicherheit ein solcher. Dabei hat die Tatsache, dass die Spitze des Kaps mitnichten Afrikas südlichster Punkt ist, darauf keinen Einfluss – es sind vielmehr der Rummel und die Höllenlärmkulisse zwischen Parkplatz und Leuchtturm-Panoramapunkt, die dem Ort jeglichen Zauber rauben. Zum Glück gibt es genügend andere schöne Stellen ganz in der Nähe. Die hier zum Beispiel: Neptune's Dairy, die Milchküche Neptuns, und wenn man erst die Brecher an den Felsen zerstieben sieht, weiß man sofort, warum der Ort so heißt. Man setzt sich auf einen Felsen in der Sonne und blättert in Julias Buch. Da, die Seite mit der Kap-Collage: Auf eine historische Karte Afrikas hat sie einen alten Segler montiert. Beim nächsten Blick in Wellen und Gischt schweifen die Gedanken ab in die Weltgeschichte, zu Diaz und dem Fliegenden Holländer und all den anderen, den Namenlosen, die sich hier unten abgemüht haben, und man kann sich sicher sein, genau das wollte sie. Man klappt das Buch zu und schaut die Westküste hinauf in den Dunst, der Scarborough, Noordhoek und Hout Bay versteckt, der alles ein bisschen weicher aussehen lässt. Alles. Alles ein wenig beruhigt, alles ein bisschen dämpft. Das Kap sei ein Ort der Ruhe, sagt Julia. Der Berg sorge dafür – er schotte das Ende des Kontinents vom Rest der Welt ab. Das Kap, sagt Julia, könne aber auch wie Treibsand sein, „es hält dich fest und lässt dich nicht mehr los, nie wieder. Du kommst hierher und willst nicht wieder fort".

Das Kap ist anders im Süden und an seiner schroffen Westflanke ebenfalls. Die Berge rücken ein Stück zurück, das Land ist offener und leerer und rauer, der Dreiklang der Farben deutlicher: das Terrakotta der Hügel, das Grün der Büsche, das Blau von Meer und Himmel (leider wird auch die Fauna wilder – was, bitte schön, macht man gegen einen 60 Kilo schweren

CAPE POINT DER STEILE FELSEN MIT DEM LEUCHTTURM LIEGT INMITTEN DES CAPE OF GOOD HOPE NATURE RESERVE. ACHTUNG: SCHILDKRÖTEN KREUZEN

Pavian, der vom Straßenrand aus auf die Kühlerhaube springt und interessiert am Gummi der Scheibenwischer pult?). Erst am Chapman's Peak Drive rücken die Steilwände wieder Richtung Meer vor und schieben die Straße an den Abgrund. An schönen Tagen ist die Fahrt nach Camps Bay eine Einladung an alle, die sich einmal im Leben fühlen wollen wie in einem Werbespot für Cabrios. Bei schlechtem Wetter bildet sich ganz schnell ein Kloß im Hals. Der Chapman's Peak Drive ist öfter gesperrt, weil Felsen die Straße blockieren. Oder weil man befürchtet, dass sie es ganz bald tun werden.

Setzen wir uns, sagt Julia, sitzen ist wichtig. Sitzen und schauen, dann passiert vieles von selbst. Sie hat eine ihrer hauchdünnen Zigaretten gedreht, kann sie aber nicht anzünden, weil es zu stark stürmt. Vorne drischt die Brandung auf die Kaimauer ein. Mit den Wellen, sagt sie, sei es ähnlich wie mit einem Kaminfeuer: Wenn man die Veranlagung habe, könne man nicht aufhören hineinzuschauen. Manchmal falle ihr in so einem Moment dann ein, was die Fundstücke und die Bilder in ihrem Kopf verbinde, und auf einmal wisse sie genau, wie alles zusammenpasse, und manchmal sei das im Leben genauso. Auf den Felsen im Wasser strecken zwei Albatrosse die Flügel in der Sonne aus; eine Möwe testet den Aufwind. Julia beobachtet sie mit diesen großen Augen, die alles um sie herum betrachten, als würden sie es gerade zum ersten Mal bemerken. Sie nestelt in ihrer Tasche und holt das Streichholzbriefchen hervor. Alles habe eine Bedeutung, sagt sie, und alles habe eine Erinnerung. Eine Bö streicht ihr durchs Gesicht. Wenn man genau hinschaut, kann man zwischen ihren fliegenden Haaren, im Dunst am anderen Ende der lang gezogenen Bucht, das Ende Afrikas sehen. Es ist Julias Kap, es kann aber auch Ihr Kap werden. Sie müssen nur losfahren. ■

Info und Karte Seite 57

Auch wenn **JULIA GREY** (siehe Editorial) sagt, ihr Buch gehe zwischen den vielen Bildbänden über Kapstadt verloren: Man bekommt es in den guten Buchhandlungen und im Internet über www.struik.co.za. „Cape Town – an illustrated Poem", 96 Seiten, Paperback, ISBN: 177007189X.

INFO KAP-REGION

Wahrlich gut gelegen

Tipps für einen Aufenthalt in der ältesten Stadt Südafrikas und eine Tour zum Kap

KAPSTADT

„The Mother City“ nennen die Kapstädter ihre Heimat, die von Bergen und Meer eingefasst wie ein Juwel unter der Sonne liegt. 350 Jahre Geschichte lassen sich in Südafrikas drittgrößter Stadt (nach Johannesburg und Durban) schon beim ersten Spaziergang entdecken; wer länger bleibt, hat Zeit für Strände, Berge und Gärten.

Kapstadt ist groß (es umfasst 1644 Quadratkilometer), sein Zentrum allerdings eher klein: Länger als zehn Minuten braucht man nicht mit dem Auto, um von der Victoria & Alfred (V&A) Waterfront bis zur Seilbahnstation am Tafelberg zu kommen. In der City Bowl (wie die Innenstadt wegen ihrer geschützten Kessel-Lage genannt wird) lebt nur die Minderheit der Kapstädter – die Mehrheit ist auch viele Jahre nach Ende der Apartheid nach wie vor in den Townships und Shantytowns der zahlreichen Randbezirke zu Hause.

Prachtvolles Panorama südwestlich der City: Blick über Camps Bay

ÜBERNACHTEN

1 SUGAR
Neues Design-Hotel in der Nähe der V&A Waterfront. Nur wenige Zimmer mit raffiniertem Design in familiärer Atmosphäre, in den Bädern beispielsweise strömt rotes Licht aus Strahlern im dunkelgrauen Steinboden. Außerdem: ein sehr gutes Restaurant, gesicherter Parkplatz und Pool.

Sugar Hotel: gut in Form ganz nahe der V&A Waterfront

■ Cape Town 8005, Green Point, 1 Main Road, Tel. 021 430 37 80. 7 Zimmer: DZ 1400–2100 R.
www.sugarhotel.co.za

2 IKHAYA LODGE
Die Ausstattung mit zebragestreiften Bettüberzügen, gemütlichen Rattansesseln und großem Lobby-Bar-Bereich erinnert an eine Lodge am Rande eines Nationalparks. Das Hotel liegt etwas außerhalb des eigentlichen Zentrums, abends sollte man besser ein Taxi nehmen.
■ Cape Town 8010, Dunkley Square, Tel. 021 461 88 80. 19 Zimmer: DZ 730–1300 R.
www.ikhayalodge.co.za

3 THE CAPE COLONIAL
Viktorianisches, prächtig renoviertes Stadthaus in einer Querstraße der Kloof Street, viele Kneipen und Restaurants in Gehweite. Geschmackvolle, sehr ruhige Zimmer, schöner Patio und ausgesprochen zuvorkommendes Personal. Die Wirtsleute Rod und Sabine sprechen Deutsch.
■ Cape Town 8001, 13 Union Street, Tel. 021 423 73 82. 6 Zimmer: DZ 500–690 R.
www.kapstadt.de/colonial

4 METROPOLE
Sehr zentrales, modernes Stadthotel. Die Hotelbar gehört zu den angesagtesten Adressen der Stadt. Zimmer zur Straße können ziemlich laut sein.
■ Cape Town 8001, 38 Long Street, Tel. 021 424 72 47. 29 Zimmer: DZ 990–1890 R.
www.metropolehotel.co.za

5 HIPPO
Die Zimmer haben eine kleine Kitchenette (mit einer Schiebetür komplett abtrennbar) und einen PC mit Internet-Zugang. Snacks, Lunch und Dinner liefern drei benachbarte Restaurants. Auf Wunsch werden Stadtführungen organisiert.
■ Cape Town 8018, 5–9 Park Road, Tel. 021 423 25 00. 20 Zimmer: DZ 1200 R.
www.hippotique.co.za

ESSEN & TRINKEN

1 AFRO CAFÉ
Sehr lebhaftes (und sehr buntes) Szene-Restaurant in der Nähe des Künstlermarktes mit einer ausgefallenen Karte (z.B. Tanzania Fish Curry für 40 Rand). Ebenso im Angebot sind Küchenaccessoires mit dem Afrolook-Logo.
■ 48 Church Street, Tel. 021 426 18 57. Geöffnet Mo.–Fr. 8–17, Sa. 8.30–15 Uhr.

2 MADAME ZINGARA
Essen als Gesamtkunstwerk: Ein Abend bei Madame Zingara ist so, wie man sich ein gut organisiertes Geburtstagsdinner vorstellt – ohne dass man selbst hinterher abwaschen muss. Zum Spektakel gehören Bauchtänzerinnen, Kerzenlicht und eine Karte, auf der

i **Tel.-Vorwahl aus Dt.: 0027, dann die lokale Nummer ohne Null**
Umrechnen in Euro: Rand-Betrag durch 9 teilen

MEIN TIPP

HELEN ZILLE „Ich finde wenig Zeit zum Entspannen, aber ich liebe es, Menschen verschiedener Bevölkerungsgruppen in Kapstadt zu treffen und mit ihnen zu reden. Ich besuche gerne die Restaurants in der City, zum Beispiel das Jardine (185 Bree St., Tel. 021 424 56 40) und das 4T ATE (48 Hout St., Tel. 021 422 22 69). Außerdem fahre ich gern ins Weinland, besonders zum Weingut Zevenwacht, das ruhig am Stadtrand liegt. Und wann immer ich die Gelegenheit habe, gehe ich in den Bergen und Wäldern um Kapstadt wandern.“

■ Helen Zille, deutschstämmige Bürgermeisterin Kapstadts, ist Mitglied der Democratic Alliance.

Fotos: Lois Lammerhuber; dpa/picture-alliance; Stefan Nink (3)

Lola's: preiswerte vegetarische Gerichte an wackligen Tischen. Hippo Hotel: Zimmer mit Kitchenette, PC und Internet-Zugang. African Image: Gegenwarts- und Gebrauchskunst aus ganz Afrika (v.l.n.r.)

Rindermedaillons in dunkler belgischer Schokolade nur eine von vielen Überraschungen sind.
■ 192 Loop Street,
Tel. 021 426 24 58.
Hauptgerichte 70–90 R.
Geöffnet Mo.–Sa. ab 19 Uhr.

3 OCEAN BASKET

Unauffälliges und gemütliches Restaurant. Das Angebot an fangfrischem Fisch entnimmt man einer großen Kreidetafel. Nette Angestellte erläutern Zubereitungsarten und Specials, serviert werden die Krebs-, Fisch- und Calamares-Kombinationen in heißen Eisenpfannen. Hinter dem Restaurant: ein ruhiger, schattiger Garten.

Ocean Basket: Hauptsache fangfrische Meeresfrüchte

■ 75 Kloof Street,
Tel. 021 422 03 22.
Geöffnet Mo.–Fr. 12–21.45,
Sa. bis 22.45, So. bis 20.45 Uhr.

4 LOLA'S

Die Gäste im Lola's sehen aus, als wollten sie so schnell nicht wieder aufstehen – was man nachvollziehen kann, kaum dass man an einem der Tische Platz genommen hat: Die Bedienung ist zuvorkommend, das Essen – vegetarische Kleinigkeiten wie Pilzrisotto und Fladenbrot mit Hummus – so lecker wie preiswert. Und: Man kann beobachten, was sich auf der Long Street abspielt.
■ 228 Long St./Buiten St.,
Tel. 021 423 08 85.
Geöffnet tgl. 8 Uhr bis open end.

5 THE AFRICA CAFÉ

Ein guter kulinarischer Einstieg in die Küche Afrikas. Die einzige Menüfolge vereint 16 verschiedene Gerichte aus ganz Afrika: Man beginnt mit einem Straußencurry aus Botsuana und ist Stunden später bei Käsebällchen mit Süßkartoffeln aus Malawi angelangt. Zur Untermalung wird Live-Musik gespielt.
■ Heritage Square,
108 Shortmarket Street,
Tel. 021 422 02 21.
Geöffnet tgl. 18.30–23 Uhr.

EINKAUFEN

1 AFRICAN IMAGE

Das meiste hier könnte auch im New Yorker MoMA stehen. Besitzerin Tracy Rushmere ist permanent auf Achse, um Gegenwarts- und Gebrauchskunst aus ganz Afrika aufzutreiben. Im Angebot ist ein Sortiment vom Tablett aus alten Ölsardinendosen bis zum geschnitzten Hocker aus Lesotho.
■ Church St./Burg St.,
Tel. 021 423 83 85.
Geöffnet Mo.–Fr. 9–17,
Sa. 9–13.30 Uhr.

2 A STORE

Einer dieser typischen Kapstädter Szeneläden: ausgefallene Turnschuh-Modelle, eine Handvoll Bildbände, designter Kleinkram und sehr lässige Musik.
■ 34 Kloof Street,
Tel. 021 422 28 88. Geöffnet Mo.–Fr. 9–18, Sa. bis 15 Uhr.

3 CD WHEREHOUSE

Kapstadts größte Auswahl an CDs mit afrikanischer Musik – vor allem die Jazz-Abteilung ist gigantisch. Nett: An jedem Samstagmorgen geben lokale Musiker und Bands kostenlose Live-Konzerte.
■ Dock Road Complex,
V&A Waterfront,
Tel. 021 425 63 00.
Geöffnet So.–Do. 9–21,
Fr., Sa. bis 22 Uhr.

4 IMAGENIUS

Schnickschnack, Kunst, Accessoires – vom Original einer jungen Kapstädter Künstlerin über die rosa Springbockfell-Abendtasche zu skulpturalen Vasen bekommt man alles, was Stylistenherzen höher schlagen lässt.
■ 117 Long St./Church St.,
Tel. 021 423 78 70.

ANSCHAUEN

1 TAFELBERG

Kapstadts Wahrzeichen zeigt sich leider an vielen Tagen im Jahr bedeckt – dementsprechend groß ist der Andrang am ersten wolkenfreien Morgen (den man auf jeden Fall nutzen sollte; mit ziemlicher Wahrscheinlichkeit ist es für einige Zeit auch der letzte). Hinauf kommt man entweder auf einem der Wanderwege – was ganz schön anstrengend sein kann – oder mit der Seilbahn, was wiederum ganz schön lange Anstehzeiten am Tickethäuschen bedeuten kann. Macht alles nichts: Auf dem Plateau warten eine spektakuläre Aussicht und schöne Spazierpfade.
■ Tel. 021 424 51 48. Wenn das Wetter es zulässt, fährt die Seilbahn ab 8.30 Uhr ca. alle 10 Min., letzte Talfahrt 18 Uhr, hin u. zurück 115 Rand.
www.tablemountain.net

2 SIGNAL HILL

Nicht nur eine gute Alternative, wenn der Tafelberg wolkenbedeckt ist (bzw. die Schlangen vor

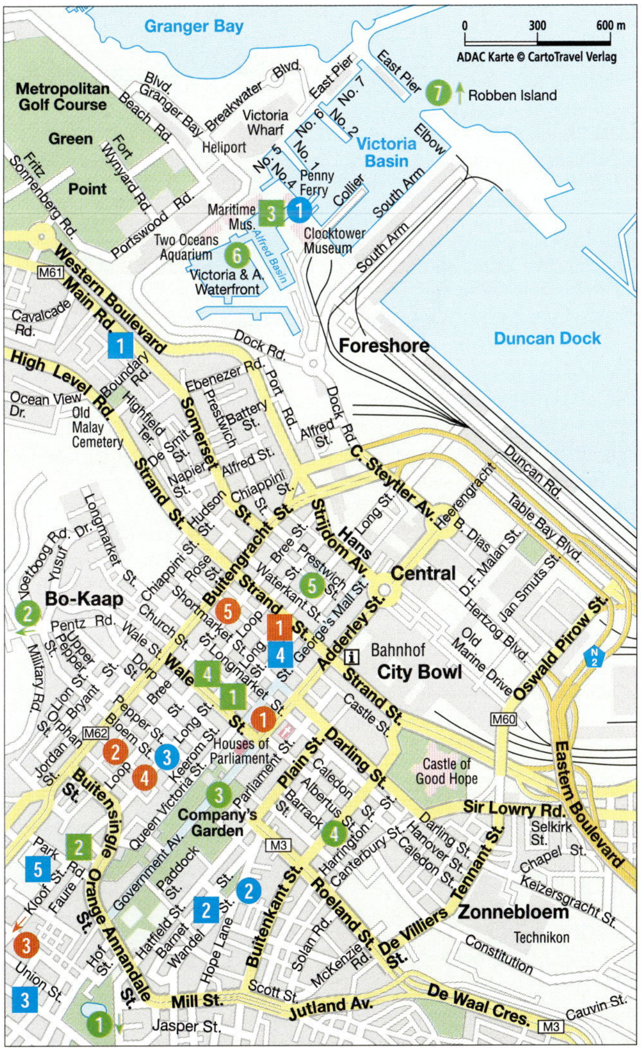

Hoch hinauf: mit der Panorama-Gondel auf den Tafelberg. Kunterbuntes Klischee: Im Restaurant Mama Africa spielt allabendlich eine Liveband auf. Alles beisammen: Shops, Restaurants, Cafés und bunte Fassaden in der Long Street (v.l.n.r.)

der Seilbahn zu lang sind): Der Blick vom Signal Hill ist zwar nicht ganz so eindrucksvoll, lohnt aber bestimmt die kurze Fahrt hinauf. Und selbst an heißen Tagen weht hier eine erfrischende Brise.
■ Kein Eintritt, Parkplatz am Ende der Straße, die von der Kloof Neck Road nach rechts abgeht, ausgeschildert.

3 COMPANY'S GARDEN

Der Stadtpark, der ein Gemüsegarten war: Als die Schiffe der Vereinigten Ostindischen Kompanie noch zwischen Kap und Holland pendelten, wurde ihre Mannschaft mit Gemüse von hier versorgt. Heute essen Angestellte ihr Lunchpaket im Schatten der mächtigen Bäume. Und auch wenn man zwischen den Besuchen auf der Museumsmeile mal durchatmen möchte, gibt es keinen besseren Platz als eine Bank hier.
■ Government Avenue.
Geöffnet tgl. ab Sonnenaufgang.

4 DISTRICT SIX MUSEUM

District Six war ein Kapstädter Coloured-Viertel, in dem bis 1966 etwa 60 000 Menschen lebten. Dann machten die Bagger der Apartheids-Fraktion (und der Immobilienbranche) die Straßenzüge hinter dem Castle of Good Hope dem Erdboden gleich; die Bewohner wurden in die Townships der Cape Flats zwangsumgesiedelt. Ironie der Geschichte: Das Gelände wurde nie bebaut – bis heute gemahnt eine freie Fläche am Rande der Innenstadt an die Zeit der Apartheid. Das kleine Museum dagegen beschwört Menschen und Gemeinschaft des District Six herauf – und das gelingt ihm ziemlich eindrücklich.
■ 25A Buitenkant Street,
Tel. 021 461 87 45.
Geöffnet Mo. 9–15,
Di.–Sa. 9–16 Uhr. Eintritt 10 R.
www.districtsix.co.za

5 LONG STREET

Könnte auch gut unter der Rubrik Einkaufen auftauchen: Hier sind die originellen Geschäfte, solche, die nicht den großen internationalen Ketten angehören. Allerdings würde sich die bunteste Straße Kapstadts auch unter Essen und Trinken gut einordnen (siehe Café Lola's ebendort). Dann hätten wir allerdings immer noch nicht erwähnt, wie sich hier kapholländische Fassaden mit Architektur à la New Orleans abwechseln. Es bleibt nur eins: anschauen.

6 V&A WATERFRONT

Kapstadts Waterfront ist Shopping-Mall, Restaurant-Meile und Fischerhafen in einem, und wenn man Live-Musik hören oder einfach nur ein Glas Wein mit Blick aufs Meer genießen möchte, kann

Waterfront: shoppen und schlemmen bis zum Abend

man das hier auch. Immer noch nichts dabei? Dann gibt es eine Reihe vorzüglicher Galerien, das Maritime Museum und das Two Oceans Aquarium.

7 ROBBEN ISLAND

Neben Nelson Mandela (der hier inhaftiert war) die mächtigste Erinnerung an die dunklen Jahre der Apartheid. Touren werden von

Robben Island: ehemaliges Gefängnis für Apartheidgegner

früheren Gefangenen oder ehemaligen Wärtern geleitet, sie führen durch die Anlage und zu jenem Steinbruch, in dem die Häftlinge Steine klopfen mussten. Bewegend.
■ Fähren um 8, 9, 10, 12, 13, 14 und 15 Uhr vom Nelson Mandela Gateway an der V&A Waterfront, Tel. 021 413 42 20. Tour: 3,5 Std.; Erwachsene 150 R, Kinder bis 16 Jahre 75 R.
www.robben-island.org.za

AUSGEHEN

1 GREEN DOLPHIN

Versteckt liegender, legendärer Club an der Waterfront. Musiker oder Bands starten gegen 20 Uhr, die Bühne sieht man allerdings nur von einem Tisch im Restaurant. Der „Grüne Delfin" hat es sogar ins „Guinness Buch der Rekorde" geschafft – mittlerweile ist man bei 4000 Live-Nächten in ununterbrochener Folge angelangt.
■ Victoria & Alfred Arcade,
Tel. 021 421 74 71.
Tgl. 12–24 Uhr. Eintritt 25 R.
www.greendolphin.co.za

2 DRUM CAFÉ

Man ahnt schon: laut hier. Ziemlich laut. Höllisch laut. Vor allem an Samstagabenden, wenn offensichtlich jeder Kapstädter im Besitz einer Trommel hier auftaucht. Gäste können sich einreihen und mitmachen.
■ 32 Glynn Street,
Mobil-Tel. 072-927 12 10.
Mo., Mi., Fr. 20–24,
Sa. 21 bis spätnachts.
Eintritt 30–40 R, Trommel 20 R.
www.drumcafe.org

3 MAMA AFRICA

Das Restaurant ist gnadenlos touristisch und bedient so ziemlich jedes Klischee, das Bustouristen von Südafrika haben können. Die irgendwann später am Abend aufspielende Liveband lohnt aber zumindest ein paar Biere am Tresen. Und ja, es wird getanzt.
■ 178 Long Street,
Tel. 021 424 86 34.
Geöffnet Mo.–Sa. 19 Uhr bis spätnachts. Eintritt 10 R.

INFOS

1 CAPE TOWN TOURISM

Sorgfältig sortierte Broschürenauswahl, Bücher und Karten sowie eine exzellente Beratung. Auch wer weiterreisen möchte, findet hier nützliche Infos. Angeschlossen Bistro und Internet-Café.
■ Castle St./Burg St.
Geöffnet Mo.–Fr. 8–17,
Sa. 8.30–13, So. 9–13 Uhr.
www.tourismcapetown.co.za

MEIN TIPP

MARC LOTTERING „Meine Lieblingsstadt ist Kapstadt, nicht nur, weil ich hier geboren bin. Den besten Kaffee nach einer Clubnacht bekomme ich bei Vida e Café in der Kloof Street (Nr. 34, Tel. 021 426 06 27). Wenn ich essen gehe, dann gern indisch, etwa bei Dukhara in der Church Street (Tel. 021 424 00 00). Fish & Chips genehmige ich mir bei Texies, wo alles richtig frisch ist (am Hauptbahnhof in der Adderley St., Tel. 021 419 14 16). Zum Relaxen fahre ich an einen der herrlichen Strände, die ja direkt vor der Haustüre liegen."

■ Marc Lottering zählt zu den besten Kabarettisten Südafrikas. Sein Markenzeichen ist eine mächtige Afromähne (www.marclottering.com).

Fotos: Svenja Kruse (3); South African Tourism; Ariadne Van Zandbergen/LPI; Lois Lammerhuber (3); Jeremy Jowell/iAfrika Photos; Gerald Hänel

Bitte recht freundlich! Touristen-Rummel am Kap der Guten Hoffnung

Im Gleichschritt Marsch! Bewohner der Boulders-Pinguin-Kolonie

DAS KAP

Egal ob über den Chapman's Peak Drive, aus Richtung Muizenberg oder über den Kirstenbosch Garden in der Mitte der Halbinsel: Wer nach Kapstadt kommt, muss weiter zum Kap. Gut 52 Kilometer ragt die Halbinsel in den Atlantik, und der Indische Ozean liegt in Sichtweite. Auf der Fahrt hinaus zum Ende des Kontinents ist der Spruch „Der Weg ist das Ziel" übrigens treffender als bei den meisten anderen Destinationen: Bei all den möglichen Zwischenstopps muss man schon aufpassen, dass man bis zum Abend überhaupt das Kap der Guten Hoffnung erreicht.

ANSCHAUEN

1 KIRSTENBOSCH NATIONAL BOTANICAL GARDEN

Der Besuch in Südafrikas ältestem und größtem botanischem Garten (der Unternehmer und Politiker Cecil Rhodes hat ihn 1895 angelegt) kann wegen der oft unbeständigen Wetterlage im

Botanischer Garten Kirstenbosch: verwunschene Welt

Rücken des Tafelbergs ein mystisches Erlebnis sein: Wenn Wind, Nebel und Sonne über den mehr als 6000 Pflanzenarten miteinander spielen, fühlt man sich wie vor Anbeginn der Zeit.

■ Newlands, Rhodes Avenue, Tel. 021 799 87 83.
Geöffnet Sept.–Mai 8–19, Juni–August 8–16 Uhr.
Eintritt 22 R.

2 CAPE OF GOOD HOPE NATURE RESERVE

Auch wenn das Kap der Guten Hoffnung nicht wirklich der südlichste Zipfel des Kontinents ist – ein Gefühl vom „Ende der Welt" beschleicht einen hier draußen trotzdem. Der Aussichtspunkt am Ende der zwölf Kilometer langen Straße durch den Park ist an den meisten Tagen ziemlich überlaufen (Vorsicht: Die Paviane am Parkplatz haben jegliche Hemmungen vor Menschen und Autos verloren). Auf dem Weg aber gibt es genügend Plätze, an denen sich das Aussteigen lohnt: für ein Picknick am Meer, eine Wanderung durch den Busch oder zum Beobachten einer Straußenfamilie.

■ Cape Point, am Ende der Straße, Tel. 021 701 87 73.
Geöffnet Okt.–März 6–18, April–Sept. 7–17 Uhr.
Eintritt 35 R.

3 CHAPMAN'S PEAK DRIVE

Doch, das ist ein mindestens spektakuläres Stück Südafrika und nichts für Schwindelanfällige. In 114 manchmal lang und meistens eng gelegten Kurven schlängelt sich die in die Klippen geschlagene Straße hoch über dem Atlantik. Die Fahrt ist ein Muss – wenn es geregnet hat, ist die Strecke allerdings regelmäßig

Chapman's Peak Drive: nichts für Schwindelanfällige

wegen Steinschlag geschlossen. Tipp: Wenn man den Drive von Noordhoek aus befährt, ist das Anfahren der Aussichtspunkt-Parkplätze viel einfacher.

■ Zwischen Noordhoek und Hout Bay, Info-Tel. 021 790 91 63.
Maut 20 R.

4 BOULDERS BEACH PENGUIN COLONY

Noch vor ein paar Jahren konnte man hier zwischen den Pinguinen am Strand entlangspazieren, und ein Ranger, gemütlich in einem Klappstuhl sitzend, bewachte die Szenerie. Weil das auf Dauer nicht gut für die Pinguine war, hat man ihnen jetzt ein hochmodernes Revier angelegt, inklusive Besucherzentrum und Plankenweg hinunter zu den Felsen. Faszinierend ist das Gewusel der wie Charlie Chaplin watschelnden Vögel immer noch, und zwar nicht nur für Kinder.

■ Simon's Town, ausgeschildert; Tel. 021 786 23 29.
Je nach Jahreszeit unterschiedliche Öffnungszeiten, ganzjährig aber 8–17 Uhr.
Eintritt 15 R.

5 BABOON WALK

Für die meisten Menschen am Kap sind die heimischen Paviane ein ständiges Ärgernis: Sie plündern Gärten, zerbeulen Autos und demolieren auch schon mal eine Wohnung, wenn man die geöffnete

WOHIN ES MICH AUCH ZIEHT.
IT'S A GREAT DAY
GUARANTEED TO KEEP YOU DRY
GORE-TEX® PRODUCTS
GORE
gore-tex.com
MARC
www.marcshoes.com
Collin
GORE-TEX® XCR® Footwear. Klima Management für Schuhe.
GORE-TEX® XCR® Schuhe passen sich allen Bedingungen an und bieten so optimalen Klimakomfort. Drinnen und bei Wärme halten sie Ihre Füße angenehm temperiert, draußen sind sie geschützt und bleiben trocken. Denn – nur trockene Zehen sind wirklich glückliche Zehen.
© 2003, 2006 W. L. Gore & Associates GmbH. GORE-TEX®, GUARANTEED TO KEEP YOU DRY™, IT'S A GREAT DAY℠, GORE-TEX® XCR®, GORE® und Bildzeichen sind Marken von W. L. Gore & Associates.

Tierleben am Kap: fast zu menschenfreundliche Paviane und ein scheuer Vogel Strauß

Terrassentür für drei Sekunden unbeobachtet lässt. Die Organisation Baboon Matters will das Verhältnis zwischen Mensch und Tier entspannen und zeigt den Teilnehmern der „Pavian-Spaziergänge", dass diese Affen vor allem eines sind: faszinierende Tiere, denen der Mensch den Lebensraum genommen hat.
■ Tel. 021 783 38 82. Preis für eine Tour 150 R, Kinder frei.
www.baboonmatters.org.za

RASTEN & ESSEN

❶ FISH ON THE ROCKS

Die angeblich besten Fish'n'Chips am Kap. Je nach Fanglage fünf bis sechs verschiedene Sorten, dazu frische Calamares und Muscheln, alles in gewaltigen Portionen. Essen kann man draußen auf Bän-

Fish on the Rocks: gewaltige Portionen vor Bergmassiv

ken oder ein paar Meter weiter auf Felsen direkt am Meer. Für Ornithologen lohnt der Abstecher wegen der tolldreisten Möwen.
■ Hout Bay, am Ende der Harbour Road, Tel. 021 790 11 53. Geöffnet tgl. 11–19 Uhr.

❷ EMPIRE CAFÉ

Nettes, helles, zweistöckiges Café mitten im Ort, sehr unprätentiös, sehr angenehm. Hier frühstücken Surfer in Neoprenanzug, Bauarbeiter und Touristen. Ausgefallene Karte, große Portionen und Kombinationen, zum Beispiel Linguini mit Chili. Angeblich sollen die Bedienungen nach Erhalt eines großzügigen Trinkgeldes auf dem Treppengeländer hinunterrutschen – sie konnten dabei allerdings nicht beobachtet werden.
■ Muizenberg, 11 York St., Tel. 021 788 12 50. Hauptgerichte ca. 60 R. Geöffnet tgl. 7–16, Do.–Sa. auch 18–20 Uhr.

❸ BLACK MARLIN

Sie sind ein bisschen steif, die Manager und Gästebegrüßer in diesem Seafood-Restaurant, und man will schon wieder umdrehen, aber dann entdeckt man die Terrasse über dem Meer und riecht den Duft aus der Küche. Calamares! Und ein freier Tisch! Später, nach einem wunderbaren Tintenfischsteak (das sie hier in unendlichen Variationen zubereiten) und einem erfrischenden Chardonnay weiß man: War genau richtig, hier zu bleiben.
■ Miller's Point bei Simon's Town, Tel. 021 786 16 21. Hauptgerichte 80 R. Lunch tgl. 12–16, Dinner Mo.–Sa. ab 18 Uhr.

❹ OLYMPIA CAFÉ

Am Anfang war das hier eine Bäckerei, dann kamen ein paar Tische und Stühle hinzu, und mittlerweile werden die Backbleche mit den Croissants, Hörnchen und Teilchen stapelweise auf großen Wagen ins Café geschoben. In der Regel von morgens bis abends proppenvoll – wer nicht warten will, kann sich auf einen Hocker ans Fenster setzen.
■ Kalk Bay, 135 Main Road, Tel. 021 788 63 96. Geöffnet tgl. 7–21 Uhr.

Olympia Café: war ursprünglich eine Bäckerei

❺ CAPE TO CUBA

Diese abenteuerlich zusammengezimmerte Gebäudemischung aus Fischerhütte und angebautem Zirkuszelt sieht aus, als würde der nächste Sturm sie in sämtliche Einzelteile zerlegen – bis dahin aber ist das labyrinthische Cape to Cuba ein wunderbarer Ort für einen romantischen Kerzenlicht-Abend. Man bekommt preiswerte, kubanisch-südafrikanische Gerichte, beste Cocktails. Die komplette Einrichtung – alte Möbel, hölzerne Heiligenfiguren – kann gekauft werden.
■ Kalk Bay, Main Road, Tel. 021 788 15 66. Hauptgerichte 65 R. Geöffnet tgl. 11.30–16, Di.–So. auch 18–22.30 Uhr.

INFOS

CAPE TOWN TOURISM

Seite 56

Infos auch online unter:
www.houtbay.org
www.capepointroute.ca.za
www.chapmanspeakdrive.co.za

LUXURIÖS DURCHS LAND

OLDTIMER-RUNDREISE

Ob stilvoll im Rolls-Royce auf Spritztour durch Kapstadt oder sportlich in einem Jaguar E-Type übers Kap. Wer sich solche automobilen Träume erfüllen möchte, kann sich an Motor Classic mit der weltweit größten Mietkollektion von Oldtimern, Sportautos und Cabrios in Kapstadt wenden. Die Tagespreise reichen von 80 bis 350 Euro.
■ Motor Classic, Tel. 021 461 73 68, Fax: 021 461 05 98.
www.motorclassic.co.za

BLUE TRAIN

Seit 1923, damals noch als Union Limited bekannt, ist der Blue Train eine Legende auf Schienen (Foto). Mit einem Fünf-Sterne-Hotel-Luxus (einschließlich Butler) verkehrt er zwischen Pretoria und Kapstadt sowie zwischen Kapstadt und Port Elizabeth. Luxus und Komfort haben ihren Preis: zwei Tage/eine Nacht ab Kapstadt bis Pretoria ab 800 Euro/Pers. im Doppelzimmer.
■ **www.bluetrain.co.za**
www.explorer-fernreisen.com

FLUGSAFARI IM HEISSLUFTBALLON

Südafrika aus der Vogelperspektive: Fahrten über spektakuläre Landschaften, Stadtteile oder Wildbeobachtungsfahrten. Im Sommer werden Touren über die schön gelegenen Paarl-Weinberge bei Kapstadt angeboten. Eine einstündige Fahrt kostet etwa 160 Euro. Info:
■ **www.paarlonline.co.za**
www.tourismcapetown.co.za

Fotos: Svenja Kruse (2); Stefan Nink (2); Richard Dobson

WEIN

Die neuen Stars

Die Weine vom Kap wachsen im schönsten Anbaugebiet der Welt. Sie wollen den edlen Tropfen Europas Konkurrenz machen und dabei Charakter zeigen. Wie schön, dass man auf vielen Gütern nicht nur Wein kaufen, sondern auch stilvoll essen und übernachten kann. Herzlich willkommen in Constantia, Stellenbosch und den anderen Weinregionen Südafrikas

Text von Veronika Crecelius, Fotos von Gerald Hänel

Rebstock-Geometrie: Weinernte im Anbaugebiet Stellenbosch

Lese mit der Rebschere: Eine Arbeiterin in den Weinbergen bei Stellenbosch schneidet vorsichtig Trauben ab

Weinstraße Constantia

CONSTANTIA Vor den Toren Kapstadts gelegen, ist Constantia die Keimzelle südafrikanischer Weinkultur. Die Geschichte beginnt 1685. Nachdem der Kap-Gouverneur Simon van der Stel verschiedene Bodenproben in der Umgebung Kapstadts begutachtet hat, beschließt er, eine Versuchsfarm für Obst- und Weinbau am Südausläufer des Tafelbergs anzulegen. Er nennt sie Constantia; das bedeutet Standhaftigkeit und Beharrlichkeit, Tugenden, auf die der Gouverneur schwört. Seit jener Zeit wird im Constantia-Tal, vor allem an den Osthängen des Constantia-Bergs, Wein angebaut.

Heute macht die reine Weinbaufläche Constantias nur knapp 400 Hektar aus. Das kühle Klima mit der Brise von beiden Meeren und die relativ hohen Niederschläge, die der lehmhaltige Granitverwitterungsboden gut speichern kann, sorgen dafür, dass die Trauben stressfrei und langsam reifen können. Hinzu kommt das Temperaturgefälle zwischen Tag und Nacht, das besonders Sauvignon Blanc mit Aromen-Vielfalt und feiner Säure dankt. Neun Weingüter teilen sich die Anbaufläche. Die fünf interessantesten haben sich zur Constantia Wine Route zusammengeschlossen: Constantia Uitsig, Buitenverwachting, Steenberg, Groot Constantia und Klein Constantia. Jedes dieser Weingüter trägt auf seine Weise zum Zauber von Constantia bei, der in den Rebgärten liegt, die sich an die Berghänge schmiegen, und den Eichenalleen, die oft vor weißen Gutshäusern im kapholländischen Stil enden.

Constantia Uitsig ist ein Gesamtkunstwerk der Gastlichkeit. Zum Weingut gehört das lauschige Tageslokal River Café, wo zu fairen Preisen die typisch südafrikanische Crossover-Küche auf den Tisch kommt: Salattürme, Tunfischsteaks und Tagesfisch zum Beispiel, auch ein üppiges Frühstück. Dem River Café ist ein Weinladen angeschlossen. Die beiden Restaurants Uitsig und La Colombe mit mediterraner und südfranzösischer Küche zählen zu den Top Ten Südafrikas und liegen im Komplex des Uitsig-Country-Hotels (16 Zimmer). Von fast surrealer Schönheit ist der Cricketplatz.

Auf Buitenverwachting gleich nebenan betupfen Picknicker die großzügigen Wiesen. Sie lagern in gebührendem Abstand, weil der deutsche Besitzer Lars Maack zum Wohle der Natur und der Atmosphäre nur 50 Leute pro Tag mit Decken, Stühlen und Picknickkorb ausstattet (90 Rand). Natürlich passt zu den feinen Weinen Buitenverwachtings – neben Sauvignon und Chardonnay auch der dichte, nach Schwarzen Johannisbeeren und Zeder duftende Bordeaux-Blend Christine – besser sein Gourmet-Restaurant. Der Gast blickt von der Veranda auf den Constantia-Berg und genießt dazu die Kochkunst des Österreichers Edgar Osojnik, der mit seiner mediterran inspirierten Küche seit Jahren Furore macht. In einem Cottage auf dem Gelände Buitenverwachtings, was „alle Erwartungen übertreffend" bedeutet, gestaltet Maacks Frau Schmuck mit Diamanten und Elefantenhaaren. Buitenverwachting war Teil der Van-der-Stel-Farm.

Steenberg ist drei Jahre älter als die ursprüngliche Constantia-Farm, begann aber erst 1695 mit dem Weinbau. Das Gut wird besonders für seinen Sauvignon und Merlot gerühmt – und für den 18-Loch-Golfplatz und das luxuriöse 24-Suiten-Hotel mit dem preisgekrönten Restaurant Catharinas.

Groot Constantia, das bekannteste Weingut Südafrikas, wurde als Kernstück der Urfarm zum Nationalerbe deklariert. Die „Mother of Wine Estates in South Africa" bewältigt routiniert einen Ansturm von 450 000 Menschen pro Jahr und produziert trotzdem empfehlenswerten Wein (Sauvignon, Gouverneurs Merlot). Im Manor House ist ein sehenswertes Museum untergebracht, im Jonkershuis ein kapmalaiisches Restaurant. Am Wochenende findet ein Antikmarkt statt.

Klein Constantia gehörte ebenfalls zu van der Stels Constantia und hat sich der Wiedergeburt des historisch bedeutsamsten Weines Südafrikas verpflichtet: Der Süßwein Vin de Constance aus den aromatischen Muscat-de-Frontignan-Trauben wurde Ende des 18. Jahrhunderts an den europäischen Höfen berühmt. Napoleon ließ sich den Wein fassweise nach St. Helena liefern, Jane Austen empfahl ihn als Seelentröster, und Klopstock widmete ihm 1795 eine Ode. Ende des 19. Jahrhunderts erreichte die Reblaus das Kap, zerstörte die Rebgärten und trieb viele Winzer in den Ruin.

1980 kauft Familie Jooste das Gut und knüpft an die Legende an: Sie pflanzt Muscat und lässt die Trauben reifen, bis sich Zucker und Aromen konzentrieren. 18 Monate steckt sie das Konzentrat in französisches Holz, fünf Jahre muss der Wein insgesamt reifen, bis er zum Verkauf freigegeben wird. Das bernsteinfarbene Elixir duftet nach getrockneten Aprikosen, Muskatblüten und Safran und schmeckt nach Quittenbrot, Aprikose, Rosine, Feige. Infos über die Constantia Wine Route: www.constantiawineroute.co.za.

CONSTANTIA UITSIG Constantia 7848, P.O. Box 32, Tel. 021 794 18 10, www.uitsig.co.za **VERKOSTUNG & VERKAUF** Mo.–Fr. 9–17, Sa. 10–17 Uhr **EMPFEHLUNG** Sauvignon
BUITENVERWACHTING Constantia 7848, P.O. Box 281, Tel. 021 794 51 90/1, www.buitenverwachting.com **VERKOSTUNG & VERKAUF** Mo.–Fr. 9–17, Sa. 9–13 Uhr **EMPFEHLUNG** Sauvignon, Chardonnay
STEENBERG Steenberg Estate 7947, P.O. Box 224, Tel. 021 713 22 11, www.steenberg-vineyards.co.za **VERKOSTUNG & VERKAUF** Mo.–Fr. 9–16.30, Sa. 9–13 Uhr (nur Hauptsaison) **EMPFEHLUNG** Sauvignon, Merlot
GROOT CONSTANTIA Constantia 7848, Private Bag X1, Tel. 021 794 51 28, www.grootconstantia.co.za **VERKOSTUNG & VERKAUF** tgl. 9–17 (Winter), tgl. 9–18 Uhr (Sommer) **EMPFEHLUNG** Sauvignon, Gouverneurs Merlot
KLEIN CONSTANTIA Constantia 7848, P.O. Box 375, Tel. 021 794 51 88, www.kleinconstantia.com **VERKOSTUNG & VERKAUF** Mo.–Fr. 9–17, Sa. 9–13 Uhr **EMPFEHLUNG** Süßwein Vin de Constance
Umrechnen in Euro: Rand-Betrag durch 9 teilen

Eichenfässer und Gärtanks in Klein Constantia; Lars Maack, Chef auf Buitenverwachting, im Garten

Buitenverwachting bedeutet übersetzt „alle Erwartungen übertreffend". Ob's ein guter Jahrgang wird? Das Gut produziert rote Spitzenweine

Spezialität auf Vergelegen: Im Kampferhain wird aufgetischt

Vergelegen & Morgenster

STELLENBOSCH Das repräsentativste Weingut am Kap weiß, was es wert ist. An der Schranke zum 3000-Hektar-Anwesen werden dem Besucher 10 Rand abgeknöpft, nur damit sie hochgeht. Dafür findet er sich sogleich in einem Paradiespark wieder. Kap-Gouverneur Willem Adriaan van der Stel, Sohn des Weinbauförderers Simon van der Stel, hat die Farm 1700 angelegt. Als Gouverneur wurde Willem schnell abgesägt, aber von seinen Visionen als Farmer profitiert Vergelegen noch heute. Fünf chinesische Kampferbäume etwa, die er vor sein Wohnhaus gepflanzt hat, leben als gigantisches Erbe fort. Im schattigen Kampferwald wird ein Picknick serviert.

Lieblich ist die Stimmung auf der Rose Terrace, von der man auf einen Labyrinth-Garten mit unzähligen Rosenarten blickt und Kleinigkeiten zu essen bekommt. Wer im Lady Phillips Restaurant den Lunch einnimmt, sieht Pfauen vorbeispazieren. Und im Wohnhaus gibt's eine Fotoausstellung. Nelson Mandela führte auf dem abhörsicheren Terrain die ersten Gespräche mit dem ANC. Weil das gut klappte, traf er sich dort auch mit Queen Elizabeth II. und Clinton.

Ach ja, die Weine! Ein Traumwein ist die Sauvignon Reserve Schaapenberg, voll und nachhaltig, erfreulicherweise holzfrei ausgebaut, mit Aromen von Guave und grüner Feige. Die Flaggschiff-Weine sind der langlebige, komplexe Vergelegen White aus Semillon und Sauvignon sowie der majestätische, weiche Vergelegen Red auf Cabernet-Sauvignon-Basis.

Tipp: Auf dem Rückweg bei Nachbar Morgenster (bis 17 Uhr geöffnet) vorbeischauen. Dort produziert Giulio Bertrand nicht nur tolles Olivenöl, sondern auch zwei erstaunliche Weine im Bordeaux-Stil.

ADRESSE Somerset West 7129, Lourensford Road, P.O. Box 17, Tel. 021 847 13 34 (Keller), 021 847 21 23 (Verkauf), Fax: 021 847 16 08, www.vergelegen.co.za **VERKOSTUNG & VERKAUF** tgl. 9.30–16 Uhr, 2–10 R pro Wein; Rose Terrace November–April 10–16, Lady Phillips Restaurant: Mittagessen 12–14.30 (nur mit Reservierung), Cafébetrieb 10–11.45 und 14.30–16 Uhr; Picknick auf Bestellung 110 R **EMPFEHLUNG** Sauvignon Blanc 65 R, Reserve Schaapenberg 135 R, Vergelegen White 192,50 R, Red 277 R

Rustenberg

STELLENBOSCH Auf Rustenberg möchte man schon anhalten, bevor der erste kapholländische Giebel durch die Baumkronen scheint. Links der Zufahrtsallee filigrane Gärten, rechts malmen Kühe andächtig auf Klee. „Unsere Ladys", wie sie Besitzer Simon Barlow nennt, gehören der Jersey-Rasse an. Weil sie lange Wimpern über großen Mandelaugen schmücken, heißt die Herde Schoongezicht, „Schöngesicht".

Der Hund namens Samuel treibt indes nicht das Vieh zusammen, wie es seine Aufgabe wäre, sondern klebt an seinem Herrn, dem skurril-genialen Weinmacher Adi Badenhorst (34). Das ist der Typ mit dem Backenbart, den kurzen Hosen und Bergschuhen, der hier seit 1999 die Weine pusht. Adi und sein Chef Simon Barlow sind so entspannt, dass man glaubt, sie machten Urlaub auf Rustenberg – schön genug ist es ja. Zum Lebensgefühl dieser Welt gehört es, großzügig zu sein: Die Weinprobe ist geschenkt, und die Basis-Weinlinie Brampton liefert durchweg gute Weine für kleines Geld.

Wer sich von Adis Talent, verbunden mit den Voraussetzungen, die bereits Peter Barlow, Simons Vater, geschaffen hat, überzeugen möchte, muss allerdings tief in die Tasche greifen. Der Cabernet Sauvignon Peter Barlow geht auf Klone zurück, die Vater Barlow in den vierziger Jahren aus Frankreich eingeschmuggelt hat. Rustenberg hat sie vermehrt und bringt deshalb einen charakterstarken Wein hervor, der sich durch ungewöhnlich feine Tannine auszeichnet. Der Chardonnay Five Soldiers ist sein Gegenspieler auf weißer Seite, aber immer ausverkauft. Die Alternative bietet der Stellenbosch Chardonnay.

Adi Badenhorsts Schaffenslust kennt keine Grenzen. Der leidenschaftliche Hobbykoch konzipiert in Ida's Valley ein Restaurant, das seine Mutter leiten wird. Das Lokal soll klassische südafrikanische Küche mit aufwendigen Schmorgerichten bieten. Lucky Corner wird es heißen.

ADRESSE Stellenbosch 7599, Rustenberg Road, Ida's Valley, Simonsberg, P.O. Box 33, Tel. 021 809 12 00, Fax: 021 809 12 19, www.rustenberg.co.za **VERKOSTUNG & VERKAUF** Mo.–Fr. 9–16.30, Sa. 10 bis 13.30 Uhr **EMPFEHLUNG** die Linie Brampton Sauvignon, Viognier, Shiraz, Cabernet Sauvignon 38–48 R, Stellenbosch Chardonnay 98 R, Peter Barlow 295 R

Rustenberg liegt malerisch im Angesicht des Simonsbergs

Ganz modern: der Keller des Künstlers Christoph Dornier

Waterford & Dornier

STELLENBOSCH Gesäumt von Lavendel führt der Weg durch einen Torbogen in den Hof des Guts. Dort stehen weiß gedeckte Tische, Kellner bedienen. Waterford ist Kevin Arnold zu verdanken, der sich auf Delheim und Rust en Vrede einen Namen gemacht hat. Ende der neunziger Jahre entdeckte er eine Obstfarm am Helderberg, die auf Rotweinland lag und noch uralte Muscat-d'-Alexandrie-Stöcke pflegte. Er fand einen Finanzier, plante Keller wie Castello selbst.

Zu seinen Weinen ließ er in Belgien Schokoladen fertigen und nach seinem Rezept würzen, um die Aromen zu potenzieren. Wiewohl sich Arnold auf Rote konzentriert und dabei besonders nuancenreiche Shiraz-Weine produziert, ist auch die Eleganz des holzgereiften Chardonnay hervorzuheben.

Tipp: Besuch beim Nachbarn Christoph Dornier. Dort gibt's die beeindruckendste Kellerei-Architektur des Kontinents.

ADRESSE Stellenbosch 7599, Blaauwklippen Road, P.O. Box 635, Tel. 021 880 04 96, Fax: 021 880 10 07, www.waterfordestate.co.za **VERKOSTUNG** Mo.–Fr. 9–17, Sa. 10–13 Uhr, Schokowein-Verkostung 35 R **EMPFEHLUNG** von der Zweitlinie Pecan Stream den Chenin Blanc für 29 R, Chardonnay 65 R, Kevin Arnold Shiraz 115 R, Cabernet Sauvignon 90 R

Delheim

STELLENBOCH Eine markante Persönlichkeit, dieser Michael „Spatz" Sperling. Sein Name fällt überall, wo von den Pionieren des Weinbaus am Kap die Rede ist. Der Mann, groß und mächtig, trägt Jeans und Hosenträger und bleibt auch mit 76 Jahren seinen Markenzeichen treu, den ausgefallenen Hüten und Armreifen. „Spatz" hatte keine Ahnung vom Weinbau, als er 1951 mit 9 Pfund in der Tasche zu seinem Onkel Hans Otto Hoheisen nach Südafrika auswanderte. „Ich hatte alles im Krieg verloren, meine Eltern und unser Gut in der Nähe von Posen", erzählt er, während zwei Jack-Russell-Terrier auf seinen Schoß springen, um mit in die Weinberge zu fahren. „Von der Hand in den Mund haben wir zuerst gelebt, aber 1957 übergab mir Hoheisen die Gutsleitung."

Delheim liegt auf 350 Meter Höhe an den Südwesthängen des Simonsberges, den besten Lagen für weiße Trauben. Die roten stammen von zwei Höfen mit wärmeren Böden, tiefer im Tal gelegen. Aber Michael Sperling liebt auch Bäume und gehört zu den größten Nadelwaldbesitzern der Region. Vielleicht ist die Atmosphäre auf Delheim so unkompliziert und herzlich, weil es ein Familienbetrieb ist. Inzwischen leben drei Generationen auf dem Anwesen, das wie ein riesiger, verwunschener Garten auf verschiedenen Ebenen angelegt ist. Im Garden-Restaurant isst man gut und täglich frisch gekochte Gerichte: kapmalaiisches Hühnchen- oder vegetarisches Curry, gebackenen Ziegenkäse, Salate und mehr. In einer gemütlichen Weinstube mit Kerzenschein werden die Weine probiert. Vom umfangreichen Angebot sollte man sich keinesfalls die samtig-intensive Grande Reserve aus Cabernet Sauvignon und den überwältigenden Shiraz Vera Cruz entgehen lassen. „Ich habe ihn meiner Frau Vera gewidmet, weil sie seit 41 Jahren das Kreuz trägt, mit mir verheiratet zu sein!", sagt „Spatz" – und zieht seinen Hut vor ihr.

ADRESSE Koelenhof 7605, Knorhoek Road, off R 44, Simonsberg, P.O. Box 10, Stellenbosch, Tel. 021 888 46 00, www.delheim.com **VERKOSTUNG & VERKAUF** Mo.–Fr. 9–17, Sa. 9–15.30, So. (Oktober bis April) 10.30–15.30 Uhr; Restaurant: Tel. 021 888 46 07, Oktober–April tgl., Mai–Sept. Mo.–Sa. 12–15 Uhr **EMPFEHLUNG** Chardonnay 45 R, Pinotage 85 R, Grande Reserve 114 R, Shiraz Vera Cruz 190 R

STICHPUNKT

EINGELOCHT Golfer können in Südafrika zwischen rund 450 Plätzen wählen. Die meisten Anlagen, einige mit uraltem Baumbestand, befinden sich in KwaZulu-Natal, rund um Kapstadt zählt man etwa 20 Plätze. Gastspieler sind in den meisten Clubs gern gesehen, die Greenfee beträgt je nach Anlage zwischen 50 und 1500 Rand (etwa 6 bis 180 Euro). Für einen Caddie zahlt man rund 150 Rand extra. Südafrikanische Spieler sind international sehr erfolgreich. Gary Player etwa gilt als Golflegende, Retief Goosen und Ernie Els belegen derzeit die Plätze sechs und sieben der Weltrangliste. **B. Gerlach**

■ Infos über Turniere und Regeln: **www.saga.co.za**

Foto: South African Tourism (1)

Auch ein Sperling: Victor ist Manager auf Delheim

Auf Tokara werden Trauben im Blaumann sortiert

Tokara

STELLENBOSCH Im Jahr 2000 öffnete das hoch ambitionierte Weingut Tokara samt Restaurant, Galerie und einem Weinkeller aus Glas und Stahl. Das Absurde daran war, dass es zu diesem Zeitpunkt gar keinen Tokara-Wein gab. Fünf Jahre dauerte es noch, bis der Inhalt der Fässer als würdig genug empfunden wurde für das Tokara-Etikett. Das kann sich nur ein schwerreicher Man wie GT Ferreira leisten, ein Bank-Magnat aus Johannesburg. Vor zehn Jahren überlebte GT einen Raubüberfall, beschloss, sein Leben zu ändern, und gründete in der Kap-Region ein Weingut. Für die Wein-Oberaufsicht konnte er den Nachbarn Gyles Webb gewinnen, der auf Thelema großartige Rotweine erzeugt. In der Wartezeit schenkte man die durchaus präsentable Zweitlinie Zondernaam („ohne Namen") aus, die teils aus zugekauften Trauben, teils aus der Frucht der jungen Weinstöcke produziert wurde.

Nun kommt aber kaum jemand allein wegen der Weine her: Es ist atemberaubend schön, auf der Terrasse zu sitzen und sich von Etienne Bonthuys bekochen zu lassen. Wir befinden uns auf dem Sattel des Helshoogte-Passes (Höllenhöhe) und genießen die beste Aussicht der Region Stellenbosch. Wiewohl Kapstadt 45 Minuten Fahrzeit entfernt ist, kann der Blick den Tafelberg und die False Bay erfassen. Eine Brise trägt den würzigen Duft des Fynbos (Feinbusch) auf die Terrasse und ein Student überbackene Austern mit weinseliger Buttersauce. Auch beim Hauptgang vergisst man, Kalorien zu zählen: ein Filet vom Kingklip-Fisch, dazu in Honig geröstete Pekan-Nüsse, ein Jus aus grünen Feigen und am Rand einer Sahnesauce etwas Curryöl. Ratsam ist es, die kostenlose Weinprobe vor dem Essen zu machen. Tokara White und Red sind die Prestigeweine, ein kräftiger Sauvignon und ein harmonischer Bordeaux-Verschnitt. Nach Steinfrüchten und Marzipan duftet der Zondernaam Chenin Blanc, der mit 50 Rand das beste Preis-Leistungs-Verhältnis bietet.

ADRESSE Stellenbosch 7599, Helshoogte Pass, P.O. Box 662, Tel. 021 808 59 00, www.tokara.co.za **VERKOSTUNG & VERKAUF** Mo.–Fr. 9–17, Sa. 9–13 Uhr; Restaurant: Tel. 021 808 59 59, Di.–Sa. mittags und abends geöffnet **EMPFEHLUNG** von der Tokara-Linie: Walker Bay Sauvignon 75 R, Chardonnay 100 R, von der Zondernaam-Linie: Sauvignon 40 R, Chenin Blanc 50 R

Fairview

PAARL Die Kinder spielen bei den Ziegen. Ein paar der 700 Tiere, die Milch für Fairviews sagenhaften Käse liefern, kraxeln die Wendeltreppe um ein Türmchen hoch und meckern aus dem Turmfenster. Hinter dem Ziegenturm breitet sich die Terrasse des Restaurants Goatshed aus, in dem 24 Käsesorten mit Aprikosen- und Feigenchutney serviert werden. Gebratener Springbock, üppige Salate, Bagels und Tagesgerichte gehören ebenfalls zum Angebot.

Hier amüsieren sich die Erwachsenen, etwa wenn sie die Tagesauswahl an Weinen auf der Tafel vorlesen. Der Goatfather genannte Besitzer Charles Back hat eine moderne, fruchtbetonte Wein-Linie Goats to Roam (etwa: umherschweifende Ziegen) getauft, frei nach Côte du Rhône, weil die Weine vornehmlich aus Rhône-Sorten wie Syrah und Viognier bestehen. Goat Door (Côte d'Or bzw. Ziegentür) ist ein fetter, im Holz ausgebauter Chardonnay. Frankreich fand das alles weniger komisch und drohte mit Importverbot.

Charles Back ist einer der mutigsten Männer im südafrikanischen Weingeschäft, ein Visionär. Er experimentiert mit einer aberwitzigen Anzahl von Rebsorten. Piemontesischen Barbera, toskanischen Sangiovese und apulischen Primitivo vereint er in der Agostinelli-Linie. „Wir waren so lange isoliert vom Weltweingeschehen, wir müssen einfach alles ausprobieren", erklärt er. Back führte auch die schwierige, aber körperreiche Sorte Viognier in Südafrika ein. Er war der Erste, der Mitte der Neunziger in die Kornkammer Swartland investierte, woher seine Spice-Route-Weine stammen.

Rund 50 Weine stehen zur Verkostung. Im Laden nebenan kann man sich mit originellen Mitbringseln eindecken: vom Goats-to-Roam-Shirt über die süßsaure Salatwürze Verjuice (auf Basis grüner Trauben) bis zum Rote-Bete-Chutney.

ADRESSE Suider-Paarl 7624, Suid-Agter Paarl Rd. (von Paarl die N 1 Richtung Kapstadt, nach 2 km auf die WR 3, nach weiteren 2 km rechts), P.O. Box 583, Tel. 021 863 24 50, Fax: 021 863 25 91, www.fairview.co.za **VERKOSTUNG & VERKAUF** Mo.–Fr. 8.30–17, Sa. 9–16, So. 9.30 bis 16 Uhr; Restaurant: Tel. 021 863 36 09, tgl. 9–17 Uhr **EMPFEHLUNG** der Spice Route Malabar 270 R, Syrah und Chardonnay der Red Seal Range (90–150 R, Einzellagenweine), Viognier 80 R

Über die Fairview-Weine kann man nicht meckern

Kellermeister Rolf Zeitvogel mit Blaauwklippen-Rosé-Wein

Blaauwklippen

STELLENBOSCH Das Ensemble aus kapholländischen Häuschen auf weitläufigem Terrain ist die ideale Kulisse für Hochzeiten und ein beliebtes Ziel für einen Familienausflug am Sonntag. Am Wochenende werden die Pferde vor den Landauer gespannt, und die Kinder kreischen vor Glück. Aber eine Fahrt kostet 10 Rand, und auf dem Spielplatz können sie sich im Blickfeld der Eltern austoben. Die sitzen gegenüber auf der Terrasse und lassen sich die Gerichte von Stefan Schmidt schmecken. Italienische und kapmalaiische Speisen gibt es, auch Schnitzel, Bœuf Stroganoff und Vegetarisches. Zu jedem Gericht sind die passenden Weine aufgeführt. Im Verkostungshäuschen ein paar Schritte weiter kann Sulani auf Deutsch die Weine erklären, weil sie in Hamburg als Au-pair-Mädchen gearbeitet hat.

Der 316 Jahre alten Seele Blaauwklippens ging es lange nicht so gut. Sein vorletzter Besitzer verabscheute Alkohol. Er riss alle Rebstöcke heraus und pflanzte dafür Tabak und Obstbäume. Der nächste holte den Weinbau zurück, verstand aber mehr von Kutschenkarosserien. Der aktuelle hat nun ein Kutschenmuseum, musste jedoch fast alle Rebanlagen umstrukturieren. Es kamen Bodenexperten und Aromaforscher aus Frankreich, der Kellermeister Rolf Zeitvogel aus der Ortenau, und nun sind nach sieben Jahren Wiederaufbau auch die Weine auf Kurs.

Auf Blaauwklippen gedeiht fast ausschließlich Rotwein, und davon machen der vor Kraft strotzende Cabernet Sauvignon, die elegantere Cuvée Cabriolet und der vollfruchtige Shiraz aus der Vineyard Collection die beste Figur. Wer Lust auf ein frisch gezapftes Pils hat, ist auf Blaauwklippen ebenfalls richtig. Das Weingut gehört wie die Paulaner-Brauerei und die Arabella-Hotels zum Portfolio des Münchner Unternehmers Stefan Schörghuber.

ADRESSE Stellenbosch 7599, Strand Road R 44, P.O. Box 54, Tel. 021 880 01 33/4/5, Fax: 021 880 01 36, www.blaauwklippen.com **VERKOSTUNG & VERKAUF** April–August tgl. 8.30–16, September–März tgl. 8–19; Restaurant tgl. 9–16 Uhr; Weinprobe mit Kellereibesichtigung 25 R **EMPFEHLUNG** Blaauwklippen Vineyard Selection: Cabernet Sauvignon 82 R, Zinfandel 95 R, Cabriolet (Bordeaux-Verschnitt) 88 R

Umrechnen in Euro: Rand-Betrag durch 9 teilen

Foto: Cephas, Alain Proust/StockFood (1)

DIE HEIMATREBE

„Pinotage ist unsere einzige eigene Rebsorte. Sie ist kein Problem, sondern eine Herausforderung", meint Charles Back von Fairview beschwörend zu seinen Kollegen. Der rote Pinotage polarisiert die Weinszene Südafrikas. Vor allem die jüngere, Syrah-verliebte Generation liegt mit ihrer Heimatrebe im Clinch. Dabei werden aus dem Pinotage seit Jahren auch große Weine gekeltert.

Ein guter Pinotage schmeckt nach roten Beeren und Pflaume, manchmal auch ein wenig nach Banane, mal kommen erdige, mal pfeffrige oder schokoladige Noten hinzu. Pinotage ist eine Kreuzung zwischen der kapriziösen Edelrebe Pinot Noir und dem ertragsstarken und robusten Cinsaut. Abraham Izak Perold, der erste Weinbauprofessor an der Universität Stellenbosch, hat sie im Jahr 1925 in die Welt gesetzt.

Unbeliebt hat sie sich gemacht, weil sie ein empfindliches Geschöpf ist. Sie kostet sowohl im Weinberg als auch im Keller viel Arbeit. Die Trauben mit der dicken, tanninreichen Schale reifen früh und entwickeln zuweilen extreme Zuckerwerte, bevor die Frucht physiologisch ausgereift ist. Das quittiert sie mit bitteren Tanninen. Verläuft die Gärung nicht optimal, rächt sie sich mit dem Gestank nach Ester oder Lack.

Dem Önologen Beyers Truter ist es zu verdanken, dass sich seit Anfang der neunziger Jahre auch Spitzenwinzer mit Pinotage beschäftigen. Als Kellermeister von Kanonkop hat er die ersten hoch prämierten Pinotage-Weine produziert.

Beyers Truter gilt als Pinotage-Guru, er initiierte die Pinotage Association und leitet heute mit seinem Sohn Anri das Gut Beyerskloof in Koelenhof. Von Southern Right in der Walker Bay stammt übrigens der Ausnahme-Pinotage Ashbourne.

Die Winzer experimentieren ebenfalls erfolgreich mit Cape Blends, Verschnitten auf Pinotage-Basis. Besondere Erwähnung verdient hier der Enthopio vom Vriesenhof. Der ehemalige Rugby-Star und Pinot-Noir-Experte Jan Coetzee hat ihn aus einem Löwenanteil Pinotage mit Syrah, Merlot und Cabernet Sauvignon entwickelt.

Originelle Varianten gibt's auf Beyerskloof: in Pinotage marinierte Salami und einen gefrorenen Jogurt mit Pinotage.

Hamilton Russell macht die besten Weine der Walbucht

Hamilton Russell Vineyards

OVERBERG Es gibt zwei Gründe, das Fischerdorf Hermanus an der Walker Bay zu besuchen: Wale und Wein. Von Juli bis November tummeln sich die seltenen Southern-Right-Wale in der Bucht, man kann sie sogar vom Ufer aus beobachten.

Der Ex-Werbefachmann Tim Hamilton Russell war so verrückt, das erste Weingut der Walker Bay und zugleich das südlichste des Kontinents zu gründen, und zwar 1976 im Hemel-en-Aarde-Tal. Er hatte zehn Jahre nach dem geeigneten Grund gesucht, um seinen Traum – elegante Weine aus den Burgundersorten Pinot Noir und Chardonnay zu keltern – zu verwirklichen. Inzwischen bevölkert das Himmel-und-Erde-Tal ein Haufen Nacheiferer, aber keiner produziert so gute Weine. Dafür sorgt seit 1994 Sohn Anthony, ein Havannas rauchender Gentleman von 44 Jahren.

Um zu begreifen, warum sich seine Weine so sehr von den anderen unterschieden, ließ der Geologe, der in Oxford studiert hatte, bei Amtsantritt alle Bodenstrukturen des 52-Hektar-Gutes analysieren. Dabei stellte sich heraus, dass weniger das gemäßigte mediterrane Klima für Ausdruck und Brillanz der Weine verantwortlich ist als die Zusammensetzung der tonreichen und steinigen Schieferböden. Sein Pinot Noir ist von Reinheit, Klasse und extremer Harmonie.

Mit dem kraftvollen und doch feingliedrigen Chardonnay, der an einen Burgunder Grand Cru erinnert, gehört er als einziger Südafrikaner zu den 20 weltbesten Chardonnay-Produzenten. Auf einem Schwesterweingut widmet sich Anthony zwei anderen Rebsorten, dem Pinotage (S. 67) und Sauvignon Blanc. Das Gut hat er Southern Right getauft. Vom Verkauf geht ein Obolus an die Stiftung zum Schutz der Wale.

ADRESSE 7200 Hermanus, Hemel-en-Aarde Valley, P.O. Box 158, Tel. 028 312 35 95, Fax: 028 312 17 97 **VERKAUF & VERKOSTUNG** Mo.–Fr. 9–17, Sa. 9–13 Uhr **EMPFEHLUNG** Chardonnay 180 R, Pinot Noir 225 R, Olivenöl 60 R. Wer sich anmeldet und selbst versorgt, kann am See picknicken. Kellerführung nach Vereinbarung. Die Weine von Southern Right gibt es im Wine Village Hermanus, an der Kreuzung Hemel-en-Aarde und Sandbaai, wo man ohnehin vorbeikommt (www.wine-village.co.za)

Thandi

ELGIN Alan Clowes steht in der Tür zur Thandi-Farm-Küche und hält die schwarze Chefin Susan Kraukamp im Arm. Der Engländer hat sein eigenes Inn verpachtet, weil ihn das Thandi-Projekt so fasziniert hat: Er will den Inhabern des Landguts im jungen Wein- und traditionellen Apfelland Elgin eine Zeit lang bei der Geschäftsführung helfen.

Thandi wurde im Rahmen des Black Economic Empowerment geboren, und sein Name bedeutet in der Sprache der Xhosa „fürsorgliche Liebe". Es gehört mehrheitlich schwarzen Farmarbeitern, die ein weißer Pate von Beginn an gefördert hat. Der Neurochirurg sowie Wein- und Obstbauer Paul Clüver stellte Thandi 1996 als Anteilseigner seine Kellerei und 100 Hektar Land zur Verfügung. 14 Hektar waren schon mit Chardonnay und Pinot Noir bepflanzt, sodass Thandi sofort in Produktion gehen konnte. Er motivierte Patrick, Susans Mann, gemeinsam mit seinem Schwiegersohn die Weinbauschule zu besuchen. Aus dem Gabelstaplerfahrer wurde Thandis Kellermeister. Mit dem erfrischenden, nach Zitrusfrüchten duftenden Chardonnay und einem zarten, fruchtbetonten Pinot Noir hat er bereits zwei Goldmedaillen eingeheimst. Besonders stolz ist das Team, dass Thandi als erstes Weingut weltweit bei Fairtrade aufgenommen wurde.

Thandi kooperiert mit Farmen in drei Regionen und dient ihnen als Empowerment-Modell. In Susans Farm Kitchen kochen schwarze Anteilseignerinnen südafrikanische Mama-Gerichte, etwa köstliches, mit Zimt abgeschmecktes Lamm-Tomaten-Ragout (Bredie) und ein pikant-würziges Rinderhack-Bobotie mit Banane. Für eine kleine Radtour durch die Weinberge verleiht Susan Mountainbikes.

ADRESSE Stellenbosch 7599, P.O. Box 465, Elgin Valley, 70 km von Kapstadt an der N 2 Richtung Hermanus, zwischen Kromco und Houw Hoek, Tel. 021 844 03 43, www.thandi.com **VERKOSTUNG & VERKAUF** tgl. 9–17 Uhr **EMPFEHLUNG** Chardonnay 45 R, Pinot Noir 75 R; Khayelitsha-Keramik

Leben und arbeiten auf Thandi: Das Dorf gehört zum Projekt

Schöpfer von Graden: Abrie Bruwers Weine haben's in sich

Springfield Estate

ROBERTSON Wer einmal die Weine des Springfield Estate in Robertson gekostet hat, wird sie nie vergessen. Die Sauvignons, Chardonnays und Cabernets tragen jenes geheimnisvolle Extra in sich, das in der Weinsprache Terroir genannt wird. Wenn ein Wein das komplexe Zusammenspiel seiner Wachstumsbedingungen widerspiegelt und am besten noch den Charakter seines Schöpfers, dann hat er Terroir. Die Magie der Springfield-Weine entsteht an einem weltabgewandten Ort. Frieden und Stille umfangen den Besucher. Das Gut liegt zweieinhalb Stunden Fahrzeit nordöstlich von Kapstadt im Anbaugebiet Robertson. Schön ist es, im Licht der blauen Stunde anzukommen. Mutter Bruwer füttert gerade die Springbock-Herde vor dem Haus, Jeanette Bruwer schließt die Sonnenschirme am See. Kann gut sein, dass ihr Bruder Abrie zum Angeln gegangen ist. Abrie macht die Weine von Springfield, den Life from Stone Sauvignon etwa: Er duftet nach Passionsfrüchten, im älteren Jahrgang unterlegt ihn Rauch. Eine tiefe Seele zeigen die beiden Chardonnays, die leider nicht in jedem Jahrgang abgefüllt werden können. Abrie verwendet keine Zuchthefe, und die natürlichen Hefebakterien sind manchmal schon mitten im Vergärungsprozess satt. „Wir haben schon ein Lager voll mit halb vergorenen Weinen", sagt Jeanette. „Irgendwann machen wir Essig daraus." ■

ADRESSE Robertson 6705, 770 Bonnievale Road, Breede River Valley (4 km von Robertson, R 317 Richtung Bonnievale), P.O. Box 770, Tel. 023 626 36 61, Fax: 023 626 36 64, www.springfieldestate. com **VERKOSTUNG & VERKAUF** Mo.–Fr. 8–17, Sa. 9–16 Uhr **EMPFEHLUNG** Life from Stone Sauvignon 52 R, Wild Yeast Chardonnay 60 R, Méthode Ancienne Chardonnay 120 R, Whole Berry Cabernet Sauvignon 65 R, Méthode Ancienne Cabernet Sauvignon 170 R

Am Kap gibt es vo viele spannende Weingüter, dass sich Autorin **VERONIKA CRECELIUS** mit der Auswahl schwertat. Crecelius lebt in Italien und Hamburg und ist 2005 als beste deutsche Weinautorin mit dem Prix du Champagne Lanson ausgezeichnet worden.

Foto: Faber & Partner

Der Fotograf **GERALD HÄNEL** wird auf Seite 91 vorgestellt.

Eintopf der Nationen

Die südafrikanische Küche ist ein wilder Mix. Sie mischt internationale Einflüsse mit Traditionellem – und macht daraus: eine kleine Revolution des Geschmacks

Text von Veronika Crecelius

Traditionell: Brei aus Maismehl

Das wichtigste Merkmal vorweg: Eine einheitliche Küche gibt es in Südafrika nicht. Vielmehr spiegelt sich in den Kochtöpfen der Regenbogen-Nation die bunte Mischung der Kulturen. Die Malaien etwa haben der schlichten Boerekos (Burenkost) mit Kurkuma, Kardamom, Rosinen, Zimt und Nelken Pfiff gegeben, die Briten kamen mit Roastbeef, Scones und indischen Elementen. Die Hugenotten ergänzten die Vielfalt um französische Rezepte; Franschhoek (östlich von Kapstadt), wo sie sich Ende des 17. Jahrhunderts angesiedelt hatten, gilt heute mit der höchsten Dichte an Top-Restaurants als Gourmet-Region Südafrikas – wenngleich vom französischen Einfluss kaum etwas übrig geblieben ist. Hier dominiert vor allem die italienisch-asiatisch inspirierte Küche. Von den Schwarzafrikanern wiederum stammen die traditionellen Gerichte Mealie Pap (ein Maisbrei) sowie Getreide-Pap und eine etwas gewöhnungsbedürftige Delikatesse: der Mopaniwurm. Die Würmer werden getrocknet, frittiert und mit Tomatensauce serviert.

Zimt
Das Gewürz zaubert eine leicht süßliche Note in das Essen

Südafrikas Klima, die Meere und die Wildnis bringen zu den internationalen Einflüssen einen Reichtum an ausgezeichneten und ausgefallenen Produkten ins Spiel. „Ich importiere nichts außer Vanille und Schokolade", sagt Harald Bresselschmidt, Koch des Spitzen-Restaurants Aubergine im Kapstädter Gardens-Viertel. Mit ihm und seinem Sommelier Jörg Pfützner habe ich mich zu einem Gespräch über südafrikanische Kochkünste verabredet.

„Lamm spielt in der südafrikanischen Küche eine große Rolle", erzählt der Chef des Aubergine, der auf einem Bauernhof in der Eifel groß geworden ist. „Und das Karoo-Lamm ist ganz besonders zart und würzig, weil es langsam aufwächst und sich von wilden Kräutern ernährt."

Weniger edel, dafür aber umso populärer sind die kapholländischen Potjiekos. Der Eintopf besteht in der Regel aus Lammfleisch, Kürbis und Mais und schmort stundenlang in einem gusseisernen Topf mit drei Beinen über einem Holzfeuer. Raffinierter schmeckt der Lammhackbraten Bobotie, mit Curry gewürzt und einer Eiermilch überbacken, der dem malaiischen Einfluss zu verdanken ist. Er wird mit Aprikosen- oder mit Feigenchutney sowie aromatisiertem Reis serviert.

Kreativ: Kingklip als Mini-Happen; Boerewors – Bratwurst zur Schnecke gemacht

Fotos: Ian Difford, FoodPhotogr. Eising, Ulrike Holsten (4), Kröger/Gross, FoodPhotography/Stockfood; Hotel Cape Grace

Blumig: Seerosenblüten-Suppe

Viele Gerichte Südafrikas haben eine süßliche Note. Bredies sind leckere Ragouts, zumeist aus Lammstückchen, Kartoffeln und Tomate, mit Zimt und Ingwer abgeschmeckt. Im Waterblommetjie Bredie wird eine heimische Seerosen-Art geschmort. Und wie schmecken die Wasserblümchen? „Erdig, nach weißen Rüben", meint Bresselschmidt. „Nach Artischocke", sagt der aus Rostock stammende Pfützner.

Kurkuma

Dem asiatischen Gewürz verdanken Speisen ihre gelbe Farbe

Ähnlich schwierig ist es, den Geschmack von Krokodil-Fleisch zu beschreiben. „Nicht Fisch, nicht Huhn", sagt man. Trotzdem: Ein wenig schmeckt es doch nach Schillerlocken vom Fischstand auf dem Wochenmarkt. Harald Bresselschmidt liebt die Fischvielfalt, die ihm Atlantik und Indischer Ozean bescheren, besonders die edlen Brassenarten und den Yellowfin-Tunfisch. Wenn in einem Restaurant Line Fish angeboten wird, ist das übrigens keine Fischart, sondern schlicht und einfach der Tagesfang, vielleicht Snoek oder Kingklip mit seinem weißen, fast hummerartig festen Fleisch.

Spannend ist das Angebot an Wild. „Das edelste Fleisch ist Ducker. Diese kleinste Antilopenart hat einen herrlichen Wildgeschmack. Die Tiere sind ganz zahm und kommen in die Gärten", erzählt der Spitzenkoch. Die Antilopenart Springbock (am wohlschmeckendsten als Filet) fehlt auf fast keiner Speisekarte, ebenso häufig sind Impala und Kudu im Angebot. „Aber der Roibock schmeckt besser, wilder und ist dabei sehr zart", fügt Harald Bresselschmidt hinzu. „Extrem elegant mit Pinot Noir", findet Sommelier Pfützner, empfiehlt also gleich den passenden Wein dazu.

Eine weitere Delikatesse ist Straußenfleisch, wobei es hier relativ große Unterschiede gibt: „Ein Strauß hat sieben verschiedene Filets, alles Keulenfleisch. Das beste ist das Eye-Filet aus der Mitte, sehr feinfaserig. Es sollte fast roh gegessen werden", sagt Harald Bresselschmidt, der in seinem Restaurant Aubergine eine würzige, indische Tandoori-Strauß-Variante anbietet, das

Kardamom

Aus Indien importiert – in den Kapseln steckt ein süßlich-scharfer Geschmack

magere, rote Fleisch aber auch mit Shitake-Pilzen „schön" findet.

Südafrikaner gehen generell gerne und häufig zum Essen aus. Üblich ist selbst in feinen Restaurants eine in aller Regel legere Kleiderordnung; die Portionen sind meist sehr üppig.

Samstags hingegen bleiben fast alle Südafrikaner zu Hause, um einem Ritual zu frönen: zum Rugbyspiel im Fernsehen den Grill anwerfen, Boerewors-Schnecken (Bratwürste aus Hammelfleisch), am besten mit Koriander gewürzt, zwischen eine Rostzange klemmen, Steaks und Lammkoteletts marinieren und mit Nachbarn und Freunden zusammen feiern.

Dieses Samstagsritual heißt Braai und gleicht einem Nationalsport. Laut Umfrage der Meinungsforscher ist Braai die liebste Freizeitbeschäftigung in der kulinarisch feinsten aller südafrikanischen Regionen, dem Kap. In Johannesburg und Durban steht ein Friseurbesuch an erster Stelle. ■

Raffinesse auf Eroberungstour: Ein Snoek mit Aprikosenglasur entdeckt den Grill, der Speiseplan die Seerosenblüte

GARDEN ROUTE

Frühstück am Meer

Gerade die Abstecher machen den Charme der Garden Route aus, findet unser Autor. Er führt Sie zu Bed & Breakfasts mit atemberaubenden Ausblicken, in die wilde Landschaft der Klein Karoo und zu einsamen Buchten. Höhepunkte rings um die berühmte N 2 zwischen Mossel Bay und dem Tsitsikamma-Nationalpark

Text von Stefan Nink,
Fotos von Lois Lammerhuber

DER TIPP

VICTORIA BEACH

Dieser kleine, intime und wilde Strand ist ein Paradies für Surfer und ein beliebter Platz für Mode-Shootings. Der perfekte Ort, um einen Tag mit angenehmem Nichtstun zu verbummeln. ■ Victoria Bay liegt nur wenige Autominuten von George entfernt.

ÜBERNACHTEN

THE WAVES

Legendäre Lage an einer der schönsten Buchten der Garden Route: Das kleine B & B liegt direkt am Wasser und kann nur über einen Plankenweg erreicht werden. Motorisierte Gäste bekommen beim Check-in einen Schlüssel für das Eisentor zwischen Parkplatz und Strand. Drei Zimmer und zwei Ferienwohnungen. ■ Victoria Bay, 6 Beach Road, Tel. 044 889 01 66. DZ 450–650 R pro Person. **www.portfoliocollection.com/go/TheWaves**

ÜBERNACHTEN

SOUTHERN CROSS BEACH HOUSE

Hell, freundlich, etwas plüschig und durchflutet von Licht. Wer barfuß geht, spürt überall Sand: ein Bed & Breakfast, wie es nur am Meer stehen kann – beziehungsweise über dem Strand. Zu dem führen hölzerne Stege hinunter. Fünf Zimmer, kinderfreundlich, aber: Ins Zentrum von Plettenberg Bay braucht man mit dem Auto gut zehn Minuten. ■ Plettenberg Bay, 1 Capricorn Lane, Tel. 044 533 38 68. 350–675 R/Pers. **www.southerncrossbeach.co.za**

DER TIPP

KNYSNA HEADS

Zwei mächtige Sandsteinklippen liegen am dramatisch engen Eingang zur Knysna-Bucht, hinter der sich eine 20 Hektar große Lagune verbirgt, die vor allem der Austernzucht dient. Auf keinen Fall sollte man den Ort verlassen, ohne ein paar der Tiere gekostet zu haben.

■ Direkt an der N 2 gelegen, Info Seite 81.

DER TIPP

OUTENIQUA HIKING TRAIL
Der 5-Tage-Wanderweg durch die Outeniqua-Berge ist einer der lohnendsten am Kap. Mit Glück trifft man die sehr seltenen Knysna-Elefanten. Teilstrecken möglich.
■ Info und Anmeldung beim Department of Forestry, Knysna, Tel. 044 382 54 66.
www.places.co.za/html/outeniquaht

ÜBERNACHTEN

HOG HOLLOW COUNTRY LODGE
Wunderbare Mischung aus edler Lodge und behaglich-familiärer Atmosphäre. Man wohnt in schönen Bungalows mit Veranda und Dschungelblick; abends treffen sich die Gäste zu Drinks am Feuer und zum Dinner am großen Tisch. Fabelhafte Lage, nettes Personal und ein wunderschöner Pool. In den 15 Zimmern steht eine Stereoanlage, aber weder Telefon noch Fernseher.
■ Plettenberg Bay, 18 km östlich der Stadt, ausgeschilderte Ausfahrt an der N 2, Tel. 044 534 88 79. 15 Zimmer: DZ 1056 bis 1140 R pro Person.
www.hog-hollow.com

„Die Garden Route hat sich zum Lieblingsspielplatz der Südafrikaner gemausert“

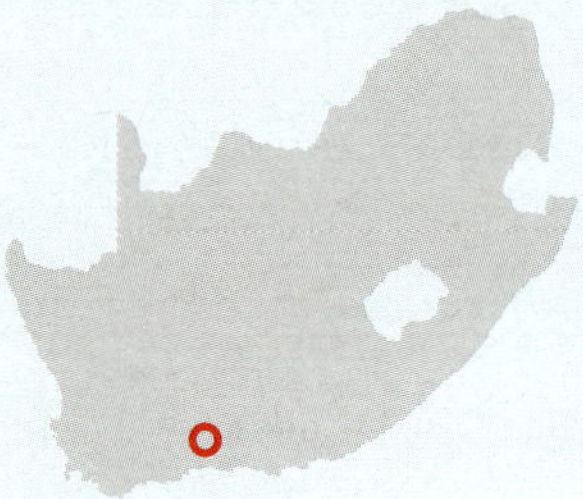

Die hier zum Beispiel: Vorhin an der Kreuzung sah die nun wirklich noch nach nichts Besonderem aus. Schwarze Teerdecke, sanfte Kurven, weiter hinten flirrte die Hitze über ihr wie eine nervöse Fata Morgana. Ein sorgfältig aufgetragener Mittelstreifen, Büsche links, Bäume rechts, rote Erde auf beiden Seiten, ein Schild mit der Aufschrift „Uniondale: 59“ – also wirklich nichts, was auffällt. Und jetzt ist drei Minuten später, und diese Allerweltsstraße hat sich in das verwandelt, was Reiseführer gerne eine „Traumstrecke“ nennen (was natürlich idiotisch ist, weil man auf südafrikanischen Straßen niemals träumen, sondern immer sehr, sehr aufmerksam sein sollte): In langen Schwüngen schlingt und schmiegt sich die R 341 durch die Halbwüste Klein Karoo, an Felsformationen vorbei, die aussehen, als gehörten sie eigentlich nach Arizona, und nach jedem dieser Schwünge eröffnet sich ein neues Panorama, bei dem man anerkennend die Luft durch die Zähne zieht. Man kann gar nicht anders, man muss das Gaspedal einfach vier Millimeter tiefer durchdrücken und in die nächste Kurve gehen, als säße man auf einer Harley. Und nicht in einem Clio.

Wird Zeit, dass wir mal über Straßen reden, über südafrikanische Straßen. Die unterscheiden sich von afrikanischen Straßen wie bei uns zu Hause Bundesautobahnen von landwirtschaftlichen Nutzwegen. Das Streckennetz zwischen Kapstadt und Johannesburg ist in einem bewundernswerten Zustand, keine Löcher, keine Baustellen, keine Staus, ja, doch: Autofahren kann ziemlich viel Spaß machen.

Und weil bestimmte Strecken einem ja von jedem empfohlen werden, der schon einmal in Südafrika unterwegs war, kommt man ziemlich herum auf diesen Straßen. Zuerst auf dem Chapman's Peak Drive bei Kapstadt, dann in den Winelands und jetzt auf der Garden Route, auf der N 2 von Mossel Bay nach Plettenberg Bay, knapp 200 Kilometer entlang der Küste am Western Cape.

Gut 200 Kilometer lang ist der Garden-Route-Küstenabschnitt zwischen Mossel Bay im Westen und der Mündung des Storms River im Osten

Das Wichtigste beim Befahren der Garden Route: Anhalten nicht vergessen. Zum Beispiel im Tsitsikamma-Nationalpark oder an der Victoria Bay (unten)

Hier fängt sie an? Das soll sie sein? Wirklich? Die Garden Route – womit manche Reiseführer nur die Strecke bezeichnen, andere die gesamte Region rundum – legt alles andere als einen Traumstart hin. Der Anfang ist eher ein Schock – zumindest, wenn man in Mossel Bay nicht gleich rechts raus ins Städtchen fährt, das ganz nett ist. Aber durch ein endloses Industriegebiet muss man später eben doch, und obwohl sich die Straße ziemlich schnell zwischen Autoreparaturwerkstätten und Ölfasshändlern in eine Pferdeweiden-Obstgarten-Idylle hinausschlängelt, bleibt ein komischer Beigeschmack. Die vereinten PR-Kräfte des Western Cape haben die Garden Route in den vergangenen Jahren ja zum absoluten Muss einer jeden Autoreise durch Südafrika erklärt, und dementsprechend hoch sind die Erwartungen. Und auch auf die Gefahr hin, dass jetzt gleich alle lautstark protestieren, dies hier gleich vorneweg: Die Garden Route ist ein bisschen überbewertet. Es gibt schönere Strecken in Südafrika, es gibt selbst schönere entlang der Küste. Trotzdem gehört ein Abstecher in diese Region des Kaps zu den Highlights einer Reise. Paradoxerweise muss man sie dazu nur hin und wieder verlassen, die Garden Route.

Aber von vorne beziehungsweise von Mossel Bay, da waren wir ja eben noch. An George fährt man vorbei und am Wilderness-Nationalpark zuerst auch, weil man zwar das Hinweisschild, aber den Park nicht sieht hinter all den Hotels und Ferienhäusern. Wilderness hat eine Geschichte, wie sie typisch für Orte in Südafrika ist. Das Land wurde 1877 in Kapstadt versteigert, und ohne es zuvor gesehen zu haben, kaufte ein junger Mann namens George Bennet das Grundstück. Anschließend packten er und seine junge Braut ihre Habseligkeiten zusammen und bauten eine Hütte an jener Stelle, an der heute das Wilderness Resort steht, ein 150-Zimmer-Klotz, der sich mit seiner Wucht auch in großstädtischer Umgebung locker behaupten könnte. Aber einen Kanuverleih gibt es und einen samtenen, warmfarbenen Herbstabend auch, und plötzlich ist man ein paar Paddelschläge weiter und hat die Welt der N 2 hinter sich gelassen. Sogar deren dröhnenden Autostrom hört man nicht mehr, so emsig reiben Millionen Zikaden in den Uferbäumen ihre Beinchen aneinander.

Dem See-Fluss-Lagunen-System von Wilderness wurde von romantisierenden Künstlern einst der Ruf eines südafrikanischen Märchenreichs angedichtet, und an so einem Abend ahnt man ganz schnell, warum. Nebelfetzen lungern wie Zuckerwattebäusche über den Wassern, alles wirkt merkwürdig gedämpft, die Zeit entschleunigt, das Land als südafrikanisches Avalon, aus dessen Dunst sich immer wieder Schatten materialisieren. Eine Gänsestaffel. Ein Holzboot im Schilf. Ein knorziger, toter Baum, dessen seltsam verrenkte Äste wie Geisterhände über das Wasser reichen. Dies ist altes Afrika, sehr altes, auch im menschlichen Sinne: Funde aus Höhlen ganz in der Nähe belegen, dass bereits vor mehr als 100 000 Jahren Menschen in dieser Gegend lebten, mit die ersten auf diesem Planeten überhaupt.

Kann eine Landschaft beladen scheinen mit dem Mythos vom Anbeginn der Zeiten? Kann sie herausgefallen sein aus dem naturwissenschaftlich vorgeschriebenen Linearverlauf der Epochen? Für ein paar Minuten, eine halbe Stunde lang jedenfalls erinnert nur die Mineralwasserflasche im Kanu daran, dass man im 21. Jahrhundert unterwegs ist. Und die Paraglider oben in der Luft.

In den letzten zehn, fünfzehn Jahren hat sich die Garden Route zum Lieblingsspielplatz der Südafrikaner gemausert. Die können hier gleitschirmfliegen und bungeespringen, rudern und reiten, Jetski fahren und raften und, wenn sie anschließend noch überschüssige Energie besitzen, im Käfig in ein Meer voller Weißer Haie tauchen – und das sind nur die Angebote für die adrenalinsüchtige Klientel. Die Garden Route bedient aber auch die anderen, die Sonnenanbeter und Golfer, die Strandläufer, die Botanikfreunde und natürlich die Touristen. Die Garden Route ist populärster Alterswohnsitz des Landes, Spekulationsobjekt ausländischer

Die Farben der Klein Karoo: Pretty in Pink in der Nähe von Montagu (oben). Mitten im Grün liegt diese eine einsame Farm (Mitte). Und die leuchtend rote Schotterstraße führt in die Grootswart-Berge (unten)

Fast schon ein Stillleben: Frau vor Federbusch

Investoren. Und Großkampfplatz der Immobilienbranche, das sowieso. Früher war sie übrigens einmal ein Traumziel für Hippies, aber zumindest das ist längst vorbei. Stattdessen haben die Umweltschützer das Land zwischen den Outeniqua-Bergen und der See zum Krisengebiet erklären müssen.

Denn allmählich hat es den Anschein, als würde die Küste zu Tode geliebt. Wie schmal der Grat ist, auf dem die touristischen Entwickler entlang der Garden Route balancieren, kann man vor allem im Großraum Knysna begutachten – dort ist die Grenze des Guten, Schönen, Wahren längst überschritten und die Garden Route ein ästhetisches Desaster von beinahe kalifornischer Dimension. Egal, wohin man blickt: alles bebaut. Gleich, wohin man möchte: überall „Zufahrt verboten“. Vor allem in Knysna, dessen Immobilienpreise zu den höchsten im Land gehören, sieht es aus, als wollten sich die Häuser an den Hügelkämmen gegenseitig aus dem Weg knuffen.

Die Stadt ist längst aus ihrer eigenen Infrastruktur herausgewachsen, es gibt zu wenige Straßen, es gibt zu wenig Strom, und ein Abwasser- und Müllproblem gibt es auch, aber die Menschen ziehen trotzdem hierher. Ein paar Kilometer weiter westlich hat die Stadt George neulich grünes Licht für das umstrittenste Bauprojekt der Region gegeben, das am Rande des Wilderness-Nationalparks entstehen soll: 1200 Ferienwohnungen, 300 Timeshare-Units, ein 80 Zimmer-Hotel, zwei Golf- und mehrere Poloplätze sowie eine eigene Landepiste; die Käufer sollen vor allem aus England und Deutschland kommen. Fünf Millionen Liter Wasser wird der Komplex pro Tag verbrauchen – in einer Gegend, die bereits seit Jahren über ihre Verhältnisse lebt und dem Land viel zu viel Wasser entzieht. Protest formiert sich in Initiativen wie den „Guardians of the Garden Route“. Deren Motto lautet: „Wir können keine Golfbälle essen!“

Es tut gut, dem Wahnsinn zu entkommen – und die N 2 ab und zu hinter sich zu lassen. Wehe, man fährt nicht nach Victoria Bay! Die Straße sackt ab und fällt hinunter in

Fotos: Simeone/Bildagentur Huber; SIME/Schapowalow; Hein von Hörsten/Images of Africa; Ficker/Arco Digital Images

„Die Schönheit der Garden Route liegt im Kleinen. Und in ihren Bergen“

eine kleine Schlucht, an deren Ende eine der schönsten Buchten des Western Cape wartet. Ein Parkplatz, eine Eisbude, ein Sichelstrand und rechts eine Reihe bescheidener Sommerhäuschen, die wie kampferprobte Soldaten Gischt und Winden trotzen. Weiter im Osten warten solche Momente bei den Seevögeln und Robben des Robberg Nature Reserve und auf den Spazierwegen im Diepwalle Forest. Oder an den Gestaden des Tsitsikamma-Nationalparks: Fünf Tage braucht man für die Trails im Dschungel des Parkinnern, aber so viel Zeit hat niemand, weshalb es alle beim Spaziergang über die Klippen belassen und trotzdem begeistert sind. Man muss – darf! – wirklich nicht den marktschreierischen Werbeschildern folgen: Die Schönheit der Garden Route liegt im Kleinen. Und in ihren Bergen.

Ein Abzweig, und alles ist anders. Komplett anders. Das Faszinierende an Südafrika ist, dass es sich manchmal gibt wie eines dieser Guck-und-Klick-Geräte, in die man als Kind Pappscheiben mit kleinen Dias gesteckt hat und mit jedem Klick ein neues Panorama bestaunen konnte. Heute nehmen wir mal die mit der Aufschrift „Wilde Schluchten, weite Ebenen“: Klick! Ein in Licht getauchter Morgen auf dem Montagu-Pass, eine Straße, die irgendwer unter wahrscheinlich entsetzlicher Anstrengung in die Hügel geschlagen hat. Klick! Die Weite nach dem Anstieg, die reifen Trauben auf den Reben. Klick! Die Strauße, deren Federn wie Ballerinaröcke wippen, wenn sie Richtung Horizont laufen. Klick! Die braunroten Ebenen unter der erbarmungslosen Sonne, Land, über das kleine Windhosen wirbeln und in denen einzelne Bäume wie hingemalt stehen. Klick!

Hier oben, in der kantenlosen, wilden Landschaft der Klein Karoo, wird klar, woher die Garden Route ein paar Kilometer weiter unten ihren Namen hat. Auf der meerseitigen Flanke der Berge kann es das ganze Jahr über heftig regnen, hier oben tut es das so gut wie nie. Und während man eine halbe Stunde entfernt am Meer oft nur im Stop-and-go-Tempo vorwärtskommt, scheint man durch die biblisch anmutenden Szenerien der Klein Karoo schweben zu können. Auf der R341 jedenfalls fährt man nach einer gewissen Zeit wie im Rausch, die Sonne im Rücken, die Landschaften rein gewaschen im klaren Licht vor dem Kühler. Und dann kommt die R339, die Passstraße, die Verbindung zurück an die Küste. Die R339 ist anders: Sie hat einen ausgefahrenen Schotterbelag und Schlaglöcher, sie führt an tiefen Schluchten vorbei, ist eng und besitzt keine Leitplanken. Anders gesagt: Sie ist klasse.

Wenn man in Die Vlug ankommt, nach haarsträubenden Kehren und Schwindel erregenden Abgründen, hat man den Prince-Alfred-Pass schon hinter sich. Bis zur Küste ist es noch ein Stück, die Knie sind zittrig, da tut eine Pause ganz gut. Man muss sich bloß schnell entscheiden, sonst ist man auf der einen Seite hinein- und auf der anderen Seite schon wieder aus dem Ort hinausgefahren: fünf, sechs Häuser, mehr ist da nicht. Vor einem steht ein Werbeschild einer Eisfirma.

Eine alte Frau kommt heran, ganz langsam geht sie, als müsse sie sich bei jedem Schritt vergewissern, dass da Boden unter ihren Füßen ist. Sie hat wache Augen, es blitzt blau in einem vom Leben unter der Sonne geprägten Gesicht. Im Flur steht eine Eistruhe, mit deren Inhalt man wahrscheinlich vier Schulklassen versorgen könnte. „Hier halten oft Leute und fragen, wie weit es noch bis zur Küste ist.“ Sie lächelt. Wohin man wolle? Aha, Plettenberg Bay. Kennt sie das? Ja, sagt sie, sie sei schon dort gewesen, 1984 oder, nein, 1986 muss es gewesen sein. Sie betrachtet einen beim Eisessen, hält den Kopf ein bisschen geneigt. Noch eins? Sie steht mühsam auf und geht zur Truhe. Hinten, hinter der ersten und der zweiten und der dritten Kammreihe der Berge, sinkt eine absurd blutrote Sonne Richtung Horizont. Südafrikas Amphibien- und Insektenwelt stimmt die Instrumente. Die Frau legt das Eis auf den Tisch und stellt ein kleines Glas selbst gemachte Marmelade dazu. „Für Sie“, sagt sie, „ein kleines Andenken.“

Bis zur Küste sind es noch 60 Kilometer. ■

WHALE-WATCHING
Die Küste entlang der Garden Route ist einer der weltweit besten Plätze zum Beobachten von Walen – wenn man zur richtigen Jahreszeit unterwegs ist. Saison ist von Juni bis November; September und Oktober sind erfahrungsgemäß die Monate, in denen die Chance am größten ist, die grauen Riesen zu sehen – dann sind sie oft so nahe an der Küste, dass sie sich mit dem bloßen Auge beobachten lassen (S. 28).
■ Infos in jeder Tourist Information; Hintergründe z.B. über **www.whaleroute.com**

Dem Autor **STEFAN NINK** gefielen an der Garden Route nicht nur die B & B-Unterkünfte, sondern auch die wunderbaren Seafood-Gerichte in den kleinen Restaurants entlang der Küste. Nink, geboren 1965, lebt in Mainz.

Fotograf **LOIS LAMMERHUBER** wird am Ende der Kapstadt-Reportage (Seite 44) vorgestellt.

Foto: Svenja Kruse (1)

INFO GARDEN ROUTE

Garten Eden

Empfehlenswerte Stopps in der grünen Küstenregion

Bar-t-Nique: mit Prachtblick, Pool und Parkplatz

Ihren Namen verdankt die Garden Route ihrer geografischen Lage: An den Outeniqua-Bergen unmittelbar nördlich der Küste bleiben vom Meer heranziehende Wolken hängen; der häufige Regen sorgt für eine Vegetation, die stellenweise an ein tropisches Gewächshaus erinnert. Auf engem Raum bieten sich landschaftliche Schönheit und Vielfalt: Bergketten bis zu 1600 Meter Höhe im Hinterland, parallel dazu ein Plateau mit Siedlungen und Farmen, im Süden steile Felsen, weite Strände und Flussmündungen. Größte Städte sind die Distrikthauptstadt George (ca. 90 000 Einwohner) sowie die Ferienziele Knysna und Plettenberg Bay.

ANSCHAUEN

TSITSIKAMMA-NATIONALPARK

Seite 93

WILDERNESS-NATIONALPARK

Das Land der Seen und Schilfgürtel entdeckt man am besten mit dem Kanu, das man in allen Camps mieten kann. Im Park gibt es fünf Wanderwege, für den Pied Kingfisher Trail benötigt man etwa vier Stunden, kürzere Strecken führen zu den Dünen oder in den üppigen Wald.

■ Hinter George, ausgeschildert.
Tel. 044 877 11 97.
Eintritt 60 R.
Geführte Kanutouren z.B. mit „Canoeing on the Garden Route", Tel. 044 877 01 79.
www.eden.co.za

KNYSNA ELEPHANT SANCTUARY

Wenn man mit Kindern unterwegs ist, ist diese Anlage okay. Man sieht nicht nur Elefanten, man darf sie auch füttern – für die Kleinen ein unvergessliches Erlebnis.

■ An der N 2, 12 km östlich von Plettenberg Bay,
Tel. 044 532 77 32. Touren 8.30–16.30 Uhr halbstündlich.
Eintritt 100 R, Kinder 50 R.
www.knysnaelephantpark.co.za

HIGHGATE-STRAUSSENFARM

Seit 150 Jahren im Besitz der Familie Hooper – und die legt großen Wert darauf, Führungen nicht zu Zirkusveranstaltungen werden zu lassen. Natürlich gibt es aber auch hier Programmpunkte wie den Verkauf rosafarbener Federboa-Souvenirs und Reitversuche auf gesattelten Straußen.

■ Oudtshoorn, an der R 328 Richtung Mossel Bay,
Tel. 044 272 71 15.
Tgl. 8–17 Uhr, 90-minütige Touren jede Viertelstunde.
www.highgate.co.za

ESSEN & TRINKEN

KING FISHER

Unauffälliges Seafood-Restaurant an einer Hauptstraße. Drinnen: eine kleine Karte, deren Bestandteile (diverse Fischsorten, Krebse, Calamares) in geschätzten 117 Variationen zubereitet werden können. Am besten vertraut man den Empfehlungen der Angestellten.

■ George, 1 Courtney Street,
Tel. 044 873 31 27.
Hauptgerichte ca. 60 R.
Geöffnet tgl. 12–22.30 Uhr.

CAFÉ ON MAIN

Eine Handvoll Tische in einer alten Kirche (und einige mehr unter Sonnenschirmen im Innenhof), nett zubereitete Snacks, sehr gute Lattes und Cappuccinos: Dieses Lokal ist Oudtshoorns bester Platz für eine Rast.

■ Oudtshoorn, Main Street,
Tel. 044 272 84 62. Snacks ca. 30 R. Geöffnet tgl. 8–18 Uhr.

DELFINO'S

Die Lage macht's! Die „Espresso Bar und Pizzeria" liegt direkt am Wasser. Im Angebot: Ofenkartoffeln, Pfannkuchen, Salate. Preiswert, freundlich, wunderbar.

■ Mossel Bay, Point Village,
Tel. 044 690 52 47.
Hauptgerichte ab 40 R.
Geöffnet tgl. ab 11 Uhr.

KNYSNA OYSTER COMPANY

Wer in Knysna wohnt, geht hierhin essen bzw. fährt: Das rustikale Restaurant liegt etwas abseits und ist nur mit dem Auto zu erreichen. Außer Austern gibt es natürlich auch frischen Fisch.

■ Thesen Island, Knysna,
Tel. 044 382 69 43.

Hauptgerichte 55 R. Geöffnet Di., Do., Sa. 10 bis spätabends, Mo., Mi., Fr., So. bis 17 Uhr.

ÜBERNACHTEN

LEISURE ISLE LODGE

Sehr schönes Haus auf Leisure Island, einer kleinen Insel in der Lagune von Knysna. Das flache Gebäude liegt 50 Meter vom Wasser entfernt; die Zimmer sind hell – und leider auch hellhörig.

■ Leisure Isle, Knysna, 87 Bayswater Drive, Tel. 044 384 04 62.
11 Zimmer: 314–1500 R/Pers.
www.leisureislelodge.co.za

FAIRVIEW HIST. HOMESTEAD

Das viktorianische Haus liegt am Stadtrand von George inmitten eines Gartens. Alle vier Zimmer atmen den Charme der Besitzerin.

■ George, 36 Stander St.,
Tel. 044 874 77 81.
DZ 250–320 R/Pers.
www.wheretostay.co.za/fairview

BAR-T-NIQUE

Modernes Haus hoch über Mossel Bay mit schönem Blick über Stadt und Meer. Die Zimmer sind sehr geräumig und hell.

■ Mossel Bay, 82 Rodgers St.,
Tel. 044 690 45 54.
10 Zi.: DZ 250–300 R/Pers.
www.bar-t-nique.co.za S.N.

Umrechnen in Euro: Rand-Betrag durch 9 teilen

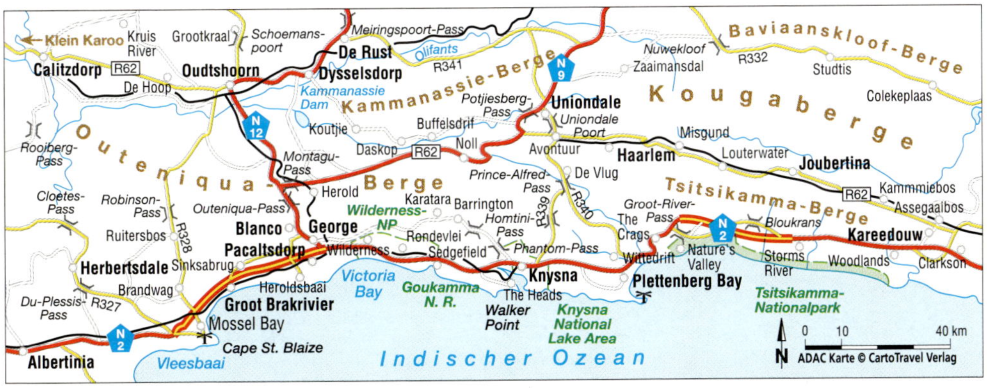

Fotos: Lois Lammerhuber (3)

KRÜGER-NATIONALPARK

AUG IN AUG

Es gibt Momente in der Wildnis, da schaut man auf die Landschaft und glaubt bedingungslos an die Schöpfung. In anderen sucht man mit zitternden Händen den Rückwärtsgang. Reportage von einer Safari im Krüger-Nationalpark und im Timbavati Private Game Reserve. Dazu: die schönsten Nationalparks mit Übernachtungstipps für jeden Geldbeutel

Text von Stefan Nink, Fotos von Gerald Hänel

Ihre Leibspeise sind die Blätter der Akazie, und zwar die von ganz oben – da müssen selbst Giraffen den Hals recken

Psst, Ruhe bitte, eine Leopardin kreuzt den Weg. Und so manch einem rutscht vor Schreck das Herz in die Hosentasche

Ein Kämpfchen in Ehren: Zwei junge Elefanten rangeln um den Titel des Stärkeren

Löwinnen-Stenogramm: Gewicht bis zu 150 Kilo, Sprungweite beim Angriff bis zu sechs Meter, Augen wie gelber Bernstein

Zebra-Individualität: Keins gleicht dem anderen, jedes Zebra trägt ein einzigartiges Streifendesign mit sich herum

Chamäleon-Gedanken: Glotzt nicht so, sonst werde ich sofort sandbraun. Und ihr könnt mich suchen, bis ihr schwarz werdet

Gästehütte im Olifants Camp mit spektakulärer Weitsicht

Ein ganzer Trupp – Ranger wissen, wo's was zu sehen gibt

Epomophorus crypturus aus der Familie der Pteropodidae ist ein reinliches Geschöpf. Im Morgengrauen, wenn der Epauletten-Flughund nach einer Schlemmernacht voller reifer Datteln und Feigen zu seinem Schlafplatz geflattert ist, wird sich erst einmal ausgiebig geputzt. Kopfüber hängend, das finden Flughunde offensichtlich entspannend. Bevor er anschließend die kleinen Flügelärmchen wie eine Bettdecke vor dem Gesicht übereinanderschlägt und träumt, was ein Flughund so träumt, wird dann noch rasch der Darm entleert – so hängt es sich leichter ab. Das ist dann genau jener Moment, an dem Natur und Mensch an einem Safaritag im Krüger-Nationalpark zum ersten Mal aufeinandertreffen. Die komplette Flughund-Population von Skukuza – dem größten Camp im größten Nationalpark des Landes – hat sich nämlich ausgerechnet die Pavillons des Restaurants als Schlafsaal ausgesucht. Und während oben unter den Strohdächern mehrere hundert Epauletten-Flughunde wieder einmal registrieren, wie förderlich große Mengen Datteln und Feigen doch für die Verdauung sind, versuchen sieben Meter unter ihnen müde Touristen, mit starkem Kaffee für den ersten Game Drive des Tages in Schwung zu kommen.

Womit wir gleich beim wichtigsten Merkmal einer südafrikanischen Safari wären: Ja, man begegnet Tieren. Und: Ja, man begegnet ihnen immer und überall. Denn natürlich sind Epauletten-Flughunde beim Frühstück ebenso wie Scharen hüpfender Affenkinder auf dem Autodach nur die Vor- bzw. Nachhut der Tierwelt, die außerhalb der Camp-Umzäunungen wartet. Zu Hause kann man ja stundenlang durch die Wälder wandern, bevor man ein mickriges Karnickel in 80 Meter Entfernung die Flucht ergreifen sieht. Im Krüger-Nationalpark laufen einem Giraffen, Elefanten, Nashörner und alle anderen Hauptdarsteller aus „Grzimeks Tierstunde" permanent vors Auto. Wer hier zwei Tage unterwegs ist, muss schon sehr viel Pech haben, wenn er in dieser Zeit nicht die halbe Belegschaft der Arche Noah entdeckt.

Und wie ist man unterwegs? Wenn man von eher zweifelhaften Unternehmungen wie Trekking- und Motorradtouren einmal absieht, gibt es prinzipiell zwei Möglichkeiten, den Krüger zu entdecken. Entweder entscheidet man sich für die luxuriöse (und ziemlich teure) Lodge eines Private Game Reserve, also eines privaten Wildreservates am Rande des Parks – und muss sich fortan um nichts mehr kümmern. Tagsüber bieten Ranger Wildbeobachtungsfahrten im offenen Jeep an, abends wird am Lagerfeuer oder stilvoll auf der Aussichtsterrasse gegessen. Oder man reserviert sich via Internet einen – deutlich billigeren – Bungalow in einem Restcamp wie Skukuza mit seinen tausend Betten und startet frühmorgens zur Individual-Pirsch. Etwas mehr als 20 Camps bietet der Nationalpark, und alles, was dann noch fehlt, ist das Quäntchen Glück. Denn natürlich gibt es Tage, an denen sich nur Impalas und Zebras zeigen wollen – Parkbewohner, die schon bei der zweiten Fahrt leicht arrogant ignoriert werden.

Man kann aber auch am allerersten Tag kurz vor Toresschluss (die Eingänge der Restcamps sind tagsüber offen und stehen unter Starkstrom) schnell noch eine kurze Runde um den Block fahren und drei Minuten später für das größte Nashorn bremsen, das man seit der letzten Folge von „Daktari" gesehen hat, was immerhin schon ein paar Jahre her ist. Es kommt von links und will nach rechts, dann bemerkt es das Auto. Und beschließt, ein bisschen missmutig zu werden.

DAS GEBRÜLL EINES LÖWEN DURCHSCHNEIDET

Kenner der afrikanischen Fauna behaupten ja immer in souveränem Tonfall, Tiere in den Parks nähmen Auto und Passagiere generell nur als Einheit wahr und diese Einheit sei viel zu groß, um sie zu jagen oder anzugreifen, und obendrein stinke sie ganz fürchterlich. Das mag alles stimmen – nur scheint es diesem Teil da vorne niemand gesagt zu haben. Das Nashorn schnaubt. Das Nashorn schwenkt den Kopf und hackt hübsche Löcher in die Luft. Das Nashorn stampft langsam auf das Auto zu. Als passionierter Tierfilmfan greift man zu Hause auf dem Sofa in solchen Momenten gelassen zur Chipstüte und freut sich auf das, was jetzt gleich kommt – Nashörner sind von Haus aus cholerisch veranlagt, was im Zusammenspiel mit Gehörn und serienmäßigem Seitenauf-

Knorriger Baobab-Baum, ein schönes Wahrzeichen Afrikas

Fragen wir lieber nicht, was diese Touristen im Visier haben

prallschutz in der Regel böse Folgen für den Gegner hat. Der besitzt in diesem Fall nur 50 PS (immer die günstigste Mietwagenklasse nehmen, gell?) und hat die Gangschaltung dummerweise links des Fahrers, verfluchtes Commonwealth, und bis der Rückwärtsgang endlich drin ist, vergehen gefühlte siebeneinhalb Minuten, so einen Scheiß macht die Zeit ja in solchen Situationen gerne.

Jetzt! Der Wagen schlittert nach hinten, und kaum ist er 20 Meter entfernt, verliert der Koloss da vorne jegliches Interesse. Jegliches. Er tut so, als sei da nie ein Auto gewesen, als habe er von Anfang an die frischen Grasbüschel am Straßenrand anvisiert. An denen rupft er jetzt herum, was fast so aussieht, als jäte ein Bagger Unkraut. „Die Tiere", notierte ein Parkranger in den ersten Tagen des damals neuen Nationalparks sichtlich erleichtert, „verhalten sich den Besuchern gegenüber freundlich, solange diese in den Autos bleiben." Die Statistik gibt dem Mann recht: Die meisten Verletzungen hier passieren bei Auffahrunfällen. Und beim abendlichen Grillen in den Camps.

gut: Mit einer Million Besuchern jährlich ist Südafrikas Vorzeigereservat längst an seiner Belastungsgrenze angelangt.

Als Safaritourist merkt man davon allerdings nicht viel: Krüger ist so unermesslich groß, dass man keiner Handvoll Autos begegnet, wenn man abseits der Hauptstraßen auf den allgegenwärtigen Sandpisten herumhoppelt. Nur Zeit muss man sich lassen. Wer lediglich durch den Süden des Parks fährt, wo das dichte Baum- und Buschgestrüpp große Panorama-Ausblicke verhindert, bekommt keine rechte Vorstellung von diesen Dimensionen. Im Norden aber, in den weiten Ebenen der offenen Baumsavanne, da beschleicht einen ab einem gewissen Punkt der Verdacht, dieser Park reiche möglicherweise bis in alle Ewigkeit. Dazu kommt eine Ahnung von der Zeitlosigkeit dieser biblischen Landschaft. Ein Gefühl für – nicht lachen! – die Schöpfung. Sie berühren etwas in einem, die sanften Szenerien unter diesem endlos gespannten Himmel. Man sieht Antilopen und Zebras zusammen in gewaltigen Herden und fragt sich, ob es der Welt ohne die Spezies Homo sapiens nicht besser gehen würde. Und ob wohl ganz Afrika früher einmal so

DIE NACHT WIE EINE ROSTIGE KETTENSÄGE

Der von Paul Krüger (Afrikaans: Kruger) – Farmer, Präsident – gegründete Park wurde 1926 zum Nationalpark. Damals setzte sich langsam die Idee durch, dass Südafrikas Tierarten nicht nur gut schmecken und sich trefflich als Wohnzimmer-Wandschmuck eignen, sondern auch im lebenden Zustand schön anzusehen sind. Und dass es dringend an der Zeit war, Elefanten, Löwen und Nashörner unter Schutz zu stellen – es waren nämlich nicht mehr viele am Leben. In den folgenden Jahrzehnten wurde der Park stetig erweitert, die Tierpopulationen erholten sich, die Besucherzahlen stiegen. Heute misst das Schutzgebiet 20 000 Quadratkilometer (so groß wie Rheinland-Pfalz) und ist mit dem Parque Nacional do Limpopo im benachbarten Mosambik verbunden.

Der grenzübergreifende Great Limpopo Transfrontier Park existiert aber bislang eigentlich nur auf dem Papier, weil sich die touristische Infrastruktur im Nachbarland auf eine Rumpelpiste beschränkt, deren kratertiefe Löcher an ein Ausbildungsgelände der mosambikanischen Artillerie gemahnen. Dabei täte dem Krüger-Nationalpark ein Ventil nach Osten

Foto: Thiele/Corbis (1)

WER WAR PAUL KRÜGER? Zwar gründete er 1898 den Park, der später nach ihm benannt wurde, aber das eigentliche Metier des Paulus Krüger (Afrikaans: Kruger) war nicht der Naturschutz. 1825 als Sohn einer Burenfamilie in der Kap-Provinz geboren, zog er mit dem Großen Treck nach Transvaal. Er war calvinistisch erzogen und glaubte, die Herrschaft über Südafrika stehe allein den Buren zu. Erst Generalkommandant, wurde er 1883 Präsident der für unabhängig erklärten Transvaal-Republik und verweigerte der nicht-burischen Bevölkerungsmehrheit die Gleichberechtigung. Zum Jahresende 1895 scheiterte ein Aufstand der Uitlanders (Ausländer) unter Führung von Cecil Rhodes, doch die Briten gaben nicht auf. 1899 brach der zweite Burenkrieg aus. Als sich der Sieg der Briten abzeichnete, ging Krüger nach Europa. Er fand keine Unterstützer, aber eine Bleibe in der Schweiz, wo er 1904 starb. **C. Abeltshauser**

Ranger Marius (r.) und Saul beim morgendlichen Bush Walk

Eine frische Löwenspur

Picknick im Luxuscamp

Der Krüger-Nationalpark im Nordosten Südafrikas ist Heimat vieler selten gewordener Tierarten. Er ist 320 Kilometer lang und 40 bis 80 breit

war. Bevor der Mensch kam, bevor das einsetzte, was wir Zivilisation nennen; bevor die Safari-Industrie Attraktionen wie Nachtfahrten in Bussen erfand.

„Bitte nicht in Badeschlappen", ruft Busfahrer Dwight, „wir steigen zwischendurch aus! Wir sind in Afrika!" Weil die Tore der Restcamps vor Sonnenuntergang aus guten Gründen geschlossen werden, müssen Tierfreunde in der Dämmerung umsteigen – und in großen Cabrio-Bussen auf Safari gehen. Dwight kontrolliert das Schuhwerk, verteilt Handscheinwerfer und das Versprechen, Löwen aufzustöbern. Seine Passagiere raunen, klatschen oder jubeln, je nach Nationalität, Tageserfolg und vermutlich auch Alkoholspiegel; anders lässt sich nicht erklären, dass drei Australier wenig später laut schnarchend auf der Rückbank hängen werden. Dabei geht es ziemlich geschmeidig los: Der Bus ist noch keine drei Minuten unterwegs, als eine Elefantenherde die Straße quert. Dann ein Nashorn. Eine Stunde später hat Dwight außerdem eine Giraffenfamilie, etwa 235 Zebras und schätzungsweise doppelt so viele Impalas ausgemacht – aber noch keinen Löwen.

Den Italienern im Bus wird das jetzt zu langweilig – zu Dwights Missfallen stimmen sie das Lied vom Leu an, der nachts im Dschungel schläft: „A-weema-weh! A-weema-weh!", beginnt der Erste, die zweite Reihe fällt mit einem bassigen „Au wi-a! Au wi-a!" ein, eine Frau ergänzt diese Grundlage mit operettenhaften „Ihhhihiiiiioweioweeh!"-Einsprengseln, und alle schwenken ihre Suchscheinwerfer im Rhythmus von „The Lion Sleeps Tonight". Was er offensichtlich bislang auch getan hat. Jetzt aber hat man ihn geweckt, und irgendwo da draußen in der südafrikanischen Nacht lässt er seine Laune am Mond aus. Das Geräusch durchschneidet die Dunkelheit wie eine rostige Kettensäge. Für den Rest der Fahrt ist es dann still im Bus. Das Gebrüll eines Löwen kann man übrigens über acht Kilometer Entfernung hören – eine Zahl, die man sich merken sollte. Sie beruhigt zumindest ein bisschen, wenn man nachts in seinem Zelt liegt.

Zelt? Zelt. Na ja, nicht ganz: eher ein Luxus-Apartment mit Moskitonetzwänden, das man unter ein Dach aus Segeltuch gestellt hat – was die Unterkünfte des Ngala Tented Safari Camp aussehen lässt, als habe Roncalli sie für einen Design-Wettbewerb entworfen. Das Timbavati Private Game Reserve ist eines jener Privatreservate, die sich am westlichen Rand des Krüger angesiedelt haben. Zwischen diesen Kleinparks und dem Krüger gibt es keine Zäune (die stehen stattdessen an den westlichen Grenzen der privaten Grundstücke), deswegen kann man hier die gleichen Tiere sehen wie im eigentlichen Nationalpark. Das ist aber dann auch schon alles, was die staatlichen Unterkünfte im Park und private Lodges gemeinsam haben. Wer in einem Restcamp übernachtet, muss sich um alles selbst kümmern. In den Lodges der Game Reserves dagegen wird man rundum versorgt: Büfetts mit afrikanischen Speisen, Havannas am Kamin, Häppchen am Pool und ein Gläschen Champagner zum Frühstück. Auf Safari geht man zu viert oder fünft im Geländefahrzeug, mit Privat-Ranger.

FRÜHMORGENS IST DIE LUFT TRUNKEN VON

Das sind die Mädchen für alles auf so einer Safari – und ihr Erfolgsgeheimnis. Natürlich kann auch ein Ranger nicht garantieren, dass man Löwen und Leoparden sieht – ohne ihn aber würde man mit hoher Wahrscheinlichkeit selbst an einem Elefantenbullen im Gestrüpp am Straßenrand vorbeifahren, wenn der nicht gerade einen halben Baum auf die Straße wirft. Frühmorgens, vor der ersten Fahrt, wenn die Frösche noch an den Rändern der Nacht sägen und die Luft trunken ist vom süßen Duft der Savannengräser, ermuntert der Ranger seine müden Gäste mit kleinen Anekdoten und starkem Kaffee. Unterwegs schüttet er sein Füllhorn biologischer Unglaublichkeiten aus, abends mixt er Drinks. Und wenn es wirklich einmal merkwürdig kribbeln sollte bei der Begegnung zwischen Tier und Mensch, signalisiert seine stoische Haltung,

Das Foto, das alle wollen: männlicher Löwe aus der Nähe

Ein Traum von Afrika: Zelt im Ngala Tented Safari Camp

dass man nun wirklich nichts zu befürchten habe. Der Ton der Ranger wird in solchen Momenten gelassener, sie klingen dann wie Flugkapitäne mit ihrem Jimmy-Carter-Akzent, wenn sie leichte Turbulenzen ankündigen – jede Silbe ein kleines, flaumiges Federkissen unter den angekratzten Nerven der Passagiere. Man glaubt gar nicht, wie das beruhigt.

Simon ist so einer. Und ein Schlacks, ein Springinsfeld, ein wandelndes Flora-Fauna-Kompendium, ein Krüger-Mythos sowieso – gerade neulich erst hat er ein Elefantenbaby gerettet, das versehentlich in den Pool der Lodge geplumpst war (bevor jetzt Spekulationen beginnen: abtauchen, das Tier unter Wasser auf die Schultern nehmen und ruckartig in die Höhe stemmen – den Rest erledigt die am Beckenrand trompetende Großfamilie mit kräftigem Rüsseleinsatz). Simon weiß, was er will, und heute will er – klar! – Löwen. Die ersten Minuten scheint er unschlüssig, fährt in Sandwege hinein und wieder zurück, springt aus dem Auto, untersucht abgebrochene Äste. „Wir sind nah dran", flüstert er, als er ein paar Grashalme entdeckt, die gegen den Strich gebürstet zu sein

schnüffelt am Trittbrett, schnüffelt … Keine Ahnung, ehrlich gesagt. Ich hab schnell die Augen zugemacht.

Später am Tag: Sundowner an einem Wasserloch. Simon packt Drinks, Nüsse und Oliven aus, verteilt Eiswürfel, öffnet Weinflaschen. Vor fünf Minuten war es hier noch friedlich still, aber seitdem ist die Sonne untergegangen, und jetzt ist es vorbei mit der Ruhe: Offensichtlich haben die Frösche und Zikaden Südafrikas einen eingebauten Lautstärkeregler, der bei Einbruch der Dunkelheit automatisch bis zum Anschlag aufgedreht wird. Für einen Safari-Neuling ist das eine unheilvolle Kombination: Wasserloch, Dunkelheit, unbekannte Geräuschkulisse. Deshalb bleiben die Safari-Neulinge ganz nah am Auto, man weiß ja nie. Simon macht über so was gern Scherze, aber so kurz nach der Löwenbegegnung hält er sich zurück. Stattdessen erzählt er von einem Wurf Hyänen in einem Bau gleich neben der Lodge, von Büffeln und Elefanten und Schlangen und davon, dass Nashörner so kurzsichtig sind, dass sie auf 20 Meter selbst ein Auto nicht mehr sehen können. Man lernt nie aus in diesem Park, sagt er und lacht.

DEM SÜSSEN DUFT DER SAVANNENGRÄSER

scheinen. Eine Kurve weiter kommen uns elf Löwen auf der Piste entgegen. Simon hält an.

Safaris in diesen offenen Geländefahrzeugen ohne Dach, Fenster und Türen haben ihren eigenen Charme. Man muss sich vor Ästen ducken, bekommt Käfer gegen die Brillengläser geschmettert, und sobald es dämmert, wird es selbst schon bei 37 km/h jämmerlich kalt. Der Reiz einer solchen Tour aber offenbart sich erst richtig, wenn ein Löwenrudel Kurs auf das Fahrzeug nimmt. Nicht bewegen, brummt Simon, keinen Mucks bitte! Wie denn auch? Die Passagiere sind schockstarr, und Lebewesen mit feinen Ohren registrieren in diesem Moment sicherlich vier kollektiv pumpende Herzen, Blutdruck schätzungsweise 230 zu 118. Vor allem bei jenem Mann, der nicht nur seinen Arm lässig aus dem Rover baumeln lässt, sondern auch noch seinen Fuß so auf die Karosserie gesetzt hat, dass er aus dem Auto ragt. Und genau den fixiert der erste Löwe jetzt mit eklig schwefelgelben Augen, ein Männchen mit einer Art Rastamähne. „Nicht bewegen!", zischt Simon. Der Löwe schlenkert heran, schnüffelt am rechten Vorderreifen,

„Man erfährt immer mehr über die Natur. Über sich selbst. Vor allem aber darüber, wo auf dieser Welt man als Mensch seinen Platz hat." Sagt's, schaut hinaus in die afrikanische Nacht und ist zum ersten Mal an diesem Tag still.

Übrigens: Das Problem mit den Flughunden in Skukuza hat die Parkverwaltung inzwischen ganz pragmatisch gelöst – sie hat die Tische und Stühle ins Freie gestellt. Seitdem werden die frühstückenden Touristen allerdings etwas langsamer wach. ■

Info und Karte Seite 92

Foto: Hans-Jürgen Kruse (1)

Der Autor **STEFAN NINK** wird auf Seite 80 vorgestellt.

Den spektakulärsten Moment erlebte Fotograf **GERALD HÄNEL,** als er allein im Auto saß und plötzlich von einer großen Elefantenherde umzingelt war. Er konnte weder vor- noch zurückfahren. Hänel, geboren 1958, ist Mitbegründer der Fotografenagentur Garp und lebt in Hamburg.

NATIONALPARKS

Ab in die Wildnis

Wo sich Löwe und Leopard Gute Nacht sagen: Wir stellen schöne Schutzgebiete vor – und empfehlen Lodges und Camps

Alles im grünen Bereich? Späher im Kgalagadi Transfrontier Park

Savanne oder Gebirge, Strand oder Wald, Sumpf oder Wüste: Südafrikas unter Schutz gestellte Natur ist so vielfältig, dass man viele Urlaube ausschließlich damit verbringen könnte, in den Nationalparks des Landes unterwegs zu sein. Alles, was man in den Parks benötigt, sind ein Mietwagen mit vollem Tank, Tagesverpflegung, Trinkwasser, ein Fernglas zur Tierbeobachtung und (wenn man länger bleiben möchte) eine vorgebuchte Übernachtung – die hier angegebenen Preise beziehen sich in der Regel auf die Unterkunft pro Person und Tag. Von den insgesamt 20 Nationalparks haben wir besonders interessante ausgesucht, die die gesamte Bandbreite südafrikanischer Landschaften abdecken.

KRÜGER-NATIONALPARK

1 Südafrikas größter und berühmtester Nationalpark – für Wildlife-Freunde wie ein Garten Eden. Wegen der überwältigenden Größe sollte man sich mindestens drei bis vier Tage Zeit nehmen. Die meisten Tiere leben im südlichen und mittleren Teil des Parks; weiter nördlich werden die Landschaften dann weiter und offener. Einen Mietwagen kann man an den Flughäfen in Skukuza und Nelspruit bekommen.

LAGE Im Nordosten, an der Grenze zu Mosambik.

BESUCHSZEIT Ganzjährig. Regen fällt meistens zwischen Oktober und März. Malaria-Prophylaxe ist erforderlich.

INFO Tel. 013 735 40 00 und 013 735 40 30. **www.sanparks.org**

ÜBERNACHTEN Die staatlichen Restcamps wie Satara, Lower Sabie und Orpen bieten die Annehmlichkeiten großer Campingplätze sowie eine feste Bleibe. Die Cottages für Selbstversorger kann man in unterschiedlichen Größen und Ausstattungen reservieren; viele haben Kochecke und Kühlschrank, alle werden täglich gereinigt.
Das größte Camp im Park ist Skukuza – hinter den gewaltigen Eingangstoren versteckt sich ein kompletter kleiner Ort mit Restaurants, Open-Air-Kino, Supermarkt und Übernachtungsmöglichkeiten. Alle Camps bieten Programme wie Nachtfahrten und geführte Buschtouren mit Rangern.
Alternativ zu den Aufenthalten im Park kann man in privaten Game Reserves am Rande des Krüger luxuriöse Safaritage verbringen. Gäste des Timbavati Private Game Reserve (www.ccafrica.com; 2100–6800 Rand pro Person) beispielsweise übernachten entweder in komplett ausgestatteten Bungalows oder in luxuriösen Safarizelten; im Preis inbegriffen sind Mahlzeiten und pro Tag zwei Safaris mit Privatranger.
Das wohl beste Preis-Leistungs-Verhältnis der privaten Lodges um den Park bietet das Leopard Hills Private Game Reserve (www.leopardhills.com; DZ ab 8400 Rand) mit seinen komfortablen Häuschen.

i Tel.-Vorwahl aus Dt.: 0027, dann die lokale Nummer ohne Null
Umrechnen in Euro: Rand-Betrag durch 9 teilen

ADDO-ELEPHANT-NATIONALPARK

2 Dieser Vorzeigepark für Dickhäuter kann neuerdings die kompletten Big Five präsentieren – in der Masse der Elefanten sind Büffel, Nashorn, Löwe und Leopard aber nur schwer auszumachen. Addo ist ein idealer Park für Reisende, die von Kapstadt aus weiter Richtung Garden Route wollen, aber nicht noch weiter in den Norden. Der Park ist malariafrei und mit dem eigenen Auto problemlos zu erkunden. Außerdem lebt nur hier der einzige flugunfähige Mistkäfer des Landes.

LAGE Eastern Cape, 70 Kilometer von Port Elizabeth.

BESUCHSZEIT Ganzjährig. Von März bis Mai kann es kräftig regnen.

INFO Tel. 042 233 05 56/7, Fax: 042 233 01 96. **www.sanparks.org**

ÜBERNACHTEN Im Hauptcamp stehen nur 61 Einheiten zur Verfügung (Zelte, Cottages, Gästehäuser, 260–1550 Rand). Man sollte frühzeitig reservieren. Alternativ kann man im zwölf Kilometer entfernten Addo oder in Port Elizabeth übernachten und mit dem Auto zum Park fahren.

Bühnenreifer Auftritt: Dickhäuter im Addo-Elephant-Nationalpark

Luxus in der Savanne: am Pool der Tswalu Lodge beim Kgalagadi-Park

Brückenschlag: 70 Meter lange Hängebrücke über den Storms River

KGALAGADI TRANSFRONTIER PARK

3 Der ehemalige Kalahari Gemsbock Park erhielt seinen neuen Namen („Land des Durstes") beim Zusammenschluss mit Botsuanas Gemsbock-Nationalpark und hat seitdem gewaltige Dimensionen: 3,6 Millionen Hektar Sanddünen liegen hier unter einem meist wolkenlosen Himmel. Landschaftlich eher monoton (der größte Teil des Parkgebietes besteht aus spärlich bewachsenen, zwischen 10 und 20 Meter hohen, roten Sanddünen), bietet der Park grandiose Weiten und eine beinahe unheimliche Stille. Außerordentliche Beobachtungsmöglichkeiten: Der Kgalagadi Transfrontier Park ist bekannt für seine dunkelmähnigen Löwen und große Antilopenherden.

LAGE Northern Cape, 260 Kilometer von Upington und etwa 900 Kilometer von Johannesburg. Die meisten Besucher kommen mit dem Flugzeug; der Airport in Upington hat eine Mietwagenstation.

BESUCHSZEIT Die Regenzeit endet Ende Februar – zwischen März und Mai ist die Vegetation grün, und man kann viele Tiere in den Flusstälern sehen. Zwischen August und Oktober kann man mit Glück große Antilopenherden beobachten, die dann durch den Park ziehen.

INFO Tel. 054 561 20 00, Fax: 054 561 20 05. **www.sanparks.org**

ÜBERNACHTEN Unterschiedliche Übernachtungsmöglichkeiten vom Gästehaus bis zum Luxuszelt. Besonderheit: In drei Wilderness Camps gibt es keine Zäune zwischen Camp und Park. Je nach Größe, Ausstattung und Jahreszeit 260 bis 820 Rand.
In Upington ist das elegante Herrenhaus Le Must River Manor (www.lemustupington.com; DZ 480–680 Rand) am Ufer des Oranje-Flusses zu empfehlen. In der Nähe des Nationalparks befindet sich die luxuriöse Tswalu Lodge (www.tswalu.co.za; DZ mit VP 9300 Rand) mit zehn großzügigen Natursteinhäusern.

BUCHEN Für alle Nationalparks sollte man sich sehr rechtzeitig um eine Unterkunft kümmern, das geht einfach und sicher über die gemeinsame Internetseite **www.sanparks.org,** auf der sich freie Cottages, Bungalows und Zeltplätze finden und reservieren lassen. Bestätigungen kommen per E-Mail – der Ausdruck gilt vor Ort dann als Einlassticket. Die zentrale Reservierungsnummer ist 012 428 91 11, Fax: 012 343 09 05. In Südafrikas Parks muss außerdem eine Tagesgebühr (Daily Conservation Fee) gezahlt werden. Sie liegt je nach Park bei 80 bis 120 Rand pro Person (Kinder 40–60 Rand). Wer länger unterwegs ist und mehrere Parks besucht, für den lohnt sich die Wildcard: Sie erspart die Tagesgebühren und kostet je nach Geltungsgebiet 195 bis 795 Rand pro Person bzw. 265 bis 1795 Rand pro Familie.

TSITSIKAMMA-NATIONALPARK

4 Der überwiegende Teil dieses Parks liegt im Wasser – fünf Kilometer weit reicht das Schutzgebiet ins Meer hinein. Der an Land liegende Abschnitt besteht aus 65 000 Hektar Urwald, durch den zwei Trekkingstrecken führen (Otter bzw. Tsitsikamma Trail, je Strecke etwa fünf Tage, organisierte Wanderungen vor Ort buchbar). Lohnenswert ist die Wanderung zum Storms River Mouth (Foto oben). Außerdem kann man schnorcheln, tauchen und klettern, und wer überhaupt nicht aktiv sein möchte, kann sich auf einen Felsen am Strand setzen und nach Delfinen Ausschau halten. Bloß für eine Safari eignet sich Tsitsikamma eher weniger, dazu fehlen die passenden Tiere.

LAGE 140 Kilometer westlich von Port Elizabeth an der Garden Route.

BESUCHSZEIT Ganzjährig. Die feuchtesten Monate sind Mai und Oktober, die trockensten Juni und Juli.

INFO Tel. 042 281 16 07, Fax: 042 281 18 43. **www.sanparks.org**

ÜBERNACHTEN Wenig Möglichkeiten: Hütten für Wanderer (ab 250 Rand), Bungalows, Chalets und Gästehäuser am Meer (ab 550 Rand).

MEIN TIPP

MIRIAM MORGENSTERN „Im Norden der Provinz North West liegt der Pilanesberg-Nationalpark (Mogwase, Tel. 014 555 53 55). Morgens um sechs und zur Abenddämmerung hat man die besten Chancen, Giraffen, Nashörner, Zebras, Schakale und eine Menge unbeschreiblich schöner Vögel zu beobachten. Wir standen einmal sogar mitten in einer Elefantenherde! Mit viel Glück sieht man sogar Löwen. Vor lauter Staunen sollte man aber nicht in Versuchung geraten, aus dem Auto zu steigen – mit den Tieren ist nicht zu spaßen. Atemberaubend ist auch die Landschaft: Der Park liegt im Krater eines erloschenen Vulkans, und mittendrin befindet sich ein See, der Lake Mankwe."

■ Miriam Morgenstern aus Köln ist Schauspielerin („Nachtschicht", „Sommersturm"). Für Dreharbeiten zum ARD-Film „Das Traumhotel – Afrika" war sie im Pilanesberg-Nationalpark.

Fotos: Svenja Kruse (3); Gerald Hänel; Oxford Scientific/Mauritius Images; Sator, WHJ/Arco Digital Images; Creaps/Cinetext

Stars der Steppe: Breitmaul-Nashorn mit Kalb im Hluhluwe-Park

Geknackt! Nilkrokodil beim Schlüpfen im Greater St. Lucia Park

HLUHLUWE-UMFOLOZI GAME RESERVES

5 Sein zungenverdrehender Name allein beschwört den ganzen Zauber des Landes herauf. Hluhluwe-Umfolozi ist 960 Quadratkilometer groß (und damit 20-mal kleiner als Krüger) – mit weiten Tälern, dichtem Dschungel und metallisch in der Sonne glänzenden Flüssen, über denen Lianen hängen wie früher die Kletterseile in der Grundschul-Turnhalle. Die eigentliche Attraktion des Parks aber sind seine gepanzerten Dickhäuter: In ganz Afrika gibt es keinen besseren Platz, um Nashörner zu beobachten. Das Breitmaul-Nashorn hat sein Überleben beinahe ausschließlich den Bemühungen der Hluhluwe-Umfolozi-Ranger zu verdanken. Zu Beginn des letzten Jahrhunderts hatten Jäger die Population auf weltweit 20 Exemplare zusammengeschossen; mittlerweile leben dank fürsorglicher Pflege und Hege im Park wieder knapp 2000 Breitmaul-Nashörner. Malaria-Prophylaxe wird empfohlen.

LAGE KwaZulu-Natal, 280 Kilometer nördlich von Durban.

BESUCHSZEIT Am besten zwischen März und Juni – im südafrikanischen Sommer ist die Vegetation zu dicht, um die Tiere zu sehen. Die Monate Oktober bis Februar sind sehr heiß und feucht.

INFO KZN Wildlife Reservation, Tel. 033 845 10 00, Fax: 033 845 10 01. **www.kznwildlife.com**

ÜBERNACHTEN Cottages, Safarizelte und Lodges in allen Kategorien (360–3100 Rand). Mit dem Hilltop Camp (Übernachtung für 2 Pers. mit Dinner, B & B sowie Pirschfahrt ab 1990 Rand) besitzt der Park eines der schönsten staatlichen Camps des Landes. Tolle Lage, grandiose Aussicht und gutes Restaurant.

GREATER ST. LUCIA WETLAND PARK

6 Einst lagen in diesem Gebiet viele einzelne Park- und Schutzgebiete; im Jahr 1999 wurden die Feuchtgebiete im Nordosten KwaZulu-Natals zum 260 000 Hektar großen Park zusammengefasst, in dem mehr Arten zu Hause sind als im Krüger-Nationalpark und dem Okavango-Delta zusammengenommen. Der Park am Indischen Ozean – von Mapalene im Süden bis zur Sodwana-Bucht im Norden – besitzt fünf Ökosysteme: Seen, Meer, Dünen, Savanne und zahlreiche Sümpfe. Am besten erlebt man den Park auf Bootstouren durch die Mangrovensümpfe und den St.-Lucia-See; zu den populärsten Tierarten für Safarifreunde zählen Flusspferde (davon baden hier 800) und Krokodile (etwa 2500, Foto oben). Weitere Spezies: etwa 420 Vogelarten, Nashörner, Buckelwale, Sumpf- und Wasserschildkröten. In diesem einsamen Gebiet am Meer liegen auch die schönsten Tauchgründe des Landes. Leider gibt es hier sehr viele Moskitos: Eine Malaria-Prophylaxe wird daher empfohlen.

LAGE KwaZulu-Natal, an der nordöstlichen Küste.

BESUCHSZEIT Ideal ist die Zeit von April bis Juni; nur schwer erträglich ist die schwüle Hitze zwischen November und März. Achtung: Die meisten Parkbereiche sind nur über Stichstraßen zu erreichen.

INFO KZN Wildlife Reservation, Tel. 033 845 10 00, Fax: 033 845 10 01. **www.kznwildlife.com**

ÜBERNACHTEN Im Park liegen einfache Hütten und kleinere Lodges (200–600 Rand); außerhalb kann man Ferienwohnungen mieten. Für alle gilt: unbedingt Insektenspray einstecken! Weitere Übernachtungstipps Seite 126.

ABENTEUER NATIONALPARK: DAS SOLLTEN SIE BEACHTEN

• Am besten eine Safari (Game Drive) buchen, die von einem erfahrenen Ranger durchgeführt wird. Dann hat man die beste Chance, die Big Five zu erspähen.

• Die Tiefebenen der Provinz Mpumalanga und der Nordosten KwaZulu-Natals gelten als Malaria-Gebiete. Vor einer Reise empfiehlt es sich, ärztlichen Rat einzuholen.

• Von insgesamt 20 Parks bieten 14 Touristenunterkünfte an – vom einfachen Camp bis zur luxuriösen Fünf-Sterne-Lodge.

• Wer im Nationalpark unterwegs ist, sollte auf alle Fälle Sonnencreme und Insektenschutzmittel einstecken. Warme Kleidung in neutralen Farben für Nacht-Safaris ist ebenfalls empfehlenswert.

• Die größte Chance, die Big Five zu sehen, hat man im Krüger- und im Addo-Elephant-Nationalpark.

• Wer im Mietwagen fährt, sollte viel Zeit einplanen, da man in den Parks vergeblich asphaltierte Straßen sucht.

• So genannte Peace Parks (grenzüberschreitende Parks, Partnerschaftsprojekte) können, da es keine Grenzzäune gibt, ohne Passkontrollen besucht werden.

• Einige Organisationen bieten Wildhüter- oder Buschführer-Kurse von unterschiedlicher Dauer (Crashkurs in Buschkunde, Wildhüter für einen Tag bis hin zum Environmental-Ranger-Kurs über 16 Tage) in den Parks an. Infos unter: **www.ecotraining.co.za, www.awesomeadventures.co.za, www.moholoholo.co.za**

Fotos: Nigel J. Dennis/Gallo Images/Corbis; Harpe/Wildlife; age fotostock/Mauritius Images; Stefan Sobotta/Visum

WIRTSCHAFT

ALLES WIRD NOCH BESSER

Der positive Wirtschaftstrend der letzten Jahre stimmt selbst die Bürger optimistisch, die bislang nicht vom Aufschwung profitieren. Für eine gute Zukunft muss die Politik allerdings noch einiges tun

Im April 2006 veröffentlichte das britische Wirtschaftsmagazin „The Economist" einen Bericht zur Lage Südafrikas. Überschrift: „Chasing the Rainbow". Die „Jagd nach dem Regenbogen" las sich zunächst verheißungsvoll. Lauter positive Zahlen: seit 1999 ununterbrochenes Wirtschaftswachstum – im Durchschnitt drei Prozent, zuletzt sogar zwischen fünf und sechs Prozent; niedriges Handelsdefizit, die Staatsverschuldung gering, der Rand eine der stabilsten Währungen der Welt, die Hypothekenzinsen auf dem niedrigsten Stand seit 25 Jahren. Nach Einschätzung des „Economist" hat Südafrika „seinen eigenen Kurs zu relativer Stabilität, Demokratie und Prosperität gefunden und damit ... die Führung des Kontinents übernommen".

Man kann das als Bestätigung der Politik des African National Congress (ANC) sehen, dessen Parteivorsitzender, Staatspräsident Thabo Mbeki, selbst gern von der „afrikanischen Renaissance" spricht. Mbeki verweist auf 1,9 Millionen Häuser, die seit dem Ende der Apartheid 1994 (Seite 158) gebaut wurden, auf 4,5 Millionen Haushalte, die an das Stromnetz, und 11 Millionen Haushalte, die an die Kanalisation angeschlossen wurden. Die Immobilienpreise sind in den letzten Jahren um bis zu 30 Prozent jährlich gestiegen, und weil inzwischen zwei Millionen Menschen der neuen schwarzen Mittelklasse angehören, boomt der Verkauf von Konsumgütern wie Möbeln, Elektrogeräten und Autos. Nach einer Gallup-Umfrage nimmt die Kap-Republik auf dem Weltoptimismus-Index den achten Rang ein, was daran liegt, dass die Zahl der Optimisten dreimal so hoch ist wie die der Pessimisten und dass 84 Prozent glauben, der Bevölkerung stünden glückliche Zeiten bevor.

Das ist insofern bemerkenswert, als der Kontinent wirtschaftlich traditionell geprägt ist von Armut und Ausbeutung. Doch wenn man genauer hinsieht, ist auch Südafrika nicht frei von Problemen. Die Arbeitslosigkeit beträgt offiziell 27 Prozent, inoffiziell liegt sie eher bei 40 Prozent, was bedeutet, dass etwa 16 Millionen Südafrikaner vom Wirtschaftswunder ausgeschlossen und arm sind. Da kann die Johannesburger Börse noch so zuverlässig Rekordumsätze melden, können um Kapstadt, Durban und Pretoria Neubausiedlungen wuchern – die Townships und ihr Elend sind immer noch da.

Über Kommentare im Ausland, dass sich nichts verändere, ärgert sich der populäre schwarze Fernsehmoderator Tim Mobile. „Wir sind ein afrikanisches Land", sagt er, „wir haben eine lange Geschichte der materiellen und geistigen Enteignung hinter uns, wir haben unter der Marginalisierung der Mehrheit und Unterdrückung gelitten. Es ist nicht fair, uns an den Maßstäben der Industrieländer zu messen." Die aktuelle wirtschaftliche Situation Südafrikas sei ohne die Apartheid und ihre

Zeichen des Wachstums: Obstplantagen in der Provinz Western Cape tragen zur großen Bedeutung der Landwirtschaft bei. Im Raum Kapstadt sind Einkaufszentren für den neuen Mittelstand entstanden, Townships wurden modernisiert

Folgen nicht zu verstehen. Die Widersprüche der Gegenwart, so Mobile, erklärten sich aus der Vergangenheit.

Das Kapital konzentrierte sich lange auf die profitträchtigen Gold- und Diamantminen sowie die Landwirtschaft. Um ein Heer billiger Arbeitskräfte zu gewährleisten, wurde die schwarze Bevölkerung konsequent von Schul- und Berufsausbildung ausgeschlossen. Und so fehlt dem Land in erster Linie qualifiziertes Personal wie Ingenieure, Techniker, aber auch Handwerker; 2005 wurden an den Universitäten beispielsweise lediglich 600 Ingenieure ausgebildet. Und landesweit wurden nur 1440 Jugendliche registriert, die eine fundierte Berufsausbildung absolvierten.

Die Politiker des ANC haben dieses Manko offenbar erst spät erkannt. Nun bremst der Mangel an Fachkräften ausländische Investitionen, die mit durchschnittlich 2,2 Milliarden Dollar pro Jahr marginal sind im Vergleich zu denen in Ländern wie Thailand, Malaysia und Südkorea. Nicht förderlich war auch das Programm Black Economic Empowerment (BEE), dem zufolge ein Großteil der südafrikanischen Firmen schwarze Eigentümer, Führungskräfte und Angestellte aufweisen muss; doch internationale Konzerne weigerten sich, Anteile ihrer Tochterfirmen abzugeben. Nun herrscht groteskerweise einerseits Massenarbeitslosigkeit, andererseits können schätzungsweise 500 000 freie Stellen nicht besetzt werden. Dass die Fußball-Weltmeisterschaft 2010 nicht nur der Bau- und Tourismusbranche ökonomische Impulse bringt, ist die Hoffnung vieler Jobsuchender.

STICHPUNKT

TSHWANE, BEKANNT ALS PRETORIA
Obwohl der Stadtrat im April 2005 beschloss, Pretoria in Tshwane umzubenennen, was in der Sprache der Sotho „Wir sind gleich" bedeutet, nennen die meisten Bewohner ihre Stadt bei ihrem alten Namen (nach dem Burengeneral Andries Pretorius). 1855 gegründet und 1860 zur Hauptstadt erklärt, zählt Pretoria etwa eine Million Einwohner. 1913 entstanden die Union Buildings, wo der Staatspräsident residiert. Lange war Pretoria den Schwarzen Südafrikas verhasst, weil hier die Apartheid-Gesetze verabschiedet wurden und sich der oberste Gerichtshof und das zentrale Gefängnis befanden. Inzwischen ist die Verwaltungs-Hauptstadt erheblich kosmopolitischer geworden, was u.a. an der Kunstszene und den vier Universitäten liegt. Idealer Zeitpunkt für einen Besuch ist der Oktober, wenn gut 70 000 Jacaranda-Bäume violett blühen. Jederzeit sehenswert sind Church Square, Kruger House Museum, Melrose House, Pretoria Art Museum und Voortrekker Monument. **D.L.**

TSHWANE TOURISM INFORMATION
Old Nederlandsche Bank Building, Church Square, Tel. 012 358 14 30.
www.tshwane.gov.za

Fazit: Der Regenbogen schimmert am Horizont, aber er strahlt nicht. Trotz des Programms BEE werden nur vier Prozent der an der Johannesburger Börse notierten Unternehmen von Schwarzen geführt, die rund 80 Prozent der Bevölkerung ausmachen. Die Hälfte des Volksvermögens gehört 9,5 Prozent der Weißen. Und auch wenn das Land 40 Prozent des Energiebedarfs selber decken kann, auch wenn heute ein Viertel des Bruttoinlandsproduktes auf Maschinen, Autos, Nahrungsmittel und Kleidung zurückgeht, ist Südafrika nach wie vor abhängig von Gold und Platin, bei dessen Förderung es weltweit führend ist.

Mit einem Programm, bei dem in den nächsten drei Jahren 370 Millionen Rand in öffentliche Projekte investiert werden, will Mbekis Regierung jetzt einen möglichst flächendeckenden Aufschwung herbeiführen; außerdem ist eine Landreform mit teilweisen Enteignungen im Gespräch. Der Musiker und Schauspieler Zola, der spätestens seit seinen Liedern für den Soundtrack des oscarprämierten Films „Tsotsi" (Seite 153) ein Jugendidol ist, hält von diesem Ansatz nicht viel. „Wir müssen unbedingt Schulen bauen und die Ausbildung fördern", sagt er, „wir müssen in die Generation investieren, die in 25 oder 30 Jahren das Land führen soll. Ohne diese Maßnahmen sind alle anderen Diskussionen unsinnig." ■

Gerhard Waldherr

Hoch und Tief: Dass die Börse in Johannesburg immer wieder Rekordumsätze melden und in Städten wie Pretoria groß gebaut werden kann, liegt auch an den Profiten der Goldminen, zum Beispiel der Great Noligwa

Fotos: Franz Marc Frei/Look; Held/travelstock44.de; Louise Gubb, Gideon Mendel/Corbis SABA; iAfrika/laif; Sator, WHJ/Arco Digital Images

Mama Shkakhane ist traditionelle Sangoma

»WIR MÜSSEN BRÜCKEN BAUEN«

Zwölf Jahre sind seit dem Ende der Apartheid vergangen, keine lange Zeit. Zeit genug aber für große Veränderungen. Wir wollten von den Menschen wissen: Wie lebt ihr heute? Was sind eure Sorgen? Wovon träumt ihr? 15 Südafrikaner erzählen

Protokolle von Gerhard Waldherr, Fotos von Bernd Jonkmanns

MAMA SHKAKHANE, 51, HEILERIN, INSONGE, KWAZULU-NATAL

Man nennt mich Sangoma. Die Menschen kommen zu mir, wenn sie krank sind oder ein Problem haben. Dann zünde ich Kerzen an, verbrenne Kräuter und rufe die Geister meiner Vorfahren. Die Geister sagen mir, mit wem sich meine Besucher verheiraten sollen, ob die Ehe fruchtbar sein wird, ob ihre Geldsorgen vorübergehend oder dauerhaft sind, warum eine Kuh nicht trächtig wird, warum ein Kalb tot geboren wurde. Die Zukunft lese ich aus Knochen, die ich auswerfe. Sangomas gibt es, seit es unser Volk gibt. Doch die Welt hat sich verändert. Immer mehr junge Leute gehen in die Stadt. Manche kommen zurück und behaupten, ich mache Hokuspokus, weil sie jetzt an den katholischen Gott glauben. Das ist nicht gut, das zerstört den Zusammenhalt unserer Gemeinschaft. Ob unser Leben besser geworden ist seit 1994? Ich weiß nicht. Wir haben keine Elektrizität im Dorf, 2000 Menschen sind ohne Wasseranschluss. Ich weiß nicht, ob die Politiker von unseren Problemen wissen.

Altbau in Kapstadt: die de Waals am Esstisch

DORIEN UND MEYER DE WAAL, BEIDE 46, IMMOBILIENMAKLERIN/RECHTSANWALT, KAPSTADT (MIT ZWEI IHRER DREI KINDER, OLIVIA, 9, JADE, 15)

Dorien: Wir kommen gut zurecht mit dem Wandel. Ich liebe es, meine Kinder in dieser Zeit zu erziehen, sie wachsen mit unterschiedlichen Sprachen und Kulturen auf, sie lernen, die Menschen ungeachtet von Rasse und Herkunft zu respektieren. Rainbow Nation – wir sind tatsächlich ein Land wie ein Regenbogen. Auch ökonomisch wird alles besser. Dieses Land ist in meinen Knochen, ich würde nie woanders leben wollen.

Meyer: 1994 war Südafrika wirtschaftlich und humanitär bankrott. Unsere Kinder fragen immer wieder: Wie konntet ihr Apartheid zulassen? Mein Vater war ein Freund des Justizministers, der Winnie Mandela in unseren Heimatort Brandfort verbannte; Vater wurde ihr Rechtsbeistand. Manchmal kam ich von der Schule nach Hause, und im Wohnzimmer gab Winnie der internationalen Presse ein Interview. Das hat mich geprägt. Wir haben die Verpflichtung der Wiedergutmachung.

Rundhütte in den Bergen: Molefi Jonas Makaes Zuhause

MOLEFI JONAS MAKAE, 82, DORFHÄUPTLING, MATEBENG, LESOTHO (MIT SEINER FRAU MALEHLONONO, 81)

Was ich vom neuen Südafrika halte? Ich bewundere Nelson Mandela. Alle Menschen hier in Lesotho tun das. Nelson Mandela ist ein guter Mann, er hat gegen die Apartheid, gegen den Rassismus der Weißen gekämpft. Aber Südafrika ist kein reines afrikanisches Land, es gibt dort immer noch viele Weiße. Ich glaube, dass die Weißen den schwarzen Mann immer diskriminieren werden. Lesotho ist ein sehr armes Land, ich besitze nur zwei Schweine und acht Kühe. Viele in unserem Dorf besitzen nichts, es fehlt an Essen, es fehlt an Kleidung, es fehlt an Geld für Schulen und Krankenhäuser. Trotzdem verehren wir unseren König, wir sind stolz auf ihn, weil er unsere alten Bräuche, unsere traditionellen Trachten, die Freiheit der Sprache, die Freiheit der Religion bewahrt. Unser König garantiert die Unabhängigkeit unsere Landes. Die Unabhängigkeit sorgt dafür, dass wir ein reines afrikanisches Land bleiben.

Großfamilie: Rosie Mashale leitet das Projekt Baphumelele

ROSIE MASHALE, 46, LEITERIN EINES WAISENHAUSES, KAPSTADT

Wir haben immer noch so viele Sorgen hier in der Township Khayelitsha: Drogen, Alkohol, Arbeitslosigkeit, Armut. Am meisten machen uns HIV und Aids zu schaffen. Wenn ein Teenager sich infiziert, wird er von der Familie ausgestoßen. Infiziert geborene Babys finden wir in Plastiktüten, in Mülleimern. Aber wir geben nicht auf. Wir geben den Kindern ein Zuhause und zu essen. Wir geben den Frauen in der Township Arbeit und einen Lebensinhalt. Deshalb haben wir schon von vielen berühmten Menschen Besuch bekommen. Ein kleiner Mann namens Elton John war bei uns und ein Mister Bono von einer Rockband. Auch Nelson Mandela kam und hat mir die Hand geschüttelt. Madiba ist ein großer Mann, aber von seinen Nachfolgern bin ich enttäuscht. Warum interessieren sich die Politiker nicht dafür, wie die Kinder in den Townships leben? Warum hören sie nicht unsere Geschichten? Sie machen Versprechungen vor Wahlen, aber ihre Worte kommen nicht aus ihrem Herzen. Es wird noch lange dauern, bis die Not ein Ende hat.

S'BANGIZWE YEKISO, 23, MARKETING-FACHMANN, WELLINGTON

Meine Eltern waren auch während der Apartheid stolze, selbstständige Menschen. Mein Vater hat sogar seine eigene Weinmarke produziert; heute betreibt er den Weinladen im Sheraton Hotel in Kapstadt. Meine Mutter war von Beginn an in der Aids-Forschung tätig. Sie haben mich immer geschützt vor der Apartheid. Ich bin nach dem Studium durch das Programm zur Förderung ehemals benachteiligter Bevölkerungsschichten zu Diemersfontein gekommen. Das ist einer der besten Winzer Südafrikas. 30 Prozent des Weinguts gehören schwarzen Angestellten, 30 Prozent schwarzen Investoren. Wir brauchen Erfahrung, wir müssen lernen, damit wir später eine Möglichkeit haben, selber Unternehmer zu werden. Trotzdem: Wir müssen noch ehrlicher werden, alle nach Leistung beurteilen. Gerade die Schwarzen dürfen die Vergangenheit nicht länger als Ausrede für jedes Scheitern benutzen. Wer sich als Opfer versteht, wird immer ein Opfer bleiben, egal in welcher Gesellschaft er lebt.

S'Bangizwe Yekiso ist Marketing-Mann bei Diemersfontein

Pieter-Dirk Uys alias Evita auf seiner Bühne in Darling

PIETER-DIRK UYS, 60, KABARETTIST, DARLING

Ich war Schauspieler, politischer Kabarettist, homosexuell. Das herrschende System war faschistoid, humorlos, intolerant. Resultat: keine Jobs, Auftrittsverbot. Also habe ich 1978 ein Alter Ego erfunden: Evita Bezuidenhout, eine opportunistische Dame der weißen Gesellschaft, die in ihrer Unbedarftheit die Wahrheit sagt und dabei den Irrsinn der Gesellschaft desavouiert. Die Wahrheit ist lustiger als jeder Witz. Deshalb lieben alle Evita. Ehemalige Minister der Apartheid genauso wie Nelson Mandela, der mich zu seinem Geburtstag einlud. Ich trete nicht nur als Evita, sondern auch in fünf anderen Programmen auf. Man muss den Finger in die Wunde legen. Unsere jungen Leute sterben an Aids. Die Politiker ignorieren das. Es gibt Korruption. Ein hochrangiges Regierungsmitglied stand vor Gericht wegen Vergewaltigung. 47 Prozent der Menschen sind arbeitslos. Wir investieren zu wenig in die Schulen. Ich mache mir Sorgen. Wer nichts für die Zukunft tut, wird keine haben.

Zaubertricks: Bei David Gore gibt's viel zu lernen

DAVID GORE, 45, DIREKTOR DES COLLEGE OF MAGIC, KAPSTADT (MIT DEN ZAUBERLEHRLINGEN MATTHEW, MFUNDO, MUHAMMAD-REZA UND LINESRI)

Schon als unser College 1980 gegründet wurde, hatten wir Schüler aller Hautfarben und unterschiedlichster Herkunft. Das war zwar verboten, doch wir haben das einfach ignoriert. Ich bin überzeugt, dass das große Potenzial dieses Landes in seiner Mannigfaltigkeit liegt. Aber wir müssen Brücken bauen. Kinder, die mit Xhosa als erster Sprache aufwachsen, müssen Englisch lernen; Kinder aus christlichen Familien müssen verstehen, wie Moslems und Hindus leben; Kinder aus reichen Verhältnissen müssen verstehen, was es bedeutet, in einer Township zu wohnen, sich nicht duschen zu können, kein zweites Paar Schuhe zu haben. Natürlich bringen wir den Kids hier in erster Linie Zaubertricks bei, damit sie später vielleicht einen Beruf daraus machen, Geld verdienen können. Doch wichtiger ist: Sie reden miteinander, sie lernen voneinander, sie entwickeln keine Frustration, keinen Hass gegenüber dem, der anders ist, sondern sie erfahren, dass uns alle mehr verbindet, als uns trennt.

Stilmix: Anton Kannemeyer zeichnet Comics

ANTON KANNEMEYER, 39, KÜNSTLER, KAPSTADT

Als Kind und Jugendlicher habe ich kaum etwas von Apartheid mitbekommen. Ich wuchs in behüteten Verhältnissen in Johannesburg auf und wusste nicht einmal, wo Soweto liegt. Wie auch? Die Zeitungen waren zensiert, Fernsehen gab es erst 1974, kritisch berichtet hat es nie. Erst 1986 habe ich von Mandela, vom Mord an Steve Biko gehört. Von diesem Moment an war ich sensibilisiert. Ein Freund und ich fingen an, regimekritische Sachen zu zeichnen. Wir haben in unseren Comics die Armee, den Autoritätswahn, die Psychosen des Systems veralbert. Unsere Kunst war lange nur politisch motiviert. Das hat sich geändert, inzwischen ist südafrikanische Kunst international sehr gefragt. Ich bin optimistisch, was die Zukunft angeht. Schwarze, Coloureds haben Zugang zur Mittelklasse gefunden. Ich glaube an eine bessere Zukunft. Vielleicht ist das naiv, aber das ist mein aufrichtiges Gefühl.

Rick Wilder in seinem Laden Mabu Vinyl in der Kloof Street

RICK WILDER, 28, DJ UND INHABER EINES PLATTENLADENS, KAPSTADT
Südafrika ist wie Masala, Sie wissen schon, diese indische Gewürzmischung: potent, würzig, eine Explosion der Aromen. Am deutlichsten sieht man das im Nachtleben. Schwarze Westafrikaner daten weiße Südafrikanerinnen, Coloureds gehen mit weißen Afrikaandern. Die Clubs sind die wahren Freiheitszonen in diesem Land. Ich bin auch ein Coloured: Mein Vater ist Schotte, meine Mutter kam aus Malaysia.
In Südafrika gibt es alles, was es nicht gibt. Das nimmt auch in der Musik schrille Formen an. Da hast du dann eine schwarze Band, die mit einem weißen Gitarristen Hip-Hop spielt, der aus einem amerikanischen Getto kommt. Bei den jungen Leuten ist die Engstirnigkeit längst aufgebrochen. Wir denken nicht mehr in Rassen oder Klassen. Das neueste Mobiltelefon ist wichtiger als jedes Geschichtsbuch. Wir wollen von der düsteren Vergangenheit nichts mehr wissen. Wir träumen von einer Reise um die Welt, wir wollen reich sein und ein cooles Leben haben.

Craig Walker in Pool Position

CRAIG WALKER, 45, HOTELMANAGER, CATHEDRAL PEAK, DRAKENSBERG
Nach dem Ende der Apartheid wusste die Welt nicht, was sie von Südafrika halten sollte. Man dachte: Das ist Afrika, Dritte Welt, welche Sprache sprechen die überhaupt? Da war auch viel Ahnungslosigkeit seitens der Gäste. Noch immer wissen die Leute nicht, dass unsere Infrastruktur den Standards der Ersten Welt entspricht. Wir haben touristisch betrachtet ein Weltklasseprodukt. Wir sind der Brotkorb Afrikas. Wir sind die Hoffnung des Kontinents. Es ist großartig, wie sich dieses Land in kurzer Zeit emanzipiert hat.
In unserem Cathedral Peak Hotel sind wir von jeher sehr mit der lokalen Bevölkerung verwachsen, wir beschäftigen nur Leute aus der Gegend, meist Zulu, wir ermuntern sie, ihre Sprache, ihre Gewohnheiten beizubehalten. Unsere Angestellten essen im Speisesaal mit den Gästen, sie nehmen zusammen oft auch einen Drink an der Bar. Ich bin stolz, dass sie sich zeigen.

Zu Hause im eigenen Land: Maleka Nvoldolu mit Familie

MALEKA NVOLDOLU, 35, SCHRIFTSTELLERIN, KAPSTADT (MIT IHREM MANN THULANI, 35, UND ZWEI IHRER DREI SÖHNE, KAMAL, 5, KWEZI, 2)

Wir haben viel erreicht, trotzdem haben wir noch eine lange Reise vor uns. Es gibt weiterhin Ressentiments zwischen Schwarz und Weiß. Wir vertrauen einander noch nicht. Verständlicherweise. Zu viele Wunden. Man darf nicht vergessen, dass Apartheid weit komplexer war als Schwarz-Weiß. Die Mehrheit der Menschen durfte sich nicht zu Hause fühlen im eigenen Land, der eigenen Kultur. Man hat sie ihres Selbstwertgefühls beraubt. Es tut weh, dass die Geschichte meiner Leute fast ausgelöscht wurde. Wenn ich in Bibliotheken recherchiere, finde ich kaum Dokumente. Meine Eltern waren Xhosa und Zulu, doch sie sprachen Englisch, wir mussten sein wie die Weißen, uns anpassen, wo es ging. Was mich erfüllt und antreibt, ist der Geist dieser Nation, der den Wandel erzwungen hat. Diese Kraft wird uns tragen. Auch ich möchte dazu auf meine Weise beitragen. Ich bin ein Mensch, der heilen möchte durch Kreativität.

Clifford Rooi gondelt täglich zum Tafelberg hinauf

CLIFFORD ROOI, 38, GONDELBAHNFAHRER, KAPSTADT

Ich kam 1997 nach Kapstadt; in meiner Heimatstadt in der Ostprovinz gab es keine Arbeit. So habe ich bei der Table Mountain Aerial Cableway als Bauarbeiter angefangen. Damals wurde die Bahn modernisiert. Ich war ein guter Arbeiter, deshalb haben sie mir eine Chance gegeben. Erst wurde ich Putzmann, dann habe ich Kurse gemacht, Computer, Touristik, solche Sachen. Jetzt passe ich in der Gondel auf, dass die Leute keinen Blödsinn machen; wenn ein Unfall passiert, muss ich einen Knopf drücken. Sehen Sie, früher hätte ich diesen Job nie bekommen. Nun kann ich eine Familie ernähren. Meine beiden Söhne können später einmal, wenn sie in der Schule fleißig sind, in einem Büro arbeiten. Die Gondelbahn war mein Glück. Als ich meine jetzige Frau kennen lernte, bin ich mit ihr auf den Tafelberg gefahren. Auf dem Weg nach oben habe ich sie gefragt, ob sie mich heiratet. Es ist die schönste Aussicht der Welt, sehr romantisch. Sie konnte nicht Nein sagen.

PAUL SKOLL, 40, SCHÖNHEITSCHIRURG, KAPSTADT

Es ist immer wieder faszinierend, welch guten Ruf die südafrikanische Medizin weltweit bis heute hat. Das geht nicht nur auf Christiaan Barnard und die erste Herztransplantation zurück. Als ich noch Student war und in Großbritannien ein Praktikum machte, hatte ich schon Erfahrung mit Operationen, bei denen gleichaltrige Kollegen in Europa ausgeflippt wären. Schädeltraumata, ein Brustdrän waren für uns Alltag. Die Gewalt in der Gesellschaft sorgte damals, wenn Sie so wollen, für Training. Wir waren einfach mehr gefordert. Heute haben wir vor allem einen guten Ruf in der kosmetischen Chirurgie. Reiseunternehmen bieten längst Facelifts und Brustimplantate in Verbindung mit einer Safari oder Weintour an. Urlaub und Verschönerung im Paket, beides 50 Prozent billiger als in Europa. Eines hat sich allerdings in unserer Medizin gravierend verändert: Als ich studierte, gab es unter 180 Studenten einen Schwarzen, heute gibt es unter 180 Studenten maximal 15 Weiße.

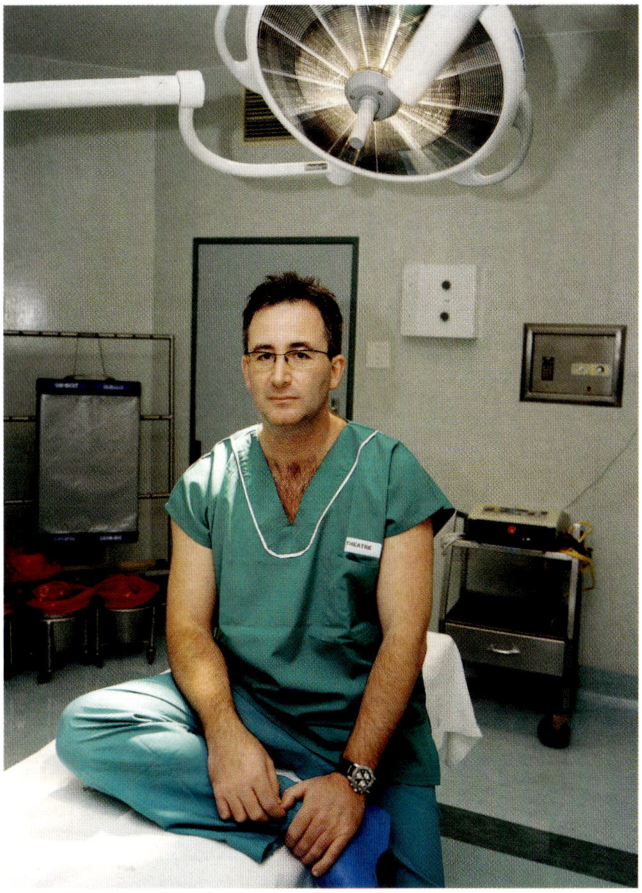

Christiaan Barnard Hospital: Paul Skoll am Arbeitsplatz

Gavin Rajah vor seinem Atelier in der Long Street

GAVIN RAJAH, 35, MODEDESIGNER, KAPSTADT

Vor einigen Monaten war ich zu einer internationalen Modenschau in Paris eingeladen. 17 Designer in fünf Tagen, nur große Namen: Chanel, Dior, Valentino. Natürlich haben sie von mir erwartet, dass ich Leopardenfelle und Krokodilleder präsentiere. Ich habe ihnen den Gefallen nicht getan, auch wenn meine Modelle exotisch sind. Ich glaube nicht, dass die Mode eines Landes eine Identität haben muss. Natürlich fließen bei uns auch traditionelle Trachten und Materialien ein, aber insgesamt ist das ein buntes, ungeordnetes, verrücktes Durcheinander. Zahlreiche Sprachen und Kulturen – diese Vielfalt, dieser Mix spiegeln sich in der Mode wider. Am augenfälligsten ist für mich das überwältigende Gefühl der Freiheit, das die Menschen auch mit ihrer Kleidung zelebrieren. Ich würde mir wünschen, dass wir nicht von internationalen Trends überrollt werden. Nur wer sich dem globalen Einheitsschick widersetzt, ist wirklich trendy. ■

Der Autor **GERHARD WALDHERR** und der Fotograf **BERND JONKMANNS** werden im Editorial auf Seite 4 vorgestellt.

INTERVIEW

DIE SPRACHE DER VERSÖHNUNG

Wie kann aus einem System der Gewalt eine demokratische Gesellschaft entstehen? Ein Interview mit der südafrikanischen Psychologie-Professorin und Autorin Pumla Gobodo-Madikizela über die Kraft des Vergebens

Eine Frage geht einem nicht aus dem Kopf, wenn man durch Südafrika reist: Wie haben die das gemacht? Wie konnte in einem Land, in dem bis vor zwölf Jahren ein weißes Apartheid-Regime grausame Verbrechen an der schwarzen Bevölkerung begangen hat, gänzlich ohne Krieg ein demokratischer Staat entstehen? Noch krasser formuliert: Wieso wurde den Weißen nicht einfach der Kopf eingeschlagen? Denn: Die Unterdrückung endete zwar mit der Präsidentschaft Nelson Mandelas, aber ihre Folgen, wie die große Armut in der schwarzen Bevölkerung, sind allgegenwärtig. Trotzdem spürt man ein Klima der Versöhnung, und im Café an Kapstadts Long Street trifft der Reisende vielleicht ein Paar, er rabenschwarz, sie elfenbeinweiß und beide mit roten Ohren vor lauter Liebe. Ein Wunder, ist man geneigt zu glauben. Aber das ist es nicht. Es ist Arbeit, es ist Auseinandersetzung, und es ist ein besonderer Umgang mit Geschichte, den die demokratische Regierung installiert hat, zum Beispiel mit der Einrichtung der Wahrheits- und Versöhnungskommission. Hier sollte durch öffentliches Aussprechen der Wahrheit über Verbrechen der Vergangenheit die Möglichkeit geschaffen werden, dass sich verfeindete Gruppen miteinander versöhnen und gemeinsam zu Bürgerinnen und Bürgern des neuen Staates werden. Pumla Gobodo Madikizela, Professorin für Psychologie und Mitglied der Kommission, hält weltweit Vorlesungen zum Themenkreis „Versöhnung, Vergebung und Trauma". In Deutschland ist jetzt ihr Buch „Das Erbe der Apartheid" erschienen, in dem sie von ihren Begegnungen mit Eugene de Kock, einem der obersten Killer der Geheimpolizei Südafrikas, berichtet. Ihre bewegende These: Werden Täter schlicht als Monster abgetan, schließt sich die Tür zu einem Dialog, der zu dauerhaftem Frieden führen kann. Die einzige Möglichkeit, die Spirale der Gewalt zu beenden, ist, die Wahrheit über das Geschehene zu formulieren – und zu verzeihen. Nur so, sagt Madikizela, könne eine Gesellschaft beginnen, sich selbst zu heilen.

Wie würden Sie das Zusammenleben von Schwarzen und Weißen in Südafrika beschreiben?

Es ist relativ friedlich, man akzeptiert sich, es herrscht ein Geist der Versöhnung. Nur in einigen seltenen Momenten spürt man eine unterschwellige Spannung, die das Resultat sozialer Ungerechtigkeiten ist. Für viele Schwarze hat sich nicht viel geändert. Sie sind immer noch arm. Und manchmal, in den Medien, in Radio-Talkshows oder im Fernsehen, spürt man die Wut darüber und merkt, dass es nicht ganz so ruhig ist, wie es scheint.

Wieso gibt es anscheinend gar keinen Wunsch nach Rache in der schwarzen Bevölkerung?

Die Menschen haben erkannt, dass es eine Alternative zur Vergeltung gibt, dass man auf andere Weise mit den Konflikten der Vergangenheit umgehen kann. Wir haben nach dem Ende der Apartheid eine Sprache der Versöhnung gefunden, die das Bewusstsein der Bevölkerung durchdrungen hat. Und die Person, die dies möglich gemacht hat, war Nelson Mandela.

Wie genau hat er das geschafft?

In vielen Konflikten werden die Opfer von gestern die Täter von morgen – weil sie Rache nehmen. Mandela wusste: Rache würde ihn zu dem werden lassen, was er am meisten verabscheut. Wenn aber die Opfer den Tätern die Hand reichen, in einem Akt des Verzeihens, dann schlagen sie einen anderen Ton an. Sie befreien sich aus dem Status des Opfers, und sie vermeiden damit, sich selbst auf den niedrigsten Level von Verderbtheit zu begeben. Denn das ist es, was passiert, wenn Menschen rachsüchtig sind. Sie geraten in einen Kreislauf, erst sind sie wütend, dann voller Hass, dann gewalttätig gegenüber denjenigen, die sie so sehr hassen – und werden damit selbst zu Tätern. Eine versöhnliche Haltung bewahrt einen davor, in diese Falle zu treten. Darum geht es in meinem Buch. Es ist eine Reise zu der Erkenntnis, dass es viel gesünder ist, sowohl körperlich als auch psychologisch, den Weg, der zu Rache und Hass führt, zu verlassen.

Was muss passieren, damit ein Opfer vergeben kann?

Zuallererst muss anerkannt werden, dass Unrecht geschehen ist. Dass einem Individuum oder einer Gruppe oder einer Gemeinschaft fürchterliche Dinge angetan wurden. Das ist von höchster Bedeutung. Zweitens müssen diejenigen, die dies zu verantworten haben, sich entschuldigen und zeigen, dass sie aufrichtig bedauern, was sie getan haben. Denn wer Reue zeigt und um Verzeihung bittet, offenbart seine menschliche Seite, und das ist die Seite, der wir vergeben können. Reue fordert dazu auf, sich einzulassen, und Vergebung ist ein Aufeinanderzugehen voller Verständnis.

Doch was geschieht, wenn die Täter kein Bedauern zeigen?

Es gibt verschiedene Wege für Opfer, die ihre Wut und ihre Bitterkeit loswerden wollen, den Akt des Verzeihens zu erleben. Wenn etwa keine direkten Täter da sind, die bereit sind, sich zu entschuldigen, können Stellvertreter an ihren Platz rücken. Menschen, die das System gewählt oder in anderer Weise unterstützt haben und die bereuen. Diesen können die Opfer anstelle der konkreten Täter die Hand reichen.

Welchen Eindruck haben Sie von den weißen Südafrikanern? Bedauern sie die Taten der Vergangenheit?

Es gibt einige, die versuchen, sich mit ihrer Schuld auseinanderzusetzen, und das sind diejenigen, die uns Hoffnung geben, weil sie zugeben, dass Unrecht getan wurde. Andere sind nicht bereit einzusehen, dass es falsch war, für die Apartheid-Regierung zu stimmen. Sie sind der Meinung, dass sie nicht von der Apartheid profitiert haben, sondern

»WER REUE ZEIGT UND UM VERZEIHUNG BITTET, OFFENBART EINE MENSCHLICHE SEITE, UND DAS IST DIE SEITE, DER WIR VERGEBEN KÖNNEN«

Pumla Gobodo-Madikizela

ihre Privilegien einfach ihrer harten Arbeit zu verdanken haben. Ich kann diese Menschen verstehen.

Inwiefern?

Wenn sie zugeben, dass sie profitiert haben, geben sie auch zu, dass sie ein grausames System unterstützt haben. Das bedroht ihr Verständnis von Menschlichkeit. Deswegen ziehen sie es vor zu behaupten, sie hätten keine Vorteile gehabt. Es ist ein Schutzmechanismus, denn wenn sie es anders sehen würden, wer wären sie dann? Sie sehen sich als mitfühlend, als verantwortungsvoll, viele von ihnen sind Christen – und nun sollen sie plötzlich Teil eines Menschen verachtenden Systems gewesen sein? Es macht Angst, die Dinge so zu sehen, es bedeutet, dass man alles, woran man ein Leben lang geglaubt hat, infrage stellen muss. Und um sich davor zu schützen, glauben sie weiterhin, im Recht gewesen zu sein.

Sie haben die Privilegien der Weißen während der Apartheid angesprochen. Von denen profitieren sie immer noch, genauso wie Schwarze immer noch von den Folgen des Systems betroffen sind. Wie kann man diesen Kreis durchbrechen, ohne erneut Unrecht zu verüben?

Das ist die entscheidende Frage. Wie können wir das Leben der schwarzen Bevölkerung wirklich verändern? Die Antwort darauf liegt in der Fähigkeit der Regierung, Arbeitsplätze zu schaffen. Und noch wichtiger: das Bildungssystem zu verbessern. Wir brauchen dringend Bildungsprogramme, nicht so sehr im klassischen akademischen Sinne, sondern eher Projekte, die fachliche Fähigkeiten fördern, sodass die Menschen ganz konkret auf dem Arbeitsmarkt mithalten können.

Passiert in dieser Hinsicht etwas?

Es sind Bemühungen da, aber sie reichen nicht. Das Schulsystem ist eigentlich kaum verbessert worden. In den Townships, dort also, wo sie am nötigsten gebraucht werden, sind die Schulen die ärmsten von allen. Es gibt ein paar Programme speziell zur Förderung von Mädchen, es gibt Bemühungen, aber ein zentrales Problem ist die Größe des Landes. Südafrika ist riesig, und während der Apartheid wurden Millionen von Menschen überhaupt nicht erfasst. Als der ANC die Regierung übernahm, sah er sich mit der Tatsache konfrontiert, dass es keine aussagekräftigen Zahlen über die schwarze Bevölkerung gab. Die Apartheid-Regierung hat sich nur mit Budgets beschäftigt, die zuallererst den Weißen zugute kamen, dann den Coloureds und den Indern. Schwarze waren praktisch nicht erwähnt, als ob sie nicht existierten.

Möchten Sie den Reisenden in Ihrem Land etwas mit auf den Weg geben?

Dass sie die Augen öffnen für die Gesinnung, die unser Land seit der ersten demokratischen Wahl prägt.

Dafür, dass Menschen, die so brutal unterdrückt worden sind, sich aus ihrer Unterdrückung befreien und trotzdem eine menschliche Seite zeigen können. Das ist etwas, was man lernen kann. Südafrika ist immer noch ein Land mit vielen Problemen, dem HI-Virus, der Kriminalität. Wir haben eine Geschichte der Gewalt hinter uns, und Teile dieser Gewalt dauern fort, aber wir haben auch etwas anderes, etwas unglaublich Wertvolles: Menschlichkeit. ■

Interview: Anne Zuber

„Das Erbe der Apartheid – Trauma, Erinnerung, Versöhnung". Verlag Barbara Budrich, 2006. 224 Seiten. 14,90 €

Und jetzt alle ...

Südafrika, die Regenbogen-Nation: Hier gelingt es Menschen aller Hautfarben, vieler Völker, Religionen und Sprachen, miteinander in Frieden zu leben. Von den etwa 45 Millionen Einwohnern sind 79 Prozent afrikanischen und 9,6 Prozent europäischen Ursprungs, Coloureds machen 8,9 Prozent aus, Asiaten 2,5 Prozent.

Die San, Südafrikas Urvolk, schufen die Felsmalereien im Giant's Castle

Angehörige der großen Bevölkerungsgruppe der Zulu feiern eine Zeremonie

Xhosa wie diese Frau aus KwaZulu-Natal halten an alten Bräuchen fest

Das südliche Afrika gilt neben Ostafrika als Wiege der Menschheit, weil hier bedeutende Fossilien der Urmenschen gefunden wurden. Außer diesen schätzungsweise 2,5 Millionen Jahre alten Funden birgt es Zeugnisse des ältesten afrikanischen Volkes: Felsgravuren und Höhlenmalereien, die von den San, in der Kolonialzeit Buschmänner genannt, geschaffen wurden. Die größte Ansammlung von San-Zeichnungen befindet sich in den Drakensbergen (Seite 136), zum Beispiel in den Höhlen von Giant's Castle, Injasuti und Kamberg. Es sind faszinierend schöne Werke, die einen Einblick in das prähistorische Leben der Ureinwohner geben. Sie durchstreiften das Land als Jäger und Sammler und entwickelten immer wieder neue Methoden, um sich den schwierigen Gegebenheiten des Landes anzupassen. Heute sind die San eine fast verschwindend kleine Minderheit. Ihre Kultur und Sprache sind einzigartig, keine andere südafrikanische Volksgruppe ist mit ihnen verwandt.

Bis auf diese Ausnahme gehören alle südafrikanischen Ethnien zur Sprachfamilie der Bantu – ob Xhosa, Zulu, Swasi oder Sotho. Ihre Vorfahren sind einen langen Weg gegangen, bis sie am Kap ankamen. Ihr gemeinsames Ursprungsgebiet lag vermutlich im heutigen Zentral-Kamerun. Als sie sich vor etwa 2000 Jahren auf die Suche nach neuen Weiden und Ackerböden machten, mussten sie den undurchdringlichen äquatorialen Urwald umgehen, und so dauerte es 400 Jahre, bis die Bantu-Völker die fruchtbare Transvaal-Region erreichten. Dort stießen sie auf die San und verdrängten mit ihren höher entwickelten Kulturtechniken (Eisenverarbeitung, Viehzucht, Ackerbau) die steinzeitlichen Ureinwohner in die unwirtlichen Halbwüsten Karoo und Kalahari.

Heute bilden die Zulu und die Xhosa die größten Bevölkerungsgruppen (24 beziehungsweise 17,6 Prozent). Obwohl durch gemeinsame historische Wurzeln verbunden, haben sie sich kulturell und politisch auseinanderentwickelt. Die Zulu identifizieren sich noch immer mit ihrem kriegerischen Feldherrn Shaka Zulu, der im 19. Jahrhundert ein militärisch organisiertes Königreich aufbaute. Während der Apartheid (Seite 158) unterstützte die Mehrheit Mangosuthu Buthelezi, den Führer des Homelands KwaZulu und der Inkatha-Partei; er wollte eine autonome Monarchie mit sich als König errichten und stemmte sich gemeinsam mit der regierenden National Party gegen freie Wahlen.

Anders die Xhosa: Sie forderten eine moderne Staatsform, standen mehrheitlich hinter dem African National Congress (ANC) und dessen führendem Aktivisten Nelson Mandela. Beide Volksgruppen lieferten sich gewalttätige Auseinandersetzungen, um ihre politischen Vorstellungen durchzusetzen. Nach den ersten freien Wahlen Südafrikas im April 1994 einigte man sich auf eine salomonische Lösung: Der mehrheitlich gewählte ANC stellte mit dem Xhosa Nelson Mandela den Präsidenten, der Zulu Buthelezi wurde Innenminister. Mit Thabo Mvuyelwa Mbeki als Mandelas Nachfolger steht seit 1999 weiterhin ein Xhosa an der Spitze der Regierung.

Gemeinsam ist allen südafrikanischen Völkern eine tragische Geschichte von Landraub, Mord und Sklaverei, die mit der Ankunft der europäischen Siedler

... zusammen! Nach dem Ende der Rassentrennung hat sich das Land neu erfunden: Die Gesellschaft von heute ist bunt wie ein Regenbogen. Obwohl sich die vielen Volksgruppen durchaus voneinander abgrenzen, eint sie der Geist einer gemeinsamen Nation

im 17. Jahrhundert begann. Vor allem die Bauern (Buren) aus den Niederlanden breiteten sich mit ihren Farmen aus und verdrängten die Vieh züchtenden Ureinwohner. Für die Feldarbeit und die Haushaltsführung hielten sie sich Sklaven. Als sich zunehmend Briten ansiedelten und 1833 die Sklaverei verboten, drangen die Buren weiter ins Landesinnere vor, wo sie sich mit den

Mächtige Zulu 1991: Innenminister Buthelezi (r.) und König Zwelithini

Xhosa mehr als 100 Jahre lang Grenzkriege lieferten. Als die Xhosa Anfang des 19. Jahrhunderts ihr Land auch noch gegen die militärisch überlegenen britischen Besatzer verteidigen mussten, verloren sie ihre Heimat.

Die radikalsten Veränderungen erlitt die schwarze Bevölkerung Ende des 19. Jahrhunderts mit der industriellen Revolution: Im Witwatersrand nahe Pretoria wurden Goldminen ausgebeutet, in Kimberley (Seite 31) die größten Diamantenfelder der Welt. Zehntausende bisherige Viehzüchter und Bauern schufteten in den Minen des vom Briten Cecil Rhodes gegründeten Diamanten-Konsortiums De Beers. Während europäische Konzerne unschätzbare Gewinne machten, wurden die jungen Männer der Zulu, Xhosa, Sotho, Tswana

Fast 18 Prozent der Südafrikaner sind Xhosa wie Staatspräsident Mbeki

zu entwurzelten, unterbezahlten Wanderarbeitern, auch Kontraktarbeitern aus Indien erging es nicht besser.

Eine Sonderstellung im Vielvölkerstaat nehmen die Coloureds ein. Sie sind in der Regel Nachkommen der europäischen Siedler, die mit ihren schwarzen Dienstmädchen Nachwuchs zeugten. Obwohl sie also zu einem Teil afrikanische Vorfahren haben, sehen sich die Coloureds eher als Weiße an und sprechen auch das Afrikaans der Buren. Unter der Apartheidspolitik hatten sie im Vergleich zu den Schwarzen weniger zu leiden.

Mit den Coloureds nicht zu verwechseln sind die relativ hellhäutigen San. Ausgerechnet sie, die Ureinwohner des südlichen Afrika, sind nur noch eine winzige Minderheit. Im Laufe der Geschichte vertrieben von Schwarzen und Weißen, konnten sie nur überleben, indem sie sich in die Kalahari zurückzogen. Sie befinden sich aber nicht nur geografisch am Rande Südafrikas (eine kleine San-Gruppe lebt in der Nähe von Kimberley), Namibias und Botsuanas, sondern auch gesellschaftlich. Ihre Siedlungen werden nicht ausreichend an die Infrastruktur angebunden, ihre Bewegungsfreiheit ist eingeschränkt: Zwar erhielten sie 1999 einen großen Teil ihres seit der Kolonisation geraubten Landes zurück, doch eines ihrer ureigenen Gebiete dürfen sie nicht betreten: Der Zugang zum Kgalagadi Transfrontier Park (Seite 93) ist ihnen verwehrt, was bedeutet, dass sie die Gräber ihrer Ahnen nicht besuchen können. Die San hätten nicht über Tausende von Jahren überlebt, wenn sie das hinnehmen würden. Also leisten sie politischen Widerstand. ■

Kerstin Kilanowski

AFRIKANISCHE KULTUR ERLEBEN

Die Organisation „Fair Trade in Tourism South Africa" (FTTSA) prüft Angebote des südafrikanischen Tourismus im Hinblick auf Kriterien wie sozial- und umweltverträgliche Ausrichtung des Unternehmens sowie faire Löhne und Arbeitsbedingungen der Beschäftigten. Die Website gibt einen Überblick über Angebote mit FTTSA-Prüfsiegel.
www.fairtourismsa.org.za

In den südlichen Drakensbergen vermieten Sotho und Xhosa Steinhütten mit einfacher Ausstattung. Guides führen auf einer viertägigen Wanderung auf dem Mehloding Trail unter anderem zu Felsmalereien der San.
www.mehloding.co.za

Der südafrikanische Reiseveranstalter Kuvona organisiert Reisen, die authentisch Kultur und Natur vermitteln, z.B. in die Provinz Limpopo.
www.kuvona.com

Seit 1997 gibt Calabash Tours Einblick in das urbane Leben schwarzer Südafrikaner. So kann man die Bewohner von Townships treffen, an politischen Stadtführungen und Kneipenabenden (Shebeen) teilnehmen.
www.calabashtours.co.za

Nördlich von Kapstadt liegt bei Yzerfontein !Khwa ttu, ein Zentrum, in dem ca. 60 San leben und Besuchern ihre Kultur vermitteln.
www.khwattu.org

Fotos: Bernd Jonkmanns; Reporters, Emmler/laif; Reuters/Corbis; dpa/picture-alliance

Miami lässt grüßen: Zu subtropischer Wärme gibt es reichlich Beach, Bars und Hotels

DURBAN

SAND AND THE CITY

Durban bietet Traumstrände und noch viel mehr: vom Balanceakt einer Metropole zwischen Zulu-Tradition, Surfer-Leidenschaft und einem großen indischen Erbe

Text von Thomas Zwicker, Fotos von Ralf Schultheiß

„Am meisten mag ich an dieser Stadt, dass es hier so gut wie keinen Rassismus gibt. Und natürlich den Sommer rund ums ganze Jahr!“

BONIE, KELLNERIN IM BAT CENTRE

„Ich liebe Durban natürlich vor allem wegen des Ozeans. Aber auch wegen der vielen coolen Bars und Restaurants, zum Beispiel in der Florida Road“

TASHA MENTASTI,
PROFI-SURFERIN

Kontrast-Programm: Die Juma-Musjid-Moschee ist sakrales Zentrum der Moslems. Unsere kleine Surferin wartet gerade geduldig auf die ideale Welle

Mit Kind & Kegel:
beim Shopping in Downtown

Durban gilt als die am schnellsten wachsende Metropole der südlichen Hemisphäre

Es giggelt, es kichert, es rauscht und es pfeift. Hier, am Dairy Beach direkt vor Durbans Wolkenkratzerkulisse, ist die Welt heute zwischen 12 und 20 Jahre alt. Schlanke, biegsame Girls und Boys, meist hellhäutige Sonnengeschöpfe, die von Geburt an mit dem Surfbrett verwachsen sind, fliegen göttergleich über die Wellen. Kommen wassertriefend und leuchtend in hautengem Neoprenanzug zurück an den goldgelben Strand, das bunte Board wie ein kosmisches Strahlenschwert unterm Arm. Damien, 19, ist diesmal bester der Jungs bei Durbans Junior-Surfmeisterschaft (bringt etwa 400 Euro), Rosanne erfolgreichstes Mädchen. Der Indische Ozean donnert derweil ungerührt an die Beachfront, Frachter liegen draußen auf Reede, die hitzeflirrende Luft ist voll von Rockmusik und Salz.

Drei Kilometer weiter stadteinwärts sitzt Sweetyman Chocolate in seinem Geschäft. Das befindet sich auf dem Bürgersteig 20 Zentimeter neben vorbeipestenden Minibussen, ist nach allen Seiten hin offen und besteht aus einem Plastikhocker (für Sweetyman Chocolate) und einem umgedrehten Pappkarton (für ein paar Schokoladenriegel und Bonbons). Eine moslemische Inderin gleitet vorbei, die alles verhüllende Burka lässt nur glitzernde Augen erahnen, gefolgt von zwei Black Beauties, deren Outfit in einen Briefumschlag passt. „Morgen kommt eine Lieferung Ostereier", sagt Sweetyman, dabei ist gar nicht Ostern, und: „Geht hier besser nicht weiter, das ist für weiße Leute nicht gut." Der dicke Zulu mit struppigem Graubart und schiefen Zahnresten lacht dazu wie die Sonne und sieht so gutmütig aus wie der Weihnachtsmann im Urlaub.

Sweetyman Chocolate ist einer von rund 3,5 Millionen Menschen im Großraum Durban: 70 Prozent Schwarze, meist vom Stamm der Zulu, 20 Prozent Inder, deren Vorfahren als Zuckerrohr-Arbeiter ins Land geholt wurden, und 10 Prozent Weiße, so über den Daumen. Zu den großen 70 Prozent zählt auch Lindiwe Mahlangu, schöne, dunkle Eisprinzessin, Chefin von Durbans Tourismus-Behörde. „Durban ist der Himmel auf Erden für Urlauber", sagt Lindiwe in ihrem coolen Büro, „wir haben keinen Terrorismus, keine Malaria. Sechs Kilometer Strände, zwei davon mit blauer Flagge als Beleg für ihre Sauberkeit. Den größten Hafen, den größten Meeres-Themenpark, das modernste Kongresszentrum Südafrikas. Wir investieren gerade 2,5 Billionen Rand in neue Hotels. Durban ist die afrikanischste Großstadt des Landes und will das mit dem Rest der Welt teilen."

Auf dem eigenen Kontinent klappt das längst. Für Menschen aus Johannesburg, Pretoria und zunehmend auch aus den Nachbarländern ist eThekwini (Zulu-Name für Durban, heißt so viel wie „Ort an der Bucht", von den Engländern 1824 als Handelsstation gegründet) so etwas wie das Miami Südafrikas. Subtropische Wärme, tiefgrüne Flora und die Goldene Meile, der lange Strand mit Piers, Promenade, Hotels und Bars, das zieht. Selbst Kapstädter kommen her, wenn es im Winter dort kalt und hier badewarm ist. Dann platzen Durbans Hotels und Apartmentanlagen aus allen Nähten, und für mehr als 70 Prozent der einheimischen Urlauber heißt die Hauptattraktion einfach: Beach.

Nur manchen Gästen aus Übersee ist der subtropische Moloch am Indischen Ozean nicht ganz geheuer. Denn, auch wenn Lindiwe es ungerne hört: Durban hat so seine Probleme. Vielen hier geht es deutlich schlechter als den Surfern am Strand oder auch als Sweetyman Chocolate und seinem Freund, dem Friseur, der eine bröckelige Hausecke weiter sein Studio hat – Zelt auf dem Gehweg, darin ein Plastikstuhl, rostiger Spiegel, Autobatterie für den Fön, fertig ist der Salon. 40 Prozent der Menschen sind arbeitslos, 25 Prozent der Haushalte ohne Wasser und Strom, Baracken in endlosen Townships. 25 Prozent aller Stadtbewohner haben Aids, eher mehr. Straßenkinder schnüffeln Glue (Leim) und gehen dann auf ihre Umwelt los wie kleine, außer Kontrolle geratene Raketen. Urlauber mögen das nicht. Bürgermeister Obed Mlaba hat einen Acht-Punkte-Plan entwickeln lassen, der verhindern soll, dass sein Strandparadies Johannesburg den Rang als gefährlichste Großstadt Südafrikas abläuft.

Im Surrey Mansion, 323 Currie Road, ist von Gefahr wenig zu spüren. Wie andere feine Apartmentblocks und Villen in den höher gelegenen, grünen Stadtteilen Berea und Morningside ist auch dieser pastellfarbene Bau mit Gittertüren und Alarmanlagen gesichert, doch atmet die Region Wohlstand und Frieden. Vögel zwitschern, es duftet exotisch und mild. Im siebten Stock hat der Art-déco-Verein zur Party geladen, Geschäftsleute, Architekten, die meisten weiß, einige wenige Inder. Uschi Bischofberger, in frühester Kindheit von Frankfurt nach Johannesburg übergesiedelt und nach Klosterschule, Hoteljobs und Whisky-Großhandel nun Spezialistin für Art-déco-Touren in Durban, mixt

Cocktails. „Wir haben hier rund 120 solche Gebäude und sind damit die Nummer zehn in der Welt", sagt die zähe Lady mit Reibeisenstimme.

Vom Dach des Zuckerbäcker-Palasts sieht die Stadt samt Golfplatz und grüner Pferderennbahn denn auch fast so fein aus wie das wegen seiner Bekanntheit im Ausland oft beneidete Kapstadt. Dabei ist Durbans Downtown mit Straßen im Schachbrettmuster à la US-Großstädte ein wilder Architektur-Mix. Nüchterne Betonkästen schwitzen neben glänzenden Chrom-und-Glas-Wolkenkratzern der Versicherungen und Banken. Art-déco-Häuser unter Palmen tuscheln mit neogotischen und viktorianischen Schönheiten, mittendrin thront mächtig die neobarocke City Hall (Rathaus), nach Belfaster Vorbild errichtet und morgen Schauplatz des letzten Sinfonie-Konzerts der Saison, gegeben werden Mendelssohn und Weber.

Je weiter man sich vom goldenen Strand und den warmen Ozeanwogen stadteinwärts bewegt, umso lauter der Puls der Metropole, umso dichter drängen die Menschen, rangeln Kaftan und Sari und Minitop über pechschwarzem Busen um jeden Quadratmeter Lebensraum. Weil die englischen Kolonialherren einst Legionen indischer Zwangsarbeiter für ihre Zuckerrohr-Plantagen ins Land holten, teilen sich heute Hunderttausende Inder die engen Wohnviertel rund um Grey Street und Victoria Market mit Zulu und Coloureds, wie Mischlinge hier genannt werden. Unter Arkaden bröckelnder Kolonialbauten quetschen sich Heere von Straßenhändlern, die Geschmeide und Tand, Gemüse und Obst anpreisen, vier Avocados zu zehn, drei reife Mangos zu fünf, und, jawohl Sir, diese vier süßen Ananas gehen für zwei Rand (rund 20 Cent) mit Ihnen nach Hause. Es staubt, es schreit, es stinkt und es hupt. Wie Kamikaze stoßen Minibusse durch den Verkehr, das sind röhrende Kleinbusse mit Airbrush-Lackierung, Chromfelgen und Bleifußartisten am Lenker, die sich den Tag durch dröhnenden Reggae und Dagga (auch Durban Poison, Marihuana) versüßen und Standplatz-Streitigkeiten mit dem Schießeisen regeln. Wer Adrenalinschübe liebt, kann die rasenden Kisten per Zeichensprache überall stoppen, wellenförmige Handbewegungen zum Beispiel bedeuten, ich will zum Strand.

In indischen Fast-Food-Läden verzehrt man Bunny Chow: brandheißes Curry in einem ausgehöhlten Weißbrotlaib, das mit den Fingern der Rechten herausgeschaufelt wird, die Nägel kriegt man anschließend nie wieder sauber. Nebenan eine kleine katholische Kirche, die ab 1928 zum Theater, später zur Disco, dann zum Bordell umgebaut wurde und heute als Supermarkt dient. Wo einst auf der Empore die Orgel dröhnte, saß dann der DJ und später die Puffmutter; nun bewacht von da oben mit Argusaugen der Supermarktleiter seine unterm Original-Deckengewölbe gestapelten Nudel- und Cornflakes-Beutel.

Ein Stückchen weiter, Ecke Queen Street, liegt die große Victoria-Markthalle. Lachende Schwarze mit roter Nikolausmütze (dabei ist gar nicht Weihnachten) verkaufen hier stinkende Hammelschädel und Gekröse und Überraschungs-Plastikbeutel mit Innereien und Resten, die nicht nur Vegetarier ohnmächtig werden lassen. In Pappkartons piepsen dürre Küken zu acht Rand pro Stück, nebenan gibt es bergeweise Gewürze, gefälschte Markenturnschuhe und Jeans, Zulu-Schmuck und -Kondome aus Bast und schwere, aus Telefondrähten gefertigte Obstschalen. Manchmal schaut auch Kardinal Napier, einer der jüngsten seines Standes weltweit, aus der Emmanuel Cathedral vorbei, gegenüber ruft sein Moslem-Kollege in die goldene Juma Musjid, die größte Moschee der südlichen Hemisphäre. Der wichtigste Hindu-Tempel liegt ein wenig abseits in der Nähe des schmucklosen Hauptbahnhofs.

Unter einer Arkade zwischen Kathedrale und Moschee haben junge Inyangas, Zulu-Medizinmänner, ihre Praxis eröffnet. An der Balustrade baumeln undefinierbare Schädel, Tierschwänze, kleine, getrocknete Krokodile, auf Decken türmen sich Knochen, Tierfett stinkt aus Plastikbehältern, daneben geraspelte Baumrinde und Berge von Kräutern. Inyangas haben von Vater und Großvater sowie in zweijähriger Ausbildung gelernt, mit diesen Zutaten heilend zu wirken, was oft durch übel riechende Mixturen geschieht. Jedenfalls geht der Zulu erst mal zu seinem Inyanga und nur notfalls zum Schulmediziner, und bisweilen schielen sogar die Pharmakonzerne neugierig aufs Kräuterwissen der Hexer.

Weiter westlich brodelt das Warwick-Triangle, ein Viertel mit wilden Marktständen und Bretterverschlägen unter Schnellstraßentrassen, wo Weiße ohne schwarze Begleitung so gerne gesehen sind wie fette Gänse in einem Pumakäfig. Das gilt auch für die riesigen, umliegenden Townships. In KwaMashu, Cato Manor und Umlazi leben Hunderttausende Schwarze, die arbeitslos sind oder mit Minibussen für ein paar Rand nach Downtown zu kleinen Jobs fahren. Auf den ersten Blick sehen ihre Zwei-Zimmer-Häuschen, wie zu einem Flickenteppich in die grüne Hügellandschaft gestreut, ganz malerisch aus. Doch viele der Hütten haben weder Wasser noch Strom.

weiter auf Seite 122

Foto: Viola Schmieskors

And the Winner is ... Nachwuchs-Surferin in stolzer Siegerpose

Architektur-Mix: ganz oben das große Suncoast Casino, darunter ein Friseursalon mit überzeugender Außenwerbung und ständiger Aircondition

Auch der Kardinal kauft schon mal – Straßenmarkt an der Emmanuel-Kathedrale

„Warum ich Durban so mag? Besonders natürlich wegen des Surfens, der Sonne, des Sandes – schließlich hat die Stadt eine endlose Küste mit Stränden für jeden Geschmack!“

BONGANI XULU,
SURF-LEHRER UND JURY-MITGLIED BEI WETTKÄMPFEN

„Ich lebe jetzt seit 22 Jahren hier und will nie wieder weg – schon wegen meines kleinen Apartments, von wo ich den ganzen Hafen überblicken kann“
USCHI BISCHOFBERGER, TOUR-GUIDE

Licht und Schatten: Die Goldene Meile leuchtet, hinter den Hotels herrschen Straßengangs

„Wenn immer nur von Kapstadt und Garden Route die Rede ist, regt mich das auf – für viele Europäer ist Durban noch ein unentdecktes Geheimnis“
LINDIWE MAHLANGU, TOURISMUS-BÜRO

Rostige Container dienen als Verkaufsstände. „Ein alter Container kostet um die 2000 Rand, ein guter mit reingeschnittenen Fenstern etwa 6000“, sagt Clifford Dlamini, sanfter Zulu mit der Lizenz zum Anbieten von Township-Touren. Und: „Ein Security-Mann etwa verdient um die 800 bis 1000 Rand. Dabei braucht eine Familie aber 3000 zum Überleben.“ Auf der Bergkuppe funkelt die Universität der Provinz KwaZulu-Natal mit ihrer futuristischen Architektur wie ein Raumschiff von einem anderen Stern. Schulkinder wimmeln am Pistenrand, alle in Uniform, alle laut und am Lachen, und sie machen das Bild so versöhnlich wie Mangobäume, Palmen und anderes Tropengewächs, das sich unaufhaltsam windet und sprießt.

Die üppige Flora ziert auch die Straßen der Reichen, der Weißen, wie die Florida Road mit ihren schicken Restaurants, Bars und Boutiquen. „Durban wird zu einem Zentrum innovativen Designs“, sagt Derrick Mhlongo, ein junger Event-Manager, „in Kapstadt und Johannesburg wird mit Mode viel Geld verdient, hier gibt es den Mut zur Avantgarde.“ Die trifft sich zum Beispiel im BAT Centre am Hafen, wo alternative Kunst und Kultur ihren Raum haben, cooler Jazz gespielt wird. Ein paar Meter weiter an Wilson's Wharf sitzt der Urlauber vor seiner Austernbar, nippt an Cocktails in Zack's Café, schaut auf dümpelnde Boote und Yachten und Durbans glitzernde Skyline und kriegt eine Gänsehaut vor lauter Glück.

Unweit des riesigen Hafens mit 1854 Hektar Grundfläche, 300 Kilometer Eisenbahnschienen, 57 Liegebecken und rund 4000 Frachtschiffen pro Jahr beginnt sie dann, die Goldene Meile. Jene sechs Kilometer sandiges Glück, der breite Strand, durch weit ins Meer hinausragende Seebrücken in Abschnitte unterteilt, viele von ihnen blitzsauber und aufgrund der südlichen Zyklone mit den besten Surfer-Wellen der Welt gesegnet. An der Promenade dahinter bieten schwarze Händlerinnen Souvenirs unter Strohdächern feil, abends bereiten sie ihr Lager zwischen Holzschnitzerei und buntem Stoff und geben dem Baby die Brust. Rikscha-Kulis in bleischwerer Zulu-Folkloretracht mit Sandalen aus Autoreifen warten auf Kundschaft. Auf überdachten Terrassen alter Hotels im Art-déco- und Kolonialstil werden Drinks gereicht, mild lächeln die subtropische Sonne und abends schlanke, spärlich bekleidete Girls, die lässig an Palmen lehnen.

Zwischen Pools und Vergnügungsparks für Kinder sitzt die Zentrale der Strandsicherheit, 100 Baywatcher sind während der Saison im Einsatz; weit draußen sind Hainetze gespannt. Salzkristall glitzert auf goldbrauner Haut, blonde Surferinnen und Surfer recken den schönen Körper, indische Großfamilien baden im Sari, die afrikanischste aller Großstädte des Landes schillert in tausend Fassetten. Tief unter den Füßen der vielfarbigen Strandgemeinde rauscht derweil eine Pipeline. Aus der Hafeneinfahrt gebaggerter Sand wird in einer Pumpstation im Verhältnis 30:70 mit Wasser vermengt und mit Hochdruck durch ein dickes Rohr unterm Beach langgejagt. An mehreren Auslassstellen kann das Gemisch durch große Düsen zielgenau dorthin gepustet werden, wo gierige Surfer-Wellen zu viel Sand weggespült haben. Damit Durbans schönste Meile auch in Zukunft noch golden schimmert. ■

Stadt-Gesichter: Sonnenanbeter genießen den Strand. Indische Moslems kommen vom Einkaufen, während ein junger Inyanga (Medizinmann) auf Kunden wartet

Der Autor **THOMAS ZWICKER,** Redakteur beim ADAC reisemagazin, und Fotograf **RALF SCHULTHEISS** aus Essen sind ein alteingespieltes Team – und neuerdings bekennende Durban-Fans.

INFO DURBAN

Miami liegt in Afrika

Schlafen, Schlemmen, Staunen ganz dicht am Meer, dazu Trips ins grüne Umland

Mit rund 3,5 Millionen Einwohnern ist der Großraum Durban die zweitgrößte Metropole Südafrikas. Die touristische Infrastruktur ist gut, es gibt jede Menge Hotels und Restaurants in allen Preisklassen. Bei den Unterkünften variieren die Tarife je nach Saison teils erheblich. Wichtig: Bei den empfohlenen Hotels sind hier die offiziellen Preise angegeben, viele können jedoch über Internet-Anbieter und Reisebüros wesentlich günstiger gebucht werden.

City Hall mit Museum und Art Gallery; Surfen auf künstlicher Welle im Wavehouse (S. 124)

ÜBERNACHTEN

1 PROTEA EDWARD

Das gelb getünchte Art-déco-Haus war eines der ersten Hotels der gehobenen Klasse am Meer. Kleine, behagliche Zimmer, viele mit Balkon und Meerblick. Zur Abkühlung befindet sich ein kleiner Pool auf dem Dach. Pianomusik.

Protea Edward: gediegenes Art-déco-Hotel am Meer

■ Durban 4001, 149 Marine Parade, Tel. 031 337 36 81. 101 Zimmer: EZ ab 990 R, DZ ab 1152 R.
www.proteahotels.com/edwarddurban

2 THE BALMORAL

Eines der schönsten Hotels an der Beachfront. Das weiße Schmuckkästchen wurde 1909 erbaut und hat Kolonialstil-Flair. Die Zimmer bieten Blick aufs Wasser, nachmittags ist Tea-Time im Salon.
■ Durban 4001, 125 Marine Parade, Tel. 031 368 59 40. 95 Zimmer: EZ 690–1110 R, DZ 885–1510 R.
www.raya-hotels.co.za

3 TROPICANA

Am Strand gelegenes Drei-Sterne-Haus. Zimmer mit Klimaanlage, Safe, Föhn, Internet-Zugang und zum Teil tollem Meerblick. Einige Räume sind allerdings arg abgewohnt. Nette Snackbar mit überdachter Terrasse.
■ Durban 4001, 85 Marine Parade, Tel. 031 368 15 11. 168 Zimmer: EZ 515 R, DZ 790 R, inkl. Frühstück.
www.goodersonleisure.co.za

4 ALBANY

Preiswertes Hotel im Art-déco-Stil im Zentrum gegenüber der historischen City Hall. Die Zimmer sind simpel und klein, haben aber Klimaanlage, Telefon, TV und Bad. Im Erdgeschoss befindet sich ein Pub.
■ Durban 4000, 225 Smith St./Albany Grove, Tel. 031 304 43 81. 72 Zimmer: EZ 295–320 R, DZ 398–440 R, inkl. Frühstück.
www.albanyhotel.co.za

5 TRE FONTANE

Das Gästehaus im grünen Vorort Mariannhill, rund 25 Kilometer vom Zentrum entfernt, gehört zu einer großen Klosteranlage. Kleine, sehr einfache Zimmer, einige mit Balkon und Blick ins Tal. Pool und Parkplatz. Wer besinnlich wohnen möchte, ist hier richtig.
■ Mariannhill, 1 Abbot Francis Road, Tel. 031 700 20 59. 20 Zimmer: EZ ab 190 R, DZ ab 340 R, inkl. Halbpension.
www.trefontane.co.za

i **Tel.-Vorwahl aus Dt.: 0027, dann die lokale Nummer ohne Null**
Umrechnen in Euro: Rand-Betrag durch 9 teilen

ESSEN & TRINKEN

1 THE NEW CAFÉ FISH

Traumhaft gelegen auf der Yachtmole im Hafen, abends grüßt Durbans Lichter-Skyline in die Fenster hinein. Auf dem Oberdeck lässt die in Deutschland geborene Chefin feine Cocktails kredenzen. Frischer Fisch und Meeresfrüchte werden nach Gewicht berechnet, Menüs kosten zwischen 85 und 120 Rand.
■ 31 Yacht Mole, Victoria Embankment, Tel. 031 305 50 62. Geöff. tgl. 12–15 u. 18.30–22, Bar 10.30 Uhr bis open end.

2 BAANTHAI

Im schicken Ausgehviertel an der Florida Road werden gute thailändische und indonesische Gerichte serviert. Auf überdachter Veranda im ersten Stock sitzt man wunderbar luftig und nascht kleine Satay-Spieße (28 Rand) oder Ente in Orangensauce (80 Rand).
■ 138 Florida Road, Tel. 031 303 42 70. Geöffnet Mo.–Fr. 12–14.30, 18 Uhr bis open end, Sa. nur abends.

3 SAAGRIES HOUSE OF CURRIES

Einer der besten Inder der Stadt versteckt sich im Souterrain des Holiday Inn Garden Court. Das House of Curries rät, Leckereien wie vegetarische Thali (70 Rand) und Lamm-Curry (55 Rand) nach indischer Sitte mit Hilfe der Finger der Rechten zu verspeisen.
■ 167 Marine Parade, Tel. 031 332 79 22. Geöffnet tgl. ab 18 Uhr.

4 WILSON'S WHARF

Komplex am Hafen mit Restaurants, Bars, Läden, Bootsverleih und Basar. Nebeneinander konkurrieren z.B. The Mad Greek Tavern, John Dory's Fish, Bangkok Wok und Zack's Café, alle mit Blick auf dümpelnde Katamarane, auslaufende Schiffe und nachts auf die Glitzer-Skyline von Durban.
■ 14 Boatmans Road. Restaurants geöffnet ca. 12 bis 23 Uhr, Bars bis open end.

5 BEAN BAG BOHEMIA

Angesagtes Restaurant in einem hübschen viktorianischen Gebäude mit gestylter Inneneinrichtung. Im ersten Stock kann man sich von gutem Essen und wechselnden Ausstellungen inspirieren

Bean Bag Bohemia: Kunst & Genuss hinter alter Fassade

Fotos: Viola Schmieskors (4)

Kunst- und Gemeindezentrum BAT Centre an der Hafen-Meile (o.); Meeres-Themenpark Ushaka

Joe Kool's mit hipper Musik und coolen Cocktails am North Beach

lassen. Unten sitzt man gemütlich im kosmopolitischen Café, das sich abends in eine beliebte Bar mit Jazzklängen verwandelt.
■ 18 Windermere Rd., Morningside, Tel. 031 309 60 19.
Mo.–Sa. 11–1, So. 11–24 Uhr.

6 ROMA REVOLVING

Laut Eigenwerbung einziges Drehrestaurant in Südafrika mit kitschig-plüschigem Ambiente und einem tollen Blick aus 105 Meter Höhe im 32. Stock eines Bürohauses am Hafen. Im Angebot: italienische Küche, etwa Fettuccine Carbonara für 43 Rand.
■ John Ross House, Esplanade, Tel. 031 368 22 75.
Geöffnet Mo.–Sa. 12–14.30 und 18–22.30 Uhr.

AUSGEHEN

Viele Bars und Clubs liegen in den Vierteln Berea und Morningside; als Amüsiermeile fürs gehobene Publikum gilt unter anderem die Florida Road. Nett abhängen kann man auch bei:

1 BAT CENTRE/JAZZ LOUNGE

An Durbans Hafen-Meile Victoria Embankment liegt das Kunst- und Gemeindezentrum der Stadt mit kleinen Galerien, Workshops, Ausstellungen und Musikveranstaltungen. Nebenan befinden sich ein kleines maritimes Museum sowie Anleger für Hafenrundfahrten. Im 1. Stock liegt die beste Jazz-Location der Stadt, die coole Bar Jazz Lounge.
■ 45 Smallcraft Harbour, Tel. 031 332 04 51.
www.batcentre.co.za

2 SUNCOAST CASINO

Entertainment-Komplex im US-Stil am Strand mit Shopping-Malls, Restaurants, Bars, Kino, Nachtclubs und Casino mit 1250 Slotmachines sowie Black-Jack-, Roulette- und Poker-Tischen: Las-Vegas-Flair light. Ein weiteres Casino gibt es am Sibaya Drive.
■ Suncoast Casino, Suncoast Blvd./Marine Drive.
Geöffnet tgl. ab 10 Uhr.
www.suncoastcasino.co.za
■ Sibaya Casino, Sibaya Drive.
Geöffnet tgl. 12–20 Uhr.
www.sibaya.co.za

3 JOE KOOL'S

Mehrstöckiger Holzbau am Strand North Beach mit Dachterrasse unterm Segeltuch und James Dean an der Wand. Zu hipper Musik spachteln Surfer und Urlauber etwa Nachos für 34 Rand. Gute Cocktails, als Souvenir gibt's Joe-Kool's-T-Shirt und -Cap.
■ 137 Lower Marine Parade, Tel. 031 332 96 97.
Geöff. tgl. 9 Uhr bis open end.
www.joekools.co.za

ANSCHAUEN

1 VICTORIA STREET MARKET

Seite 173

2 CITY HALL

Am Palmen-gesäumten Francis Farewell Square im Zentrum liegt das 1910 im neobarocken Stil erbaute Rathaus. Beherbergt u.a. das Natural Science Museum mit Exponaten zur Tierwelt Südafrikas sowie die Durban Art Gallery, die traditionelle schwarz-südafrikanische Kunst präsentiert.
■ Smith St., Tel. 031 311 11 11.
Art Gallery geöff. Mo.–Sa. 8.30 bis 16, So. 11–16 Uhr.

3 KWA MUHLE MUSEUM

Aufwendige Ausstellung zur Geschichte Südafrikas im 20. Jahrhundert. Sehr anschaulich werden die Auswirkungen der Apartheidspolitik auf den Alltag der Menschen gezeigt.
■ 130 Ordnance Road, Tel. 031 311 22 33.
Geöff. Mo.–Sa. 8.30–16, So. 11–16 Uhr. Eintritt frei.

4 GATEWAY/WAVEHOUSE

Nach 20 Minuten Fahrt erreicht man nördlich von Durbans Zentrum das Gateway Theatre of Shopping: die größte Mall der südlichen Hemisphäre. Hier werden Shopping und Sport auf einer Bühne von 150 000 Quadratmetern inszeniert. Vorhang auf für ein Ensemble aus 290 Geschäften, der weltweit höchsten Indoor-Kletterwand und einer Außenbühne mit Skate-Park (Bühnenbild von Skater-Guru Tony Hawk) sowie dem spektakulären Wave House, wo man auf einer künstlichen Welle sein Surftalent zeigen kann.
■ 1 Palm Blvd., Umhlanga Ridge New Town Centre,
Tel. 031 566 23 32.
Gateway geöffnet Mo.–Do. 9–19, Fr.–Sa. 9–21, So. 9–18 Uhr.
www.gatewayworld.co.za
www.wavehouse.co.za

5 JUMA-MUSJID-MOSCHEE

Das sakrale Zentrum der Moslems unter Durbans indischer Bevölkerung hat eine vergoldete Kuppel und Platz für 5000 Gläubige. Vis-a-vis liegt die 1902 im neugotischen Stil erbaute katholische Emmanuel-Kathedrale.
■ Ecke Queen/Grey Street,
Führungen nach Anmeldung unter Tel. 031 306 00 26.

6 USHAKA MARINE WORLD

Einer der größten Meeres-Themenparks der Welt mit riesigen Aquarien, Delfin-Shows und Robben-Station. Integriert ist ein altes Frachtschiff, durch dessen Bullaugen man Einblick in verschiedene Becken hat. Action-Park, Shopping-Bereich, Wassersport-Möglichkeiten.
■ 1 Bell St., Durban Beachfront,
Tel. 031 328 80 00. Geöffnet tgl. 9–17 Uhr, Restaurants länger. Eintritt Kombi-Ticket Erw. 130 R, Kinder 85 R.
www.ushakamarineworld.co.za

STICHPUNKT

MAHATMA GANDHI Als engagierter 24-jähriger Anwalt kam der Inder Mohandas K. (später Mahatma) Gandhi nach Südafrika. Von 1893 bis 1914 lebte er auf dem Schwarzen Kontinent, einen Großteil der Zeit in der Phoenix-Siedlung bei Durban. Hier kämpfte er für die Gleichberechtigung der indischen Gastarbeiter, die von den Zuckerbaronen ins Land geholt worden waren. Gandhi gründete den Natal Indian Congress, setzte sich für die Rechte seiner Landsleute ein und rief zum gewaltlosen Widerstand und zivilen Ungehorsam auf – ein Konzept, das er Satyagraha nannte, Kraft aus Wahrheit. „Es gibt keinen Weg zum Frieden, Frieden ist der Weg", sagte der Visionär. 1914 erreichte er die Aufhebung vieler Restriktionen. Im selben Jahr kehrte Gandhi zurück nach Indien, um für die Unabhängigkeit seines Heimatlandes zu kämpfen. **B.G.**

Fotos: Viola Schmieskors (2); Ralf Schultheiss (2); dpa/picture-alliance

Großer Entertainment-Komplex Suncoast Casino am Strand

AUSFLÜGE

Durban eignet sich gut als Ausgangspunkt für ein- bis mehrtägige Ausflüge in die landschaftlich schöne Provinz KwaZulu-Natal. Viele Wildschutzgebiete, z.B. Oribi Gorge mit Wasserfällen, Antilopen und Wanderwegen. Rund 35 Kilometer nordwestlich liegt das Tal der 1000 Hügel in grandioser Landschaft, angeboten werden organisierte Besuche in Zulu-Dörfern. Ein Stück weiter beginnen die Drakensberge (S. 136), dann kommt der Thabana Ntlenyana als höchste Erhebung im südlichen Afrika (3482 Meter) im Nachbarstaat Lesotho. Im rund 250 Kilometer nordöstlich von Durban gelegenen Greater St. Lucia Wetland Park (S. 94) lassen sich riesige Dünen und große Herden von Riedbock-Antilopen bewundern. Nähere Informationen u.a. bei:
www.jikelezatours.co.za
www.oribigorge.co.za
www.1000hills.kzn.org.za/1000hills
www.drakensberg.kzn.org.za
www.stlucia.org.za

1 THE SECRET SPOT
Für Surfer ist das verwunschene Backpacker-Camp, das man nach einer halben Stunde Fahrt nördlich von Durban erreicht und das gut versteckt zwischen Palmen liegt, der Himmel auf Erden. Der Secret Spot liegt im Dickicht des Dschungels oberhalb des Shaka's Rock Beach, wo man fantastisch schwimmen und surfen kann. Wer möchte, kann auch stundenweise qualifizierten Surfunterricht bei Bongani Xulu buchen, einem der Top-Surf-Kampfrichter Südafrikas, und sich den Spielplatz der Dolphin Bay mit Walen und Delfinen teilen. Und das ganzjährig!
■ Main Road, Mandini,
Tel. 082 495 98 11.
Übernachtungsmöglichkeiten: DZ 180 R, Bett im Mehrbett-Zimmer 81 R, Camping 45 R.
www.secretspot.co.za

INFOS

1 TOURIST JUNCTION
Das Tourismusbüro im alten Bahnhofsgebäude von Durban bietet hervorragenden Service. Hier kann man Ausflüge in die Umgebung und geführte Touren durch die Townships buchen. Kleine Galerie für Kunsthandwerk.
■ 160 Pine Street,
Tel. 031 304 11 41. Geöffnet Mo.–Fr. 8–16.30, Sa. 9–14 Uhr. Weitere Info-Stände am Flughafen, an der Marine Parade und in der uShaka Marine World.
www.visitzululand.co.za V.S./T.Z.

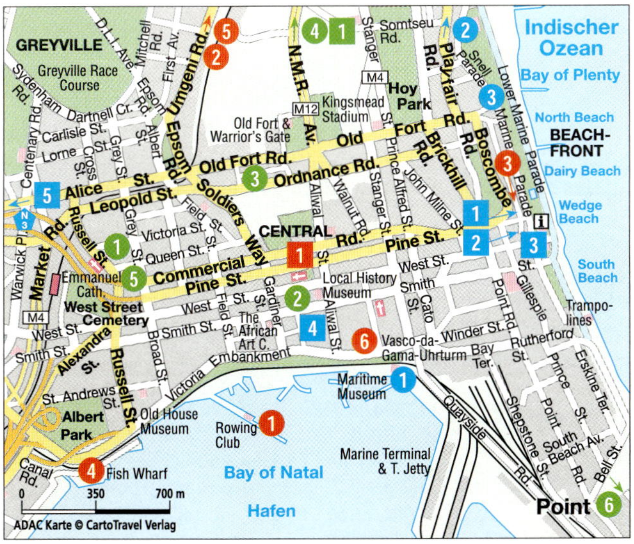

STRÄNDE

Wo die Wellen wogen

Zwischen Kapstadt und Sodwana Bay an der Grenze zu Mosambik liegen gut 2000 fast immer einsame und feinsandige Kilometer Küste. Im Osten, am Indischen Ozean, hat das Wasser das ganze Jahr über Badetemperatur; im äußersten Westen, am Atlantik, kann es empfindlich kalt sein. Hier empfehlen wir Ihnen die schönsten Strände des Landes

Text von Dieter Losskarn

1_Thonga Beach, Rocktail Bay, Maputaland, KwaZulu-Natal

Hier, zwischen Sodwana und Kosi Bay, liegen nahe an der Küste die einzigen Korallenriffe des Landes. Erfahrene Taucher vergleichen sie mit denen auf den Seychellen. Tauchschulen bieten Kurse an, aber auch beim Schnorcheln erschließt sich die bunte Welt des warmen Indischen Ozeans. Mit etwas Glück lassen sich zwischen November und Ende Februar in mondlosen Nächten die berühmten Lederschildkröten beobachten, wenn sie den Strand hochkrabbeln, um ihre Eier im Sand zu vergraben.

Thonga Beach: famos, oder?

Die auf beiden Seiten von weiten, weißen Stränden flankierte Rocktail Bay ist genauso schön wie einsam. Schwimmen und Schnorcheln sind gefahrlos möglich, da ein vorgelagertes Riff neugierige Haie abhält. Das Wasser hat hier das ganze Jahr über Badetemperatur.

ANREISE: Rocktail Bay liegt 480 km von Durban und 630 km von Johannesburg entfernt. Die Anfahrt zur Thonga Beach Lodge ist nur mit Geländewagen möglich, Gäste werden an einem Parkplatz abgeholt; aber auch Besuchern, die nicht übernachten, steht der Strand offen.

ÜBERNACHTUNGS-TIPP: die Thonga Beach Lodge, wunderbar leichte Architektur, fantastische, ruhige Lage direkt am Meer, hervorragendes Essen, sehr guter Service; Brille und Flossen sind bei der Lodge erhältlich. Das alles hat seinen Preis: DZ mit Frühstück ab 4000 R. ■ Reservierung über Isibindi Africa Lodges, Tel. 035 474 14 73, Fax: 035 474 14 90. **www.isibindiafrica.co.za**

Mit großen Schritten von Höhepunkt zu Höhepunkt an der Coffee Bay

2_Coffee Bay, Wild Coast, Eastern Cape Province

Der Ort gilt als einer der schönsten an der Wild Coast, der Strand sowieso. Aufgrund der geschützten Lage zwischen zwei Felsmassiven und des ganzjährig warmen Wassers ist die Coffee Bay ideal zum Schwimmen. Der Name geht auf die Ladung eines 1863 in der Bucht auf Grund gelaufenen Schiffes zurück. Die Kaffeebohnen an Bord wurden an Land gespült und fingen an zu keimen, mittlerweile allerdings sind die Pflanzen spurlos verschwunden. Am Strand lässt es sich in etwa zwei Stunden zum „Hole in the Wall" an der Mündung des Mpako River laufen, einer 200 Meter langen und 34 Meter hohen, mitten in den Wellen stehenden Felsformation mit riesigem Erosionsloch. In der Sprache des lokalen Xhosa-Stammes heißt das Naturdenkmal treffend esiKhaleni – Platz des Lärms.

ANREISE: Die Straße nach Coffee Bay zweigt 19 km südlich von Mthata (Umtata) von der N 2 ab. Von der Kreuzung sind es 78 km Teerstraße bis Coffee Bay. Eine 9 km lange Schotterstrecke führt an Klippen mit Meerblick entlang und vorbei an traditionellen Xhosa-Dörfern von Coffee Bay zum Hole in the Wall.

Fotos: Elke Losskarn; Ralf Schultheiß (2)

ÜBERNACHTUNGS-TIPP: Das Ocean View Hotel ist ein herrlich gelegenes (und für Wild-Coast-Verhältnisse gut erreichbares) Hotel mit Swimmingpool, gut bestückter Bar und Restaurant. Empfehlenswert: Zimmer 1–8 mit Blick auf den Indischen Ozean. DZ mit Frühstück 760–1100 R. ■ Umtata, Tel. 047 575 20 05/6, Fax: 047 575 20 83.
www.oceanview.co.za

Kein Kaffee, trotzdem klasse: Coffee Bay

3_Port St. Johns, Wild Coast, Eastern Cape Province

Krumme Dinger, gedreht am Strand von St. Johns

Am Ufer des Umzimvubu River liegt Port St. Johns, eines der bekanntesten Resorts an der „Wilden Küste". Es wirkt wie eine multikulturelle Althippie-Surferkolonie – und ist es auch. Die Unterkünfte haben Backpacker-Niveau, und gegessen wird, was Land und Meer hergeben. Junge Schwarze vom Stamm der Pondo haben sich auf den Fang von Felslangusten und Cannabis-Anbau spezialisiert. Die drei Strände des Ortes, durchnummeriert von First bis Third Beach, sind durch steile Felsklippen voneinander getrennt. Baden ist hier aufgrund tückischer Strömungen nicht ganz ungefährlich. Am besten vor Ort Einheimische nach den sichersten Stellen fragen.

ANREISE: Port St. Johns liegt 98 km östlich von Umtata und ist auf einer Teerstraße, der R 61, über Libode und Mhlengana (Execution Rock) erreichbar.

ÜBERNACHTUNGS-TIPP: Umngazi River Bungalows, nahe an Fluss und Meer, Angler-Paradies, Meeresfrüchte-Büfett, schöne Anlage mit strohgedeckten Häuschen. Empfehlenswert: die Fish-Eagle-Zimmer Nr. 1–5 und Nr. 48. DZ mit Frühstück bis 1300 R.
■ Port St. Johns, Tel. 047 564 11 15, Fax: 031 701 70 06. **www.umngazi.co.za**

4_Wilderness, Garden Route, Western Cape Province

Kilometerlanger, oft unberührter Sandstrand und warmes Meer kennzeichnen den wunderbaren Strand von Wilderness an der touristisch sehr gut erschlossenen Garden Route.

Sieht so friedlich aus, heißt trotzdem Wilderness

Er liegt verführerisch nahe der N 2, zwischen Kaaimans River im Westen und dem Gericke Point im Osten, ist von hohen Sanddünen gesäumt, auf denen oft Paraglider ihre Flüge starten. Oben auf den Kämmen haben sich einige Lodges und B&Bs angesiedelt, mit entsprechend grandioser Aussicht. Wer baden möchte, sollte allerdings nicht weit hinausschwimmen, die Strömungen sind gefährlich. Wilderness ist bekannt für seine guten Wal- und Delfinsichtungen. Die Meeressäuger kommen hier sehr nahe an die Küste heran.

ANREISE: Wilderness liegt an der N 2 zwischen Kapstadt und Port Elizabeth, 15 km östlich von George und 46 km westlich von Knysna.

ÜBERNACHTUNGS-TIPP: The Dune Guest Lodge direkt am Wilderness Beach mit nur vier schönen, hellen Zimmern; netter Schweizer Besitzer. Üppiges Frühstück. In der Saison Walbeobachtung von der privaten Terrasse aus. DZ mit Frühstück ab 700 R.
■ Die Duin 31, Tel. und Fax: 044 877 0 98. **www.thedune.co.za**

Beach mit Burg: der Strand von Noetzie

5_Noetzie Beach, Garden Route, Western Cape Province

Der Weg bergab über viele Treppen lohnt sich, denn hier, nur 20 Minuten Fahrt vom eher hektischen Knysna entfernt, liegt ein herrlicher Strand: Der Noetzie-Fluss bildet eine kleine Lagune, an der Kinder sicher spielen können, es gibt grüne Vegetation, schroffe Felsen und mehrere Ferienhäuser, die an mittelalterliche Burgen erinnern. In einem, dem Lindsay Castle, kann man übernachten. 1932 hatte Herbert Stephen Henderson hier ein Ferienhaus aus Naturstein gebaut, über das jemand witzelte: „Mach einfach noch ein paar Türmchen dazu, und du hast 'ne Burg." Er tat genau das und wurde zum Trendsetter. Bis heute dürfen in Noetzie nur Burgen gebaut werden.

ANFAHRT: 8 km östlich von Knysna geht es rechts ab von der N 2 Richtung Meer. Nach einer holprigen Pistenfahrt (8 km) durch Eukalyptus-Plantagen lässt man den Wagen auf dem Parkplatz und steigt 100 Treppen zum Strand hinab.

ÜBERNACHTUNGS-TIPP: Lindsay Castle, ein Natursteinhäuschen, das immer weiter vergrößert wurde, bis es wie eine Burg aussah. 4 Zimmer, DZ mit Frühstück 1300 bis 1800 R. Dinner nach Vorbestellung, etwa 150 R pro Person.
■ Noetzie, Tel. 044 384 18 49, Fax: 086 611 51 11. **www.knysnacastles.com**

6_De Hoop Nature Reserve, Overberg, Western Cape Province

Das 360 Quadratkilometer große De Hoop Nature Reserve gehört zu den schönsten Naturschutzgebieten der westlichen Kap-Provinz. Hier gibt es herrlich weiße Sanddünen am Meer, Gezeitenpools mit von der Sonne aufgeheiztem, glasklarem Wasser, in dem Kinder wunderbar plantschen können, und viele Tiere, u.a. Elen-Antilopen, Bunt- und Springböcke, Zebras und Paviane. Zwischen Juni und November ist dieser Küstenabschnitt der beste Patz, um Wale aus nächster Nähe zu beobachten. Eine fünftägige Tour über den Wal-Wanderweg führt im Reservat fast immer die Küste entlang.

Warten auf den Wal: im De Hoop Nature Reserve

ANREISE: De Hoop liegt 250 km südöstlich von Kapstadt. Der N 2 bis Caledon folgen, dann die R 316 nach Bredasdorp nehmen, von dort 6 km auf der R 319 Richtung Swellendam, bis eine beschilderte Piste nach rechts abzweigt. Nach 31 km geht es rechts zum Reservat.

ÜBERNACHTUNGS-TIPP: Im Reservat liegen 10 Häuschen für je 4 Personen. Empfehlenswert sind die komfortableren, strohgedeckten Cottages Nr. 8, 9 u. 10 (440–950 R), die im Gegensatz zu den anderen komplett ausgestattet sind. Buchung bei der
■ Cape Nature Conservation, Tel. 028 425 50 20, Fax: 028 425 50 30. **www.capenature.org.za**

Ob Waenhuiskrans oder Arniston: Der Strand ist ein Hit

7_Arniston, Overberg, Western Cape Province

Der Ort hat gleich zwei Namen, einmal Waenhuiskrans und zum Zweiten Arniston. Das Arniston-Hotel organisiert Touren in das direkt daneben liegende, pittoreske Fischerdorf Kassiesbaai, dessen weiß verputzte und reetgedeckte Häuschen schon mehr als 200 Jahre alt sind. Besucher dürfen die historischen Gebäude, in denen bis heute die Fischer leben, auch von innen besichtigen. Eine Tasse Tee auf dem Kunsthandwerksmarkt oder ein Ständchen des Kirchenchors ergänzt manchmal das Besichtigungsprogramm. Gäste des Arniston-Hotels können am Kassiesbaai Traditional Dinner teilnehmen. Die Frauen der Fischer bereiten die Kerzenlicht-Abendessen in den historischen Häuschen selbst zu. In Gehweite des Hotels befindet sich ein toller und sicherer Sandstrand, von dem ein Pfad in die große Höhle am Meer führt.

ANREISE: von Kapstadt zunächst der N 2 bis Caledon folgen, dann die R 316 nach Bredasdorp nehmen, Arniston liegt 24 km südöstlich am Ende der R 316.

ÜBERNACHTUNGS-TIPP: Das Arniston-Hotel erinnert an kalifornische Häuser: leichte, fröhliche Atmosphäre. Empfehlenswert: die 6 Suiten mit Blick auf Meer und Hafen. ■ Tel. 028 445 90 00. DZ mit Frühstück 1100–1800 R. **www.arnistonhotel.com**

8_De Mond Nature Reserve, Western Cape Province

Nur wenige Kilometer östlich von Afrikas südlichstem Punkt, dem Cape Agulhas, und damit noch am warmen Indischen Ozean gelegen, befindet sich dieses kleine Naturschutzgebiet und bietet den „längsten ununterbrochenen Strand der Südhalbkugel". Nach dem Passieren des Eingangstores überquert man zunächst zu Fuß über eine wacklige Hängebrücke den Heuningnes River und folgt seinem Lauf bis zur Mündung ins Meer, wobei sich immer wieder die Gelegenheit bietet, in den klaren Fluss zu springen. Der wochentags einsame Strand ist perfekt für Kinder, die die riesigen Dünen am Meer hochklettern und wieder hinunterrennen können. Tipp: Picknick-Korb und Sonnenschirm mitbringen und den ganzen Tag hier entspannt verbringen.

ANREISE: Das De Mond Nature Reserve liegt 26 km südöstlich von Bredasdorp an der südwestlichen Kapküste. Das Schutzgebiet befindet sich an der Mündung des Heuningnes River, zwischen den Küstenorten Arniston (Waenhuiskrans) und Struisbaai.

ÜBERNACHTUNGS-TIPP: Im De Mond Nature Reserve gibt es eine einfache Übernachtungshütte und einen Campingplatz. Zu buchen über ■ Cape Nat. Conservation, Tel. 028 425 50 20. **www.capenature.org.za**

Weiß wie ein Vollmond: Sand im De Mond Nature Reserve

Auch sie schätzen Boulders Beach: Brillenpinguine

9_Boulders Beach, Kap-Halbinsel, Western Cape Province

Einer der schönsten Strände der Kap-Halbinsel liegt bei Simon's Town. Gewaltige Granitfelsen sorgen für seinen Namen: Boulders. Die Felsen bieten Schutz vor Wind und Wellen, und weil zudem die Wassertemperaturen in der False Bay höher sind als auf der anderen Seite, kann man hier auch im Atlantik baden. Neben weißem Sand und türkisfarbenem Meer gibt es ein weiteres Highlight: Brillen-Pinguine, die seit 1985 geschützt in einer Kolonie leben. Es ist weltweit der einzige Platz, wo Pinguine in freier Wildbahn so problemlos beobachtet werden können. Manchmal schwimmen sie sogar zwischen den Badegästen.

Anreise: von Kapstadt aus Richtung Süden auf der M 5 nach Muizenberg, weiter auf der M 4 an der False-Bay-Küste entlang nach Simon's Town, dort am Ortsende die zweite Ausfahrt nach links zum Boulders Beach nehmen.

Übernachtungs-Tipp: die Boulders Beach Lodge, in Hörweite des Pinguinstrands, nette Besitzer, schöne Zimmer. DZ mit Frühstück ab 790 R, Selbstversorger-Apartments für 4 Personen 1500 R.
■ Boulders Beach Lodge, Boulders Place, Tel. 021 786 17 58, Fax: 021 786 18 25.
www.bouldersbeach.co.za

10_Bordjiesrif, Kap der Guten Hoffnung, Western Cape Province

Eine Erfindung der Engländer ermöglicht das Baden im ansonsten empfindlich kalten Atlantik. An einigen Punkten der kalten Küste gibt es so genannte Tidal Pools – gemauerte Schwimmbecken direkt am Meer, die sich mit Ebbe und Flut selbst reinigen und die von der Sonne auf erträgliche Temperaturen angewärmt werden. Einer davon ist der Bordjiesrif, mit Picknick- und Grillplatz direkt davor.

ANFAHRT: Bordjiesrif liegt im Cape of Good Hope Nature Reserve am südlichsten Ende der Kap-Halbinsel. Nach dem Passieren des Eingangstores die erste mögliche Abfahrt nach links nehmen.

ÜBERNACHTUNGS-TIPP: das komfortable Olifantsbos Cottage mit 3 Schlafzimmern, mitten im Park gelegen: 1850 R pro Nacht.
■ Olifantsbos Cottage, Tel. 021 701 86 92. **www.tmnp.co.za** ■

MEIN TIPP

FLORIAN BAXMEYER „In Kapstadt befindet sich das beste Restaurant der Provinz Western Cape, das Codfather (37 The Drive, Ecke Camps Bay Drive, Tel. 021 438 07 82, www.codfather.co.za). Hier habe ich mit Blick auf die Camps Bay den mit Abstand besten Fisch weit und breit gegessen. Etwas weiter nördlich liegt Clifton mit den Sandstränden 1 bis 4. Den 3rd Beach halte ich für den schönsten. Direkt dahinter habe ich während der Dreharbeiten zum Film ‚Die drei Fragezeichen' vier Monate gewohnt und eine traumhafte Zeit verbracht."

■ Florian Baxmeyer, Regisseur, erhielt 2003 den Studenten-Oscar. Danach hat der gebürtige Essener unter anderem den TV-Zweiteiler „Das Blut der Templer" und den im Frühjahr 2007 anlaufenden Kinofilm „Die drei Fragezeichen und das Geheimnis der Geisterinsel" gedreht.

Fotos: Elke Losskarn; Gerald Hänel; Obie Oberholzer/Bilderberg; dpa/picture-alliance

Sag Ja zum Leben: eine Näherin im Selbsthilfe-Projekt Jabulani bei Durban

Sag's mit Perlen: Aids-Schleife im traditionellen Zulu-Stil. Jabulani bietet auch Hilfe bei Hausaufgaben

AIDS-PROJEKTE

PRINZIP HOFFNUNG

Rund 20 Prozent der Bevölkerung Südafrikas gelten als HIV-positiv – Bericht über Menschen in Not, das Versagen der Politik und über Projekte im Kampf gegen Armut und Aids

Text von Thomas Zwicker, Fotos von Ralf Schultheiß

Mariannhill, rund 25 Kilometer westlich vom Zentrum der Millionenstadt Durban gelegen, schmiegt sich in grüne Hügellandschaft. Auf der großen, überdachten Veranda vor einer morschen Hütte tanzen 20 Kinder zwischen fünf und 15 Jahren, ein Mädchen schlägt wild die Trommel. Kleine Beine fliegen in alle Richtungen, die Augen strahlen. In einem rußgeschwärzten Verschlag nebenan köchelt derweil in riesigen Kesseln das Mittagessen: Reis und Bohnen, zwei Zulu-Frauen rühren gelassen um. Die winzige Gebetsbaracke gegenüber ist leer, an der Wand ein Abbild Jesus', auf der Erde vor einer abgewetzten Matte ein Stück verschrumpelte Kuhhaut: „Die Zulu-Kinder zündeln so gern während ihrer Andacht", sagt Schwester Marco. „Sollen sie doch, Hauptsache, sie fühlen sich wohl."

Marco Gneis, Österreicherin weit in den Sechzigern, katholische Ordensschwester aus dem benachbarten Kloster und seit Ewigkeiten in Südafrika zu Hause, hat das Hüttendorf 1988 gegründet. Jabulani heißt die kunterbunte Ansammlung von 25, 30 windschiefen Holzhäuschen, Stein-Wellblech-Bauten und Containern mit eingeschnittenen Fenstern. Jabulani ist ein Zulu-Wort, bedeutet so viel wie „be happy", sei glücklich, und bezeichnet eines von vielen Selbsthilfeprojekten im südlichen Afrika, die sich dem Kampf gegen Aids und Armut verschrieben haben.

„Wir funktionieren wie eine große Familie", sagt Schwester Marco. Ihre Jabulani-Familie, das sind: Hausvater Ali, Moslem, der gerade matt unter einem Ventilator liegt und kraftlos die Fliegen verscheucht, Tuberkulose; Gloria, Zulu-Mutter in den besten Jahren mit fünf eigenen Kindern (zwei HIV-positiv) und drei Adoptiv-Aidswaisen, die Seele des Hauses; ein gutes Dutzend halbwüchsige Jungs, die in kleinen, sauberen Baracken ständig hier leben. Dazu kommen täglich ungefähr 120 Frauen aus den ärmsten Familien der ländlichen Umgebung her, um einer Beschäftigung nachzugehen, und 250 Kinder, die frühstücken und Mittag essen, Schuluniformen, -Geld und -Schuhe erhalten und in den Ferien in Jabulani ihren Spaß haben können. Rund 80 Prozent der Frauen, die hier täglich Unterstützung erfahren, und ein ebenfalls hoher Prozentsatz der Kinder haben Aids.

„Wir wollen Hilfe zur Selbsthilfe leisten", sagt Schwester Marco, „den Kranken Kraft geben, Ja zum Leben zu sagen, Freude in sich zu finden und an andere weiterzuleiten." In ihrer Ordenstracht mit steifer Haube segelt sie wie eine weiße Fregatte durch die staubige Anlage, robust, handfest, lieb, streichelt hier, umarmt da, kleine Zulus, Moslems, Inder strahlen sie an. Von Missionarseifer oder Dogmatismus ist nicht das Geringste zu spüren. Wohl aber Lebensfreude, Mut, Engagement und der Wille zur Eigenverantwortung. „Wir finanzieren uns ausschließlich über Spenden", sagt Marco Gneis. Und: „Wir machen hier so viel wie möglich selbst."

Die Kanalisation hat Hausmann Ali zusammen mit den Kindern gebaut, auch viele der Hütten. In zwei hölzernen Baracken stellen Dutzende Frauen auf großen Nina-Nähmaschinen allerlei her, vom Kinderstrampler bis zu Souvenirs, die im benachbarten Kloster an Reisende verkauft werden. Aus der Brotbäckerei duftet es, daneben ein mit Wachs verkleisterter Verschlag, wo Zulu-Damen Kerzen ziehen. Wer arbeitet, kann Lebensmittel mit nach Hause nehmen, bekommt bei Bedarf etwas Geld. Schulaufgaben werden überwacht, es wird gespielt, getanzt, gesungen. Und es gibt auch ein winziges Sanitäts-Kabuff mit zwei Pritschen und einem rostigen Blechschrank voll Tupfer und Pflaster, Marco ist ausgebildete Krankenschwester. Ernsthafte Fälle bringt sie aber ins St. Mary's Hospital der benachbarten Missionsstation mit der Aids-Abteilung iThemba (Zulu-Wort für „Hoffnung").

Und Hoffnung tut not in dieser Region. Weltweit sind nach Angaben der Vereinten Nationen (UN-Aids-Report) rund 40 Millionen Menschen mit der Immunschwäche infiziert, davon leben mehr als 25 Millionen in Ländern südlich der Sahara. Besonders betroffen sind Swasiland, Botsuana, Lesotho und Südafrika. Rund 20 Prozent der Bewohner Südafrikas gelten als HIV-positiv, täglich sterben zwischen 600 und 1000 Menschen an den Folgen von Aids (in Deutschland etwa 1000 pro Jahr). Ein Drittel aller Schwangeren ist infiziert, jede dritte von ihnen gibt das Virus an das Neugeborene weiter. Die südafrikanische Regierung steht dem Problem dabei eher ambivalent gegenüber: „Der größte Killer weltweit ist nicht Aids, sondern Armut", verharmlost Präsident Thabo Mbeki. Und Jacob Zuma, Ex-Vizepräsident und -Leiter des Aids-Rats, gab bei einem Prozess gegen ihn wegen Vergewaltigung an, er habe beim fraglichen Geschlechtsverkehr kein Kondom benutzt, aber anschließend ausgiebig geduscht, um das Risiko einer HIV-Infizierung zu reduzieren.

Als Südafrikas Hochburg der bislang unheilbaren Seuche, gegen die es noch keine Impfung gibt und die meist durch ungeschützten Sex übertragen wird, gilt die Provinz KwaZulu-Natal mit ihrer Metropole Durban. Offiziell sind 33 Prozent der Bevölkerung mit Aids infiziert, davon ein großer Teil

Frauen, Schätzungen liegen darüber. Promiskuität, Armuts-Prostitution bei bis zu 80 Prozent Arbeitslosigkeit und die gesellschaftlich schwache Stellung der Frau tragen dazu bei. Die Zahl von Vergewaltigungen ist gestiegen, der irrwitzige Glaube aidskranker Männer, durch Geschlechtsverkehr mit einer Jungfrau Heilung zu erfahren, lässt immer jüngere Mädchen HIV-positiv und dazu oft schwanger werden.

Ebenfalls dramatisch: Die Krankheit, die oft erst Jahre nach Ansteckung mit dem Virus auftritt, rafft derzeit hauptsächlich die erwerbstätige Generation dahin. Wenn die Eltern sterben, müssen Großeltern die Fürsorge für die Kinder übernehmen und sind damit oft überfordert – zumal das Thema Aids in der südafrikanischen Bevölkerung noch immer stigmatisiert ist. „Verwandte und Freunde wenden sich oft ab, wenn eine HIV-Infizierung bekannt wird", sagt Schwester Marco. Die Krankheit gilt als Schande für die Familie, Aids-Positive werden aus dem Haus gejagt. Darum wird ein Test vielfach verweigert, das Virus so unerkannt weitergegeben.

Bricht die Krankheit erst einmal aus, erfahren die meisten Patienten kaum eine Linderung ihres Leids. Obwohl ein jahrelanger Prozess gegen die internationale Pharmaindustrie um Patentrechte gewonnen wurde und die Kosten für die Behandlung eines Kranken dank der Verwendung von Generika (Billig-Medikamenten) um viele tausend auf rund 150 Euro per annum gesunken sind, ist die lebensverlängernde Therapie aus Kapazitäts- und Armutsgründen erst für wenige HIV-Positive verfügbar, zumal in ländlichen Regionen die medizinische Versorgung lausig ist. Ärzte und ausgebildetes Pflegepersonal wandern ab nach England oder Saudi-Arabien, weil dort besser gezahlt wird. Hier im Westen von Durban ist ein einziges Krankenhaus für mehr als 750 000 Menschen zuständig – das St. Mary's Hospital mit 234 Betten.

Wie das kleine Jabulani-Selbsthilfeprojekt gehört St. Mary's zum katholischen Orden Mariannhill, der 1882 vom österreichischen Trappisten-Mönch Franz Pfanner in Südafrika gegründet wurde und dessen Komplex hier auch Kathedrale, Frauenkonvent, Mönchskloster, Kinderheim, Schulen, Farm, Zahnarztpraxis und Gästehaus umfasst. Die spitzgiebelige, zweistöckige Klinik unter Palmen wird zu rund 80 Prozent aus staatlichen Quellen finanziert, der Rest resultiert aus Spenden. Drei Viertel der Patienten, die oft mühsam und von weit her anreisen, leiden an den Folgen von Aids. Die Krankenzimmer sind überfüllt, auf Pritschen in den Gängen liegen Menschen, bis zu fünf sterben pro Tag. „Wir können monatlich nur 70 neue Patienten mit Aids-Medikamenten, antiretroviralen Mitteln, versorgen, die Warteliste ist ellenlang", sagt die Krankenhaus-Chefin, Schwester Regina Bachmann. Verstärkt setzt man nun auf das Community-Outreach-Projekt, eine Art Hauskrankenpflege. 500 Freiwillige wurden in den letzten Jahren geschult, darunter auch Männer und traditionelle Heiler, die aufs Land zu den aidskranken Familien fahren, aufklären, beraten, pflegen, trösten. Eigens in Psychologie ausgebildete Fachkräfte wie Schwester Ulrike Diekmann gehen an örtliche Schulen, arbeiten mit traumatisierten Kindern.

„Wir dürfen den Grund, warum unsere Familienmitglieder sterben, nicht länger verschweigen. Nur so werden alle begreifen, dass HIV bei uns inzwischen zu einer alltäglichen Krankheit geworden ist", hat Nelson Mandela gesagt, dessen ältester Sohn im Januar 2005 starb – an den Folgen von Aids. Zahllose Organisationen überall im Land leisten Hilfe im Kleinen, wo die große Politik (noch) versagt. Industriekonzerne wie die südafrikanische BMW-Tochter bieten Aufklärung und Therapie für ihre Angestellten, um deren Arbeitskraft zu erhalten. Die Aids Foundation South Africa (AFSA) unterstützt durch fachliche Beratung. In bescheidenen Selbsthilfe-Projekten wie Jabulani backen HIV-infizierte Frauen zufrieden Brot, schneidern Gewänder, tanzen sich schwitzende Kinder den Kummer vom Leib. „Wir sind kein Ort des Todes", sagt Schwester Marco, „wir sind ein Ort der Lebendigkeit." Denn die Hoffnung, die stirbt zuletzt. ■

ADRESSEN

JABULANI SELF-HELP-CENTRE
■ Mariannhill, P.O. Box 10037, Ashwood 3605, SA,
Tel./Fax: (0027-31) 700 18 17, jabulani@eastcoast.co.za.
www.eastcoast.co.za/jabulani

ST. MARY'S HOSPITAL
■ Mariannhill, 1 Hospital Road, Private Bag X16,
Ashwood 3605, SA, Tel. (0027-31) 717 10 00, Fax: 700 33 75,
hospital@stmarys.co.za. **www.stmarys.co.za**

KLINIKZUG PHELOPHEPA

Die medizinische Versorgung der Landbevölkerung Südafrikas ist extrem schlecht, in einigen Regionen kommt auf 4000 Patienten ein einziger Arzt. In diesen entlegenen Gegenden ist seit mehr als zehn Jahren der Klinikzug mit dem Namen Phelophepa (bedeutet so viel wie „gute medizinische Versorgung") die einzige Hoffnung für Kranke. Der 16 Wagons lange Lindwurm rattert durch die Einöde zu mittlerweile 67 Haltestellen, wo die Patienten oft schon tagelang in großer Zahl warten. Der Zug, ein Projekt der staatlichen Transportgesellschaft Transnet und der Rand Africaan University unter Leitung von Dr. Lynette Coetzee, wurde ursprünglich nach dem Vorbild des indischen Lifeline-Express als reine Augenklinik konzipiert. Nach und nach kamen weitere Wagons hinzu, die unter anderem als Zahnarztpraxis, Apotheke und psychologische Ambulanz dienen. Die Ärzte und Pfleger an Bord werden von Auszubildenden und Studenten in ihrer Arbeit unterstützt, die für jeweils zwei Wochen mit den hauptamtlichen Phelophepa-Kräften auf engstem Raum leben. So kann jährlich rund 180 000 Patienten geholfen werden, die sonst sich selbst überlassen blieben. **Sr. U.D.**

■ Einen Bericht über die Arbeit an Bord des Klinikzugs finden Sie im Internet. **www.adac.de/reisemagazin**

Foto: Thomas Chauke (1)

Dochte drehen, Kerzen ziehen: Arbeit für Frauen aus den armen Dörfern rings um Jabulani

Gloria und Schwester Marco, die Seelen von Jabulani. Links die kleine Sne im Kinderheim von Mariannhill

DRAKENSBERGE

Drachenpfade

Urgewaltige Natur, durchdrungen von Legenden, über allem liegt ein Hauch von Mystik: Die Drakensberge sind ein Stück Afrika, wie wir es uns immer vorgestellt haben. Eine Landschaft so groß, dass keine Beschreibung recht passen will. Probieren wir's einmal so: Beim Wandern spürt manch einer hier den Glockenschlag seiner Seele

Text von Gerhard Waldherr, Fotos von Bernd Jonkmanns

Spektakuläre Aussichten für Besucher des Royal Natal National Park: Felsformationen am Mont-aux-Sources-Plateau. Ebenfalls ein Hingucker ist die vielfältige Flora dieser Region. Bewegendes Beispiel: die wogenden Gräser bei Redcliffe

Das Urvolk San lebte im Einklang mit der Natur und verewigte sich mit Felsmalereien in ganz Südafrika, überwiegend in den Drakensbergen. Hier zählt man rund 20 000 Zeichnungen, allein in der Main Cave am Giant's Castle sind es etwa 540

Durch die Flügeltüre zur Veranda weht ein frischer Wind. Aus dem feucht schimmernden Wald dahinter dringt schrilles, schnatterndes Vogelgeschrei. In der Nacht zuvor hat ein Gewitter gewütet. Blitze. Donner. Der Regen auf den Dächern klang wie ein Orchester von Trommeln. Nun, halb acht Uhr morgens, sitzt Eduard Goosen, Conservation Manager im Royal Natal National Park, an seinem Schreibtisch im Besucherzentrum und sagt: „Vielleicht wird es heute besser, aber wer kann das schon sagen in diesen Bergen." Goosen weiß nur, was im Wetterbericht steht für diesen 23. April: morgens wolkig, nachmittags und abends Regen, Sturmwahrscheinlichkeit 60 Prozent, Tageshöchsttemperatur 17 Grad Celsius, voraussichtlicher Sonnenuntergang 17.35 Uhr, leichter Wind aus West.

Eduard Goosen ist ein großer, kräftiger Mann. „Ich liebe die Wildnis, ich könnte nie einen anderen Job machen." Und deshalb habe er Glück gehabt, hier arbeiten zu dürfen, im „schönsten Teil der Drakensberge". Dass die Schönheit schon viel früher, viel berühmteren Menschen aufgefallen ist, dokumentieren die gerahmten Bilder in seinem Büro. Eines zeigt King George VI. mit seinen Töchtern, Margaret am Klavier, Elizabeth daneben lauscht versonnen. Auch eine alte Speisekarte der Lodge, die ein paar hundert Meter die Straße hoch zwischen Bäumen steht, ziert die Wand; 1947 wurden für die betuchte Klientel Eiersoufflee, geröstete Ente und Dosenpfirsiche mit Vanilleeis serviert, der Wein war ein Riesling der Kellerei White Leipzig. So kam der Natal-Nationalpark auch zu seinem Namen. Weil die Windsors häufig kamen, haben sie ihn mit dem Zusatz „Royal" geadelt. Goosen sagt: „Das passt schon, er ist einfach majestätisch."

Wenn Goosen jetzt rausginge, über den Parkplatz, würde er an einem kleinen Fluss stehen. Dahinter ein weites Tal, in der Ferne die so genannte Amphitheatre Wall. Beinahe senkrecht erhebt sich das kolossale, oval geformte Steinmassiv. Es sieht tatsächlich aus wie ein antikes Theater, das sich zwischen den Gipfeln von Eastern Buttress (3047 Meter) und Sentinel (3165 Meter) aufbaut. Überwältigend, atemberaubend schön. Selbst an einem trüben Tagen wie diesem, wenn darüber eine graue Wolkenbank hängt wie eine schmutzige Daunendecke. „Sonne oder Regen", sagt Goosen, „Nebel oder Wolken – diese Berge haben bei jedem Wetter eine Aura von Mystik, die den Betrachter nicht unberührt lässt." Dann schickt er uns zu den Tugela Falls, mit 948 Metern vierthöchster Wasserfall der Welt. Sechs Stunden Fußmarsch vom Besucherzentrum.

Die Drakensberge. Eine Gebirgskette mit steilen Flanken, kahlen, gezackten Spitzen. Ihr Herzstück, die Natal-Drakensberge, beginnt nördlich des Royal Natal National Park, führt auf etwa 250 Kilometer Länge durch den uKhahlamba Drakensberg Park mit seinen insgesamt zwölf Naturreservaten und läuft aus in den sanften Hügeln im East Griqualand. Zu den imposanten Erhebungen gehören Cathkin Peak (3148 Meter), Cathedral Peak (3004 Meter), Champagne Castle (3377 Meter) und

Blütenpink trifft Felsengrau: Nur selten begegnet man in der großen Einsamkeit Menschen

Eduard Goosen, Conservation Manager im Royal Natal National Park, arbeitet inmitten der Wildnis. Zum Job gehören neben Streifzügen durch die Natur aber auch Bürotage. Rechts: Am Highway nach Mooi River bleiben Kühe und Zebra auf Distanz

Giant's Castle (3314 Meter). Doch das sind nur Fakten, Details. Goosen: „Da ist noch etwas, was man nicht beschreiben kann, nur erfahren.“ Vielleicht ist die Bergkette deshalb zu ihrem Namen gekommen: Die Buren sahen in der Form des Gesteins den Rücken eines Drachen. Und einer Legende zufolge sollen in den erst im 20. Jahrhundert erforschten Bergen Furcht einflößende Reptilien und Dinosaurier gelebt haben.

Seit 2000 sind die Drakensberge Unesco-Welterbe, jährlich besuchen 300 000 Menschen die Region. Die wenigsten kommen, um die Gipfel oder die Wildnis darunter zu erobern. Die meisten machen kurze Wanderungen auf den 1700 Kilometern betreuten Wegen und bleiben eine Nacht in Camps der Parkverwaltung. Beliebt sind die Wilderness Areas am Fuße der Berge, in denen man Bärenpaviane, Elen- und Rehantilopen sehen kann oder einige der mehr als 300 Spezies von Vögeln, die hier leben – immerhin 35 Prozent aller Vogelarten Südafrikas. Sowie die Felsmalereien der San, dieser hageren, gebückten Ureinwohner Afrikas, die bis Anfang des 20. Jahrhunderts in der Gegend lebten. Nebenher locken Reitausflüge, Moutainbike- und Angeltouren.

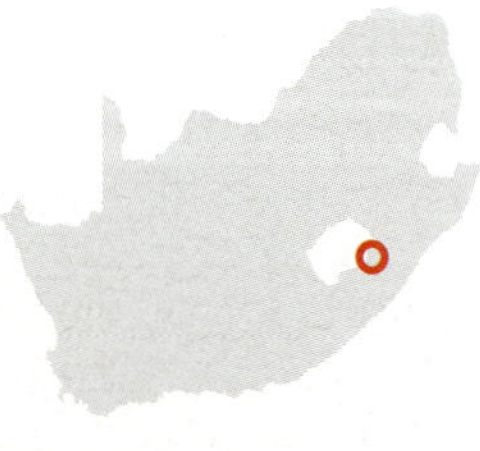

Einen Tagesausflug von Durban entfernt, an der Grenze zum Königreich Lesotho, erstreckt sich die rund 250 Kilometer lange Kette der Drakensberge

Sechs Stunden Fußmarsch, hatte Goosen gesagt. Mal sehen, wie weit wir kommen. Es geht los über einen schlammigen Pfad, durch hüfthohes Gras. Ringsum wachsen violett blühende Buddleja salviifolia, Baumfarne, eidottergelbes Helichrysum, Zuckerbüsche und Baumfuchsien. Es duftet betörend. Und dann, nach etwa einer Stunde Marsch, öffnet sich der Himmel, die Sonne fällt ins Tal, lässt die Felswände goldrot glühen. Es ist ein Anblick, der nicht nur den älteren, weißhaarigen Herrn, der neben dem Weg steht, zum Schwärmen bringt: Balthazar Ter Hagen. War mal Professor, etwas mit Naturwissenschaften. „Diese Berge“, sagt er, „waren schon da, bevor der Urkontinent Gondwana auseinanderbrach.“ Gondwana? Mesozoikum? „Vergessen Sie Himalaya, Anden, Alpen“, so Ter Hagen, „die Drakensberge sind deren Urgroßvater. Hier ist Zeitlosigkeit, Ewigkeit, hier empfinde ich den Glockenschlag der Seele.“

Man könnte noch lange philosophieren, doch wir müssen weiter. Immer tiefer ins immer schmaler werdende Tal. Durch Dickicht, Wald, über Wurzeln, Geröll, Felsbrocken. Immer näher heran an die Amphitheatre Wall, in der silbern strahlend der Wasserfall prangt. Es ist ein mühsamer Aufstieg. Zwei Stunden lang. Drei Stunden. Und dann der Gedanke: Wie kommt es, dass man sich wie getrieben fühlt? Als würde man angezogen, hineingerufen in diese einsame, verwegene, wilde Welt. Schon am Abend zuvor machte sich dieses Gefühl breit. Wir hatten den Highway N 3 bei Frere verlassen und waren Richtung Winterton unterwegs, als die Drakensberge am Horizont auftauchten. Goldgelbes Abendlicht in den Feldern, über den schwarzen Gipfeln in der Ferne ein Wetterleuchten. Gespenstisch und geheimnisvoll sah das aus, aber auch anmutig und verlockend.

Der Naturfreund Goosen, der oft wochenlang unterwegs ist, um Nester des vom Aussterben bedrohten Lämmergeiers zu suchen, sieht das alles mit gemischten Gefühlen. Einerseits trägt der Tourismus durch Eintrittsgelder und Einkünfte aus Übernachtungen dazu bei, dass die Parkverwaltung sich um Hege und Pflege kümmern kann. Andererseits sagt Goosen: „Die Zivilisation rückt immer näher heran, die Menschen lieben ihre Natur zu Tode." Wenngleich er das verstehen kann: „Die Drakensberge sind nicht so verkabelt wie die Alpen, sie sind nicht so erschlossen wie die Rocky Mountains, gerade das macht sie so attraktiv." Noch stört es das Erlebnis kaum, dass Hubschrauber-Rundflüge organisiert werden, dass in der Gegend von Champagne Castle Dutzende von hochmodernen Resorts entstanden sind, Golfplatz inklusive. Größere Sorgen bereitet Goosen und seinen Kollegen die Zunahme von Waldbränden, die oft von Schmugglern und Viehdieben aus Lesotho gelegt werden, um die Grenzpatrouillen abzulenken.

Einige Tage später sind wir in der Gegend des Champagne Castle, allerdings nicht inmitten der Resorts, sondern eine halbe Stunde Autofahrt abseits davon auf der Ardmore Guest Farm von Paul Ross. Hier gibt es keinen Golfplatz, kein Spa, keine Bar mit Showprogramm. Ross kam schon mit seinen Eltern zum Urlaub hierher. Als die Farm dann zum Verkauf stand, konnte er nicht anders und erwarb sie. Das Gebäude, 1910 mit Material aus Wolverhampton gebaut, hat er kaum verändert, das alte Mobiliar nur ergänzt durch seine Sammlung afrikanischer Kunst, darunter Objekte des benachbarten Workshops, wo einheimische Künstler bunt bemalte Keramik, Teller, Tassen und Vasen produzieren. Und wenn man abends auf der Terrasse sitzt, über das weite Land hinüberblickt zu den Drakensbergen, überragt vom Gipfel des Champagne Castle, kann es schon passieren, dass man an den Streifen „Jenseits von Afrika" denkt.

Ross kennt die Drakensberge von Kindesbeinen an, lernte früh die erhabene Kulisse der Amphitheatre Wall kennen. Schaute vor dem Cathedral Peak von der Didima Lodge in die dramatische Natur, über die sich die nicht minder dramatische Dämmerung senkte. „Ein Farbenspiel wie aus einem Malkasten", sagt Ross. Er erinnert sich bis heute an Fahrten durch blumengelbe Wiesen, stets begleitet von einem Bilderbuch-Panorama. Nach dem Frühstück schickt er uns nach Giant's Castle, wo vor der Einfahrt in den Park Findlinge aus steilen, vor Grün strotzenden Hängen wüchsen; wo man Felsmalereien der San finden könne, die schon vor 6000 Jahren aus zerriebenen Steinen, Pflanzensaft und Tierblut Farbe gemischt hätten.

Genauso kommt es: blumengelbe Wiesen auf der Fahrt. Findlinge in steilen, vor Grün schwelgenden Hängen. Und dann die Malereien: schlichte Bilder eines archaischen Lebens. Sie zeigen, wie die San jagten, wie sie Regen machten, wie sie die Pfeile der bösen Geister abwehrten, die mit ihnen Krankheit und Unglück übertrugen. In einer Höhle hat die Parkverwaltung Figuren von diesen Menschen um eine Feuerstelle herum aufgestellt. Ein Wachsfigurenkabinett aus der Urzeit. Davor stehen die Menschen der Neuzeit – in bunter Regenjacke, wasserabweisenden Wanderschuhen

„Einmal zum Gipfel, bitte!" Kinder nahe Emmaus am Cathedral Peak, der 3004 Meter hoch ist. Rechts: das Besucherzentrum des Royal Natal National Park im nördlichen Teil der Drachenberge. Hier gibt's unter anderem Informationen zu Wandertouren

und mit Digitalkamera. Sie machen große Augen, wenn die Führerin Froschlaute macht und mit der Zunge schnalzt, um zu demonstrieren, wie die San mit den Bergen sprachen. Sie erzählt, dass die Zulu sich während ihrer Kriege gegen die Buren in Schluchten versteckt hätten. Und dass die Zulu weiterhin glaubten, dass man auf den Gipfel des Giant's Castle, Ntabakayikhongjuva, wie sie ihn nennen, nicht mit dem Finger zeigen dürfe, weil dann das Wetter schlecht werde oder das Haus abbrenne.

Um halb sieben morgens parkt Ray Watt seinen Jeep vor dem Albizia House Bed & Breakfast in Himeville, weiter südlich in den Drakensbergen. Die Ladefläche ist vollgepackt mit alten Klamotten, Schweinefutter, Düngemittel, Keksen. Dazu das von seiner Freundin Daniela vorgekochte Abendessen. Der kleine, energische Mann ist für diese Uhrzeit schon ansteckend fröhlich. Er hat mal in Durban gelebt und dort in einer Papierfabrik gearbeitet. Schichtarbeit. Gute Bezahlung, wenig Befriedigung. In seiner Freizeit fuhr er in die Drakensberge. „Ich bin ein Mountain-Man", sagt Watt. „Als ich erfuhr, dass ein Reiseveranstalter sein Geschäft in Underberg verkauft, war klar: Das ist es, das will ich." Verrückt, sagten seine Freunde, alles aufgeben, Rente, Sozialversicherung, noch dazu ohne Erfahrung im Metier. Jetzt hat Watt sieben Geländewagen, veranstaltet Tagestouren zum Sani-Pass und mehrtägige Exkursionen durch Lesotho. Watt: „Die südafrikanische Seite ist okay, aber nichts ist schöner als der Rücken der Drakensberge."

Die Fahrt von Himeville zum Sani-Pass dauert etwa dreieinhalb Stunden. Auf halber Strecke stoppt Watt den Jeep. Man blickt zurück ins dunstige Tal mit dem Umkomaas-Fluss. Ringsum erhebt sich endlos der Fels. Monumentale, steinerne Einöde. Ungezügelte Gewalt der Berge. Rohe Romantik, zerklüftete Ästhetik. Ein Bild, wie es nur die Natur zustande bringt. Oder große Kunst. Und es stimmt schon, was Goosen gesagt hat, die Aura, die dabei mitschwingt, kann man nicht beschreiben, während sie einen begleitet, steinige Serpentinen hinauf bis zu einer verrosteten Schranke neben einer Baracke mit gähnenden Zöllnern. Daneben gemauerte Rundhütten, vor denen spärlich bekleidete Menschen in Wolldecke und Gummistiefeln stehen. Auf dem baumlosen Plateau dahinter grasen Pferde, Ziegen und Schafe. Willkommen im Königreich im Himmel. Willkommen in Lesotho. Schweiz Afrikas, Dach des Schwarzen Kontinents. Watt: „Als ich zum ersten Mal hierherkam, habe ich meine Uhr weggeworfen."

Es wird eine atemberaubende Tour durch ein Land wie aus einem verwunschenen Märchen. Der Jeep holpert über die Piste. Ray grüßt winkend jeden Reiter, jeden Hirten. In der Stadt Mokhotlong zerfließt alles vor Langsamkeit. Im Dorf Matebeng laufen lachende, halb nackte Kinder, die an Yamswurzeln kauen, an Aloekakteen vorbei. Über den Feldern hängt der Duft von Minze, auf den Höhen pfeift ein eisiger Wind. Ein alter Dorfchef sitzt wie ein Aristokrat mit einem von Falten zerfurchten Gesicht vor seiner Hütte; der Fußboden besteht aus gestampftem Kuhdung, mit dem auch geheizt wird.

Sie haben keine Elektrizität hier oben, nur Kerzen. Die Nacht legt sich über diese Welt wie ein pechschwarzes Tuch. Die Zeit scheint stillzustehen auf dem Rücken der Drakensberge, eingefasst von endlosen Felsmassiven, in deren Tälern sich gewaltige Flüsse eingegraben haben, der einzige Reichtum eines Landes, das zu den ärmsten Ländern der Welt gehört. Deshalb belädt Watt vor jedem Besuch den Jeep mit Geschenken. Die Kleidung ist für die Kinder, Schweinefutter und Düngemittel sind für Kleinbauern. Er verteilt Zigaretten, nimmt Kinder mit zur Schule, die sonst auf die Kleinbusse stundenlang warten müssten, und hat ein bisschen SeSotho, ihre Sprache, gelernt. „Pomela Ntate!", ruft er, wenn er einen Mann begrüßt. „Sama Hankli" – auf Wiedersehen. „Khe Le Boa" – danke. Nur wenn er in die raue, gigantische, gewaltige Bergwelt schaut, dann schweigt er. Schweigt und hat feuchte Augen. Als wir zwei Tage später Lesotho wieder verlassen, hinunter nach East Griqualand, sagt Watt: „Es gibt kein Wort, mit dem man die Erfahrung in diesen Bergen beschreiben kann." Vielleicht doch. Was bedeutet das Sotho-Wort Babganati, Ray?" – „Babganati? – Das sagt man, wenn etwas ‚sehr groß' ist, auch Sachen, die unfassbar sind."

Genau das ist es. ■

Info und Karte ab Seite 144

Der Autor **GERHARD WALDHERR** und der Fotograf **BERND JONKMANNS** werden im Editorial auf Seite 4 vorgestellt.

SÜD-AFRIKA Tours

Südafrika
Namibia

Neugierig auf Afrika?

Passau
Linz
St. Pölten
Wien
Eisenstadt
München
Salzburg
Bregenz
Innsbruck
Kufstein
Graz
Klagenfurt
Bozen
Udine
Ljubljana
Marburg
Zagreb
A 9
A 10
A 13

INFO DRAKENSBERGE

Einfach überragend

Die Gebirgskette der Drakensberge bietet Abwechslung für Naturfreunde und Aktivurlauber

Als Drakensberge bezeichnet man den etwa 1000 Kilometer langen Gebirgszug zwischen Krüger-Nationalpark und Lesotho. Die touristisch interessanten Natal-Drakensberge erstrecken sich über etwa 250 Kilometer vom Royal Natal National Park über den uKhahlamba-Drakensberg-Nationalpark bis zum East Griqualand (Höhe Durban).
Sie sind zu erreichen über die Autobahn N 3, von der kleine Straßen zu Wanderwegen und Unterkünften abzweigen. Allerdings werden diese Straßen oft schlechter, je näher man den Bergen kommt, und enden in Sackgassen. Manchmal muss man zurück zur N 3 und parallel zu den Bergen weiterfahren, um den passenden Weg zu finden.

Didima Lodge: traditionelle Häuser vor grandioser Bergkulisse

ANSCHAUEN

UKHAHLAMBA-DRAKENSBERG-NATIONALPARK
Die staatliche Naturbehörde KwaZulu-Natal Wildlife organisiert im Bereich des Nationalparks (uKhahlamba Drakensberg) und dessen Umgebung eine Reihe von Touren und Besichtigungsprogrammen. Das Angebot ist sehr umfangreich und variiert bezüglich der Qualität der Unterkünfte. Zu empfehlen sind insbesondere ein Besuch der Wildreservate Injisuthi (interessant für Ornithologen) und Hluhluwe (Seite 94) sowie die Höhlenmalereien von Giant's Castle und Kamberg. Ein hervorragendes Museum befindet sich in der Nähe der Didima Lodge/Cathedral Peak (Foto oben), wo sich angesichts der stimmungsvollen Hütten und des grandiosen Bergpanoramas dahinter ein längerer Aufenthalt anbietet. Möglich ist es auch, Hotels, Lodges, Wanderhütten, Campingplätze sowie private Anbieter über die Naturbehörde zu buchen. Die Preise für Übernachtungen reichen von 152 Rand pro Person in einer 8-Bett-Kabine in Injisuthi über 360 Rand pro Person in einem 2-Bett-Chalet in der Didima Lodge/Cathedral Peak bis zu 450 Rand pro Person in einer 6-Bett-Luxuslodge in Giant's Castle. Berghütten mit Mehrbett-Zimmern kosten etwa 75 Rand/Person. Für Wanderungen, die länger als einen Tag dauern und eine Übernachtung in einer Berghütte erfordern, wird eine Gebühr von 30 Rand erhoben. Tipp: Infos rechtzeitig einholen und eventuell vorab buchen.

Main Cave: Freilichtmuseum in der Nähe von Giant's Gastle

DRAKENSBERG BOYS' CHOIR
Dieser Chor, bestehend aus Knaben unterschiedlicher ethnischer Herkunft, zeigt die kulturelle Vielfalt Südafrikas. Das Repertoire umfasst klassische Lieder, Rock, Pop, Jazz, afrikanische Folksongs, zu hören jeden Mittwoch um 15.30 Uhr in einem Theater.
■ Drakensberg Boys' Choir School nahe Champagne Valley, Tel. 036 468 10 12.

WINTERTON MUSEUM
In dem kleinen Museum erfährt man etwas über die Geschichte der Landwirtschaft in der Gegend und begutachtet einen rekonstruierten Kral der Zulu, Zeichnungen der San, Gemälde und Exponate von den Buren-Schlachtfeldern Spionkop und Vaalkrans.
■ Winterton, Colenso Road, Tel. 036 488 18 85. Geöffnet Mo.–Fr. 9–15, Sa. 9–12 Uhr.

THE BATTLEFIELDS ROUTE
In der Nähe der nördlichen Drakensberge fanden zwischen 1899 und 1902 Schlachten zwischen den Buren, Briten und Zulu statt, etwa die bei Colenso, Spionkop und Vaalkrans.
■ Führungen werden angeboten von The Battlefields Route, Tel. und Fax: 082 802 16 43.
www.battlefields.kzn.org.za

INFOS

Die Besucherzentren der KZN Wildlife geben beste Infos über den Nationalpark, Unterkünfte, Sehenswürdigkeiten und Touren und vermitteln auch Führer.

KWAZULU-NATAL WILDLIFE RESERVATIONS
■ Tel. 033 845 10 00, Fax: 033 845 10 01.
www.kznwildlife.com

TOUREN

SAGARMATHA – MONK'S COWL ADVENTURE
Sagarmatha bietet Hiking, Trekking, Mountainbike-Touren, Reitausflüge. Darüber hinaus werden Touren (1–7 Tage) in die Drakensberge veranstaltet.
■ Bergvlei Farm, Winterton 3340, 4 Bell Park Road, Tel. 072 664 29 93.
www.monkscowl.com

AIRBORNE ADVENTURES
Bei Heißluftballon-Rundflügen über die einzigartigen Felsformationen bietet sich ein atemberaubendes Seh-Erlebnis.

Vogelperspektive: mit dem Heißluftballon über die Berge

■ Kontakt: Tel. 033 267 73 11.
www.airborneadventuresafrica.com

THABA TOURS
Ray Watt gehört zu den erfahrensten Tourveranstaltern für den Sani-Pass und Lesotho. Er hat mehrere Programme im Angebot, von Halbtagestouren bis zu 15-tägigen Exkursionen durch die unberührte Bergwelt Lesothos. Auch individuelle Tourangebote.
■ Mica Hardware Centre, Underberg 3257, Main Road (P.O. Box 361), Tel. 033 701 23 33.
www.thabatours.co.za

FOUR RIVERS RAFTING & ADVENTURES
Im Angebot: Rafting-Trips (1–3 Tage), Quad-Biking und andere Outdoor-Aktivitäten.
■ Tel. 083 785 16 93.
www.fourriversadventures.co.za

i **Tel.-Vorwahl aus Dt.: 0027, dann die lokale Nummer ohne Null**
Umrechnen in Euro: Rand-Betrag durch 9 teilen

Fotos: Bernd Jonkmanns (3)

ÜBERNACHTEN

Die meisten Unterkünfte sind einigermaßen problemlos zu finden. Einige haben jedoch keine Adresse und geben nur Fahranweisungen, über welche Straßen sie zu erreichen sind. Hotels und Lodges haben häufig zusätzliche Hinweisschilder angebracht. Informationen:
■ **www.zulu.org.za**

ALBIZIA HOUSE B & B

Charmantes Bed & Breakfast mit drei Doppelzimmern. Familiäre Atmosphäre, hervorragendes Frühstück. Bestens geeignet für Touren in die südlichen Drakensberge. Besitzer Chris Wheeler bietet ein- bis 12-tägige Ausflüge an, die auch Safari und Shopping beinhalten.
■ Himeville 3256,
62 Arbuckle St.,
Tel. u. Fax: 033 702 18 37.
www.africaalbizia.co.za/bnb

CATHEDRAL PEAK HOTEL

In diesem erstklassigen Resort am Fuße des Cathedral Peak bleiben keine Wünsche offen: Neben Golfplatz, Hubschrauber-Landeplatz für Rundflüge, Konferenz-Zentrum, Swimmingpool und Spa gibt es eine kleine Steinkapelle für Hochzeiten.
■ KwaZulu-Natal 3340,
P.O. Winterton,
Tel. 036 488 18 88.
95 Zimmer: DZ 570–1580 R.
www.cathedralpeak.co.za

SYCAMORE AVENUE

Wer eine Schwäche für Baumhäuser hat, ist hier richtig. In luftiger Höhe stehen drei rustikale Unterkünfte für jeweils zwei Personen zur Verfügung. Dazu gibt es zwei Cottages und eine Suite im Guesthouse.
■ Mooiriver, Hidcote Road,
Tel. u. Fax: 033 263 28 75.
Übernachtung pro Person
400–450 R (Baumhaus),
325 R (Guesthouse),
450 R (Cottages).
www.sycamore-ave.com

ARDMORE GUEST FARM

Eine der schönsten Unterkünfte befindet sich auf dem Weg Richtung Champagne Castle/Monk's Cowl. Hinter der ehemaligen Farm erhebt sich der Gipfel des Champagne Castle. Man übernachtet in Rundhütten, ist abends bei Besitzer Paul Ross zum Dinner eingeladen und bestaunt dabei seine umfangreiche Keramiksammlung.
■ Tel. u. Fax: 036 468 13 14.
9 Hütten: 285–395 R/Pers.,
inkl. Dinner und Frühstück.
www.ardmore.co.za

Ardmore Guest Farm: Rundhütten mit herrlicher Aussicht

HLALANATHI BERG RESORT

Wunderbar gelegen in den nördlichen Drakensbergen. Von der Veranda der meisten Guesthouses blickt man über den Tugela River zum Felsmassiv Amphitheatre. Zum Resort gehört ein Golfplatz.
■ Bergville 3350, Private Bag X1621, Tel. 036 438 63 08.
16 Chalets: Übernachtung ab 360 R pro Person.
www.hlalanathi.za.net

MTHINI LODGE

Exklusive, stilvoll möblierte und nur für maximal 8 Gäste angelegte Lodge in den südlichen Drakensbergen nahe Underberg. Der Blick von der Terrasse über einen angrenzenden See ist zauberhaft, das Essen exquisit. Mögliche Aktivitäten: Fliegenfischen, Reitausflüge, Moutainbiking.
■ Penwarm Country Lodges, Underberg 3257, P.O. Box 253, Tel. 033 701 17 77.
DZ ab 950 R pro Person,
inkl. Vollpension.
www.penwarn.com

SANI TOP CHALET

Neben der Grenzabfertigung des Königreichs Lesotho auf dem Sani-Pass befindet sich das Sani Top Chalet, laut Eigenwerbung der „höchstgelegene Pub Afrikas". Neben einem atemberaubenden Ausblick von der Bar bietet es auch Unterkünfte an.
■ Himeville 3256, P.O. Box 232, Tel. 082 715 11 31.
Preise pro Person in Rundhütten 375 R, im DZ im Hauptgebäude 300 R, im Gemeinschaftsschlafsaal 100 R, auf dem Campingplatz 50 R. **G.W.**

Kleine Unbekannte

Schon mal was von Lesotho gehört? Der Staat liegt wie eine Insel im Osten Südafrikas, liefert dem großen Nachbarn jede Menge Wasser und ist für etliche Aha-Erlebnisse gut

Es gibt Länder, von denen man so wenig weiß, dass sie jede Menge gute Quizfragen hergäben. Etwa: Welcher Staat im südlichen Afrika verzeichnet im Winter zuverlässig Tiefsttemperaturen von minus 30 Grad Celsius und darunter? Oder: Wie heißt das einzige Land der Welt, das praktisch mit seinem ganzen Staatsgebiet auf einer Höhe von mindestens 1000 Metern liegt? Und: Welches afrikanische Land registriert pro Jahr an durchschnittlich 100 Tagen Gewitter?

Das wäre erst der Anfang. Denn Lesotho ist von so vielen außergewöhnlichen Fakten und Besonderheiten geprägt, dass man noch zig weitere solche Fragen fände. Schließlich ist es darüber hinaus komplett von einem anderen Staat (Südafrika) umschlossen – was sonst weltweit nur noch auf San Marino und den Vatikan-Staat zutrifft. 99 Prozent der Bevölkerung stellen die Sotho, ein ethnisch homogenes Volk, das über Jahrhunderte seine Kultur, Identität und Sprache (SeSotho) bewahrt hat. Und Lesotho verfügt obendrein über so viel Wasser, dass es damit ein Viertel seiner Exporteinnahmen erzielt.

Man nennt Lesotho (wie auch das Königreich Swasiland) die Schweiz Afrikas. Das liegt an den Maluti Mountains und den Drakensbergen (Seite 136), deren höchste Erhebungen im Osten und Süden die Grenze zu Südafrika bilden und deren Hochplateaus sich weit ins Zentrum des Landes erstrecken. Geografie, sagt man, sei Schicksal. Und die Geografie hat Lesotho, das mit etwa 30 000 Quadratkilometern ungefähr so groß ist wie Brandenburg, viel zerklüftetes Terrain beschert, wenig Vegetation und kaum Bodenschätze, dafür aber ein kostbares Element im Überfluss: Wasser. An den Gebirgsketten regnen sich die Wolken im südlichen Afrika ab, weshalb Lesotho auf der Landkarte aussieht wie von einem blauen Adergeflecht überzogen. Die größten Flüsse sind der Senqu (Oranje River), der sich vom Nordosten nach Südwesten schlängelt, und der Mohokare (Caledon River), der die nordwestliche Grenze markiert.

Der Leitspruch des Landes lautet „Khotso, Pula, Nala" – Frieden, Regen, Wohlstand. Und um diese drei Ideale ging es auch, als 1986 zusammen mit Südafrika das größte Bauvorhaben Afrikas beschlossen wurde: das Lesotho Highlands Water Project (LHWP). Seither sind die monumentalen Staudämme Katse und Mohale und ein 200 Kilometer langes Kanalsystem entstanden, durch das täglich Millionen Kubikmeter Wasser gepumpt werden, die den Ballungsraum von Johannesburg und die Industriegebiete um Durban versorgen. Den Strom dafür produziert das Wasserkraftwerk von Muela. Für das LHWP, dessen erste Phase 2004 abgeschlossen wurde, mussten 20 000 Men-

Ursprünglichkeit kennzeichnet das gebirgige Land, dem die Menschen auf kleinen Feldern das abringen, was sie zum Überleben brauchen. Neben Ziegen, Schafen und Rindern halten die Familien vereinzelt auch Schweine

schen umgesiedelt werden, die Bauern unter ihnen verloren ihr Land, viele konnten sich keine neue Existenz mehr aufbauen. Insgesamt acht Milliarden Dollar soll das Projekt bis zur Fertigstellung der zweiten Phase (bis 2020 sind

In Bergdörfern wie Makanyaneng schützt man sich mit Decken aus Schafwolle gegen die Kälte

Fotos: Bernd Jonkmanns (3)

drei weitere Dämme geplant) kosten. Lesotho ist schon jetzt der Brunnen Südafrikas. Zuverlässige Zahlen gibt es nicht, doch mit dem begehrten Element erzielt es Schätzungen zufolge bereits heute einen Erlös von umgerechnet 20 bis 50 Millionen Euro jährlich.

Frieden und Regen haben sie, auf den Wohlstand warten die Menschen jedoch immer noch. Die rund 2,2 Millionen Einwohner sind hauptsächlich Viehhirten und Kleinbauern, die Mais, Kürbis, Zuckerbohnen und Kohl anbauen. Neben Rindern und Geflügel halten sie in erster Linie Schafe und Ziegen, unter anderem zur Produktion von Mohair- und Merinowolle. 60 Prozent der Bevölkerung sind direkt von der Agrarwirtschaft abhängig. Trotz einiger Textil- und Kunsthandwerksfabriken und Dienstleistungsbetriebe ist Lesotho eines der ärmsten Länder der Welt mit einem Bruttoinlandsprodukt von jährlich 702 US-Dollar pro Kopf.

Eine Reise nach Lesotho ist daher ein Kontrastprogramm zum vergleichsweise hoch entwickelten Südafrika. In der Hauptstadt Maseru, 220 000 Einwohner, findet man zwar passable Unterkünfte, dazu ein Hotel mit Casino und Kino, es gibt ein paar Kolonialbauten (bis 1966 war das Land britisches Protektorat), etliche Hochhäuser, doch von einer modernen, pulsierenden afrikanischen Metropole ist nichts zu spüren. Armut und hohe Arbeitslosigkeit sind verantwortlich für Gewaltkriminalität, vor allem Überfälle und Autodiebstahl. Politische Unruhen dagegen sind seit den Wahlen 2002 nicht mehr zu verzeichnen. Die Regierung führt Premierminister Bethuel Pakalitha Mosisili, Staatsoberhaupt der konstitutionellen Monarchie ist König Letsie III.

In den Provinzstädten und mehr noch in den Bergen herrschen beinahe archaische Verhältnisse. Die meisten Haushalte haben keinen Strom, Konsumgüter sieht man höchst selten, Hauptverkehrsmittel ist das Pferd. Gegen die Kälte in den Bergen hüllen sich die Menschen in traditionelle, bunte Decken (Kobo), sie tragen Strohhut (Mokorotlo) und Gummistiefel. Die Unterkünfte für Touristen sind außerhalb Maserus entsprechend schlicht bis spartanisch.

Doch genau in seiner Ursprünglichkeit liegt der Reiz dieses kleinen Landes. Wer durch monumentale Berglandschaften voller Aloekakteen reiten will, wer alte Kannibalenhöhlen besuchen, versteinerte Wälder und Fußabdrücke von Dinosauriern sehen möchte, wer die touristischen Pfade verlassen will, der sollte hinfahren. Auch ein Besuch des Thaba Bosiu lohnt. Von dem bizarren Felskegel aus wehrte Moshoeshoe I., der erste König Lesothos, mit seinen Anhängern im 19. Jahrhundert die Angriffe der Buren ab. Unter anderem seiner Politik verdankt das Land seine 1966 erreichte Unabhängigkeit. ■

Gerhard Waldherr

ANLAUFSTELLEN ZUR REISEVORBEREITUNG

BOTSCHAFT LESOTHOS

Die Website gibt einen Überblick über den Staat und bietet einige touristische Informationen, außerdem eine Landkarte und nützliche Links, etwa zum Auswärtigen Amt.

■ 10787 Berlin, Kurfürstenstr. 84,
Tel. (030) 257 57 20.
www.lesotho-botschaft.de

REGIERUNG ONLINE

Auf der englischsprachigen Website informiert Lesothos Regierung umfassend über ihr Land – von Politik über Sport bis Tourismus.
www.lesotho.gov.ls

MORIJA MUSEUM AND ARCHIVES

Das Museum in Morija, ca. 40 Kilometer südlich von Maseru, präsentiert eine Auswahl geologischer Funde, darunter Fossilien vor allem von Dinosauriern, außerdem ethnografische und historische Exponate, die u.a. das Leben und die Bedeutung des ersten Königs Lesothos, Moshoeshoe I., dokumentieren. In der ersten Oktoberwoche findet alljährlich ein Kunst- und Kulturfestival statt.

■ Morija 190, P.O. Box 12, Lesotho,
Tel. und Fax: (00266) 22 36 03 08.
www.morijafest.com

DIE GANGS sind aus den Straßenschluchten vertrieben. Unter den Highway-Brücken hat sich friedlich der Mai Mai Market eingerichtet: auch mit einer Kosmetikerin und selbstverständlich mit einer Sangoma, die Knöchlein-werfend weissagt

Ausweitung der Friedenszone

Schritt für Schritt ist das Geschäftsleben aus den ruhigen Vororten in die lange Zeit verrufene Innenstadt zurückgekehrt: Es geht wieder aufwärts mit Johannesburg

Text von Randolph Braumann,
Fotos von Guy Stubbs

DOWNTOWN Jo'burg mit seinem markanten Carlton Centre wird von zwei Highways begrenzt. In der Betonwüste zwischen den beiden „Hochstraßen" gehen der Schuster James Ablin, die Zulu-Kräuterfrau, die Shopper im Carlton Centre, relaxende Angestellte der Anglo American und auch die Studenten wieder zuversichtlicher durchs Leben

Johannesburg liegt auf 1750 Meter Höhe, ist die Hauptstadt der Provinz Gauteng und das wirtschaftliche Herz Südafrikas. Im Großraum Jo'burg leben mehr als sechs Millionen Menschen

Es gibt zwei Merkmale, die Johannesburg einzigartig machen unter den großen afrikanischen Städten. Erstens ist es die einzige Metropole des Kontinents, die nicht an einem Fluss oder an einem Hafen gegründet worden ist. Und zweitens ist es die berüchtigste, verrufenste Stadt. „Africa's Infamous City" lautet ein Buchtitel, was man so übersetzen kann: „Afrikas niederträchtige Stadt". Noch vor einer Generation bedeckte an stürmischen Tagen feiner, goldgelber Staub von den Abraumhalden die Stadt. Dann wusste man, warum diese Ansammlung von Menschen (vier Millionen, fünf Millionen, wer weiß das schon?) ausgerechnet hier, auf dem 1800 Meter hohen Plateau des Highveld, entstanden ist: nämlich genau über den ersten Goldminen.

Jo'burg – wie wir es ab jetzt nennen wollen, weil alle seine Einwohner es tun – hat eine dunkle Geschichte. Die Jahre nach den ersten Goldfunden von 1886 waren geprägt von Gewalt und Anarchie, allerdings auch vom Kampf der sofort präsenten Kapitalgesellschaften gegen Gewalt und Anarchie. Das erste öffentliche Gebäude war nicht etwa ein Krankenhaus, sondern ein Gefängnis, gebaut im November 1887. Die Zuid-Afrikaansche Republiek (Transvaal), auf deren Territorium das Gold entdeckt worden war, gestattete 1886 den ersten Goldsuchern zwar, sich in einem Camp auf dem Farmgelände eines Johannes Burg in Zelten einzurichten und durch Händler versorgen zu lassen, erkannte „Johannes Burg" jedoch nicht als Siedlung an. Präsident Paul Krüger (Seite 89) dachte, die Uitlanders (Ausländer) würden schon bald wieder abhauen, wenn die Goldvorräte erschöpft seien, ein folgenschwerer Irrtum des Patriarchen. Der Streit um den Besitz dieses Goldes war einer der Gründe für den Burenkrieg, der 1902 mit dem Sieg Englands und dem Ende der Burenrepubliken endete.

Nachdem die Buren sich die Macht zurückgeholt hatten, ganz demokratisch 1948 mit dem Wahlsieg ihrer National Party, setzten sie ihre Politik der Apartheid durch. Keine andere Stadt Südafrikas litt so unter der „Whites-only"-Gesetzgebung wie Jo'burg. Denn Hunderttausende von Schwarzen arbeiteten in Jo'burg. Wohnen und leben (mit „eigenen" Krankenhäusern, Schulen, Restaurants) aber mussten sie in separaten Townships, vor allem in Soweto, das 1980 schon eine Million Einwohner hatte (heute leben dort mindestens drei Millionen).

Dabei hatten sich seit Beginn des Goldrausches „Black Residential Areas" problemlos direkt neben „weißen" Wohngebieten entwickelt. Sophiatown, zum Beispiel, war so ein Stadtviertel mitten in Jo'burg, berühmt für seine „Afro-Cultcha", seine Künstler- und Musikszene. Ab 1955 wurde Sophiatown von Bulldozern plattgemacht und dann in eine „weiße Zone" umgewandelt. Für die Schwarzen hieß das: ab nach Soweto.

Es war zu erwarten, dass ab 1990, nach dem Ende der Apartheidspolitik, die Sehnsucht nach der Rückkehr in die Goldstadt, nach eGoli, übermächtig sein würde. Aber als Erste rückten nicht die Familien, die sich ihre Häuser in Soweto längst wohnlich eingerichtet hatten, ins Stadtzentrum Jo'burgs ein, sondern die Verdammten dieser Erde, die Zukurz-Gekommenen, die jungen Hoffnungs- und Arbeitslosen mit ihrem Hass auf die Gesellschaft. Die Folge war eine überstürzte Flucht der Weißen aus der Innenstadt, dann die Flucht der Geschäftsleute, auch des Big Business – Sturz der Mietpreise, leere Hochhäuser, die dann von Gangs kontrolliert und aufgefüllt wurden, auch mit illegalen Einwanderern aus Nigeria, Simbabwe und dem Kongo. Die Welthauptstadt des Goldes wurde die Welthauptstadt des Verbrechens.

Unter denen, die nach Jo'burg kamen, war James Ablin, damals 19 Jahre jung. Aber er kam 1991 nicht als Tsotsi, als Gangster, sondern in friedlicher Absicht. James ist Schuster. Er hockte sich in der Main Street an eine Hauswand, baute unter freiem Himmel seine Utensilien auf und begann, Schuhe zu besohlen. Damals hatten die Minengesellschaften, die Börsianer und die Banken noch ihre Zentrale in der Main Street. Die Herren aus den Büros ließen ihre Schuhe bei James und holten sich jeweils am nächsten Tag das fertige Schuhwerk wieder ab. James wohnte in Soweto. Und da er nicht das ganze Material und alle Schuhe mit der Eisenbahn nach Hause transportieren konnte, packte er alles Abend für Abend in ein Einkaufswägelchen, das er irgendwo in einem Hauseingang versteckte. In jenen Jahren, in denen rund um die Uhr überfallen und geraubt wurde, war es klar, dass früher oder später auch der Schuh-Trolley geklaut würde.

Eines Tages war er weg. Einige Kunden verlangten Entschädigung, aber James hatte weder Bargeld noch Kredit bei irgendeiner Bank. Immerhin hielten ein paar Gutherzige zu ihm, sodass er weitermachen konnte. Doch 2003 räumte die Polizei die Main Street von allem, was jetzt Informal Trading (Handel ohne Lizenz) hieß. Das war nun nur noch in dafür ausgesuchten Gewerbegebieten erlaubt. James wurde mit seinen Utensilien in eine Gegend verfrachtet, in der niemand 25 Rand (knapp 3 Euro) für neue Absätze hatte.

„Ich glaubte, jetzt sei alles aus", erzählt er uns. „Doch eines Tages erschien bei mir ein alter Freund, den ich ein paar Jahre vorher in der Main Street kennen gelernt hatte. Er sagte, er wolle sich dafür einsetzen, dass ich zurückkehren könne. Ich

Jo'burg hat wieder eine große Vision

PACKEN WIR'S AN!, sagten ein paar Konzernbosse und setzten Straßenkinder zur Video-Überwachung des Business District ein. Packen wir's an!, sagte US-Milliardär James B. Sherwood (Orient-Express Hotels), als er ein pleitegegangenes Villenprojekt in ein Hotel verwandelte: The Westcliff. Packen wir's an, sagte eine Österreicherin und ließ die Wurstbude wieder auferstehen

hab das nicht geglaubt." James' alter Freund war John Dewar, Direktor der Johannesburg Land Company, einer Immobiliengesellschaft, die dabei ist, die Innenstadt für das Big Business zurückzuerobern. Dewar sitzt in einem Panorama-Büro in einem Penthouse an der Fox Street. Seine E-Mail-Adresse lässt erahnen, wie er sich dort fühlt: @summitman!

„Warum ich ausgerechnet auf James gekommen bin? Vielleicht, weil er mir schon immer aufgefallen war. Er arbeitete wirklich hart, aber er lächelte, und er hielt das Fleckchen Straße, auf dem er werkelte, immer sauber – im Gegensatz zu all den anderen fliegenden Händlern. Ich hatte einfach das Gefühl, ich müsste etwas für ihn tun."

Im Oktober 2004 erlebte der kleine Schuster James Ablin die Überraschung seines Lebens. Die Johannesburg Land Company überreichte ihm ein fein gestaltetes Wellblechhäuschen, abschließbar und sogar mit einem Firmenschild: „Hollard Street Cobbler" (Cobbler = Schuster). James hatte jetzt – für ihn völlig unerwartet – ein eigenes, festes Geschäft, und das auch noch mietfrei, wie John Dewar vertraglich festschrieb.

Die Geschichte des Flickschusters James Ablin ist nicht nur wahr, sie ist auch symbolhaft für das, was in diesen Jahren in der Metropole Jo'burg passiert: In kleinen Schritten verwirklicht sie eine große Vision. Nur ein kleiner Schritt: Gegenüber Ablins Cobbler-Häuschen hat Nino's, eine Restaurantkette, zum ersten Mal seit 15 Jahren wieder ein Café im Stadtzentrum eröffnet. Man sitzt wie in Italien draußen auf der Piazza. Eine Band spielt populäre Afro-Musik. Wenn man an den Gebäuden hochschaut, entdeckt man kleine Video-Kameras, an jeder Hausecke eine. Sie sichern alles das ab, was Menschen wie John Dewar planen und realisieren. Wieder, wie schon 1886, sind es vor allem die Kapitalgesellschaften, die den Kampf gegen die Kriminalität führen. Ihrer Aktion gaben sie diesmal sogar einen Namen: Business Against Crime.

Das, was immer schon CBD hieß – Central Business District –, wird vom höchsten Gebäude der Gegend aus, dem 50-stöckigen Carlton Centre, auf 200 Monitoren überwacht. Vor den Bildschirmen sitzen keine Sicherheitsexperten, sondern erstaunlich junge Frauen und Männer, viele von ihnen stark körperbehindert in Rollstühlen. Die Initiatoren von Business Against Crime hatten die geniale Idee, den wirklich Eingeweihten hier einen festen Job zu verschaffen, heimatlosen Straßenkids, vor allem aber den bisher dort unten in den Straßen bettelnden Krüppeln. Die kennen nun wirklich jeden Gangster und jedes Schlupfloch, und sie haben einen gesunden Hass auf die Tsotsis, die, wenn sie nichts „Besseres" finden, auch Krüppel wegen einiger Münzen zusammenschlagen oder killen – „for pennies or tickeys or no reason at all", wie es in Athol Fugards Roman „Tsotsi" heißt, jenem Roman, der inzwischen verfilmt und mit einem Oscar gekrönt wurde.

Im Carlton Centre können die jungen Kontrolleure vor den Monitoren jedes Gesicht unten in den Straßenschluchten sozusagen auf Armlänge heranzoomen. Wenn sie etwas

VOR DEM APARTHEID-MUSEUM sollen sich die Besucher im Spiegel sehen. Die Installation erinnert an die Zeit der Passgesetze und der Berufsverbote. Im Überlebenskampf von heute zählen andere Begriffe: Energie und Mut zum Risiko. Die Afrikaner engagieren sich im boomenden Galopprennsport. Rechts unten: Ich-AG auf Südafrikanisch, Verkauf von gegrillten Maiskolben

Auffälliges entdeckt haben, wird die Polizei alarmiert. Flüchtende Tsotsis können von Videokamera zu Videokamera weiter verfolgt werden. Täter können später per Video-Beweis auch abgeurteilt werden. Die Sache hat sich herumgesprochen – auch dank eines guten Marketingsystems, das von Neville Huxham, einem früheren Information-Manager des Diamantenkonzerns De Beers, organisiert wird. Im CBD gibt es heute weniger Delikte als je zuvor in der 120-jährigen Kriminalgeschichte der Stadt.

Die Auswirkungen auf das Big Business: Die Standard Bank ist zurückgekehrt, auch die Old Mutual und die große Minengesellschaft Anglo American. Auch die City Dwellers kehren zurück, die klassischen, wohlhabenden Großstadtmenschen. Etwa 100 Gebäude werden renoviert und modernisiert. Aus dem Shakespeare House (an der Market Street), einem Art-déco-Juwel aus den ersten Jahren des 20. Jahrhunderts, und dem Franklin House (an der Pritchard Street) wurden Apartmentblocks, die einen Vergleich mit Luxus-Apartments in New York oder Berlin nicht zu scheuen brauchen.

Da in Jo'burg nun mal das Herz der südafrikanischen Wirtschaft schlägt und niemand hier wegwill, hatte sich das Big Business in den schlimmen neunziger Jahren ganz in der Nähe einen Ersatz für das Geschäftsviertel ausgesucht: den Vorort Sandton. Dort im Norden Jo'burgs entstand eine Manhattan-artige neue Betonwelt. Viele Südafrika-Touristen werden auch heute noch hier durchgeschleust. Und über die gut florierenden Fünf-Sterne-Hotels und die schier endlosen Shopping-Malls dort braucht man sich ja auch wirklich nicht zu beklagen. Aber Afrika, jenes Afrika, das der Besucher aus dem fernen Europa sucht, ist das nicht. Ohne Zweifel: Die Restaurants sind allererste Adressen. Sogar die weltberühmten Smith & Wollensky haben eine Dependance im Sandton Centre, und ihre Steaks sind so konkurrenzlos wie im New Yorker Stammhaus. Aber man sitzt in einem geschlossenen Aircondition-System, gut abgeschirmt von den Kapriolen des Highveld-Wetters.

Welch ein Vergnügen dagegen, an der Main Road in Melville in einem dieser Gründerzeit-Häuser zu sitzen, am offenen Fenster unter den Arkaden – Muscheln, Garnelen und Kingklip auf dem Teller. Und gleich neben den Arkadensäulen verwandelt ein tropischer Regensturm die Straße in einen Sturzbach. Melville ist das – vom CBD aus gesehen – geografisch nächste Stadtviertel Jo'burgs, das eine Friedenszone geworden ist. Es ist landschaftlich sehr reizvoll wegen seiner Koppies, der Hügel. Die historische deutsche Wurstbude, seit 1974 der Treffpunkt der Nachtschwärmer in Hillbrow (und von dort geflüchtet), hat Anfang 2006 in Melville eine neue Heimat gefunden. Im Erdgeschoss eines dieser 100 Jahre alten Häuser mit großflächigem, nur leicht geschrägtem Wellblechdach ist eine Veranda ausgebaut worden, mit überdimensionalen Bierfässern als Tischen. Auf die kann man nun seinen Teller mit Currywurst oder Schnitzel stellen, eine Dose

Windhoek Lager daneben und ein bisschen an zu Hause denken. Und wenn dann Heimweh ausbricht, hilft ein Abstecher in die Bar direkt über der Wurstbude, ins Catz Pyjamas.

An der trendigen Bar- und Jazz-Szene Melvilles kommt ohnehin niemand vorbei. In Rasta-Farben leuchtet das Dach des Cool Runnings. Mit einem roten Stern wirbt La Vista Social Club, mit überraschendem Orange das Berlin. Die pfefferigste Werbung prangt gegenüber der Wurstbude an einem Haus mit schmiedeeisernen Balkonen. Ein original indisches Restaurant lädt zum „Spiced Jazz". Das „i" in Spiced („scharf") ist eine knallrote Peperoni. Die Nächte in Melville sind voller „good Vibrations". Selbst im oben auf einem Hügel gelegenen „A Room With A View", einem Hotel im Stil eines toskanischen Schlösschens, hört man nachts um drei noch leise den Herzschlag-Rhythmus des Reggae oder des Kwaito (Näheres Seite 33).

Zehn Kilometer nördlich von Melville ist eine weitere befriedete Zone – und die heißt auch so: The Zone Rosebank. Diese Einkaufsmeile hat nicht den Nostalgie-Charme von Melville, aber sie schmeckt trotz aller Modernität doch nach Afrika. Der erste Eindruck ist: Wagenburg. Mächtige, rote Backsteinmauern; das Park Hyatt an der Oxford Road wirkt wie ein Hochsicherheitsgefängnis. Aber wenn man dann durch die Mauern hindurchgegangen ist, löst sich alles auf in ein Gewirr von überdachten Passagen und freien Plätzen. Ein African Market, Live-Musik, Straßenartisten, Cafeterias an jeder Ecke: Europa, Nino's, News Café, Primi Piatti, Milky Way, The Mall, La Dolce Vita, Mimmo's.

Und dann ist da noch eine Zone der Freude und Entspannung. Nein, wir meinen nicht Hillbrow, das jahrzehntelang der südafrikanische Ort mit dem höchsten Unterhaltungswert gewesen ist. Hillbrow (= Bergkuppe), wo heute Menschen aus 34 (zumeist afrikanischen) Nationen in völlig überbelegten und von den früheren Mietern aufgegebenen Apartmentblocks hausen, ist weit gehend in der Hand westafrikanischer Rauschgift-Syndikate. 25 Prozent der Frauen dort leben von der Prostitution. Die Tatsache, dass in letzter Zeit von weit im Voraus planenden Immobilienhändlern wieder Hillbrow-Hochhäuser ersteigert werden, lässt zwar für die Zukunft hoffen. Aber vorerst gilt für Touristen: Hillbrow ist No-go-Zone. Europäer werden übrigens kaum ein Taxi finden, das sie dorthin fährt; die Taxifahrer haben Angst um ihr Auto.

Die Zone, die wir meinen, liegt am südlichen Rand der Stadt, und sie hat den schönen Namen Turffontein. Turf ist das englische Wort für „fetter Rasen", Fontein das afrikaanse Wort für „Quelle". Ein Farmer taufte 1857 seinen Besitz auf diesen Namen. 1886 gehörte Turffontein Farm zu den ersten registrierten Goldfeldern. Später baute die Minengesellschaft hier eine Siedlung für etwas besser Verdienende. Die meisten der hübschen Häuschen sind heute verrammelt und leer.

1887 kaufte der Johannesburg Turf Club (Turf bedeutet ja nicht nur „Rasen", sondern auch „Pferderennen") 20 Hektar, auf denen dann eine Galopprennbahn entstand. Turffontein Racecourse war bis in die sechziger Jahre eine der wichtigsten Rennbahnen der Welt, und sie ist es plötzlich wieder. Südafrikanische Weltklasserenner sind heute in Dubai genauso gefragt wie in Chicago, in England wie in Hongkong. Sie wurden in den Trainingsquartieren von Randjesfontein bei Jo'burg geformt. Pferderennen heißt jetzt Phumelela. Neben Jockeys wie Strydom und Simons und Sampson gibt es jetzt auch Mlangeni, Tshaka, Khumalo und andere Leichtgewichte, die sich die Trainer aus den Townships geholt haben. An den Anblick jubelnder Besitzerfamilien mit dunklem Teint ist man seit Jahren gewöhnt. Und was sich auf und in den Tribünen und auf den Wiesen rund um die Bahn abspielt, das ist ein Festival der Regenbogen-Nation: indische Großfamilien beim Picknick; dicke Buren neben dicken Zulus am Boerewors-Grill; strahlende Kinder, die Chicken Curry oder Fish and Chips in Plastikschalen aus den Imbissbuden tragen.

Es gibt natürlich Wetthallen mit langen Tischen, an denen Männer schweigend Rennprogramme studieren und ihr Schweigen nur durch einen Satz unterbrechen: „Noch ein Bier, bitte." An den Wänden Bilder längst verschwundener Rennpferde, die in Verherrlichungspose dastehen. Oben in der Tribüne die privaten Suiten der reicheren Besitzer: „Bitte bedienen Sie sich. Wein? Scotch?"

Im Gourmet-Restaurant Furious wird an jedem Renntag ein köstliches Büfett aufgebaut, Meeresfrüchte, Kudu, Torten. Auf jedem Tisch ein TV-Gerät, das auf zahlreichen Programmen Rennen aus England, Frankreich oder Dubai anbietet, während unten Turffontein läuft.

Vom Furious aus kann man durch die Panoramascheiben direkt nach Hillbrow blicken, über alte Fabrikhallen und die M 2 hinweg. Drei, vier Kilometer entfernt leuchten die Hochhäuser und der Fernsehturm des No-go-Stadtteils in der Sonne. Es ist ein malerischer Anblick.

Man kann sich vorstellen, dass einem Immobilien-Spekulanten das Wasser im Munde zusammenläuft, wenn er sich vorstellt, was daraus noch alles werden kann. ■

Info und Karte ab Seite 156

Zu **RANDOLPH BRAUMANN** siehe Seite 4. Der Fotograf **GUY STUBBS,** 1966 auf einer Farm an den Drakensbergen geboren, sprach eher Xhosa und Zulu als (fließend) Englisch. Lebt heute mit Familie in Irene/Pretoria.

Melvilles Nächte sind voller „good Vibrations"

INFO JOHANNESBURG

Es geht aufwärts

Von grünen Oasen & coolen Clubs: Jo'burg lohnt wieder einen Besuch

Johannesburg ist die Hauptstadt der Provinz Gauteng, des wirtschaftlichen Zentrums Südafrikas. Die Metropole liegt fernab der Ozeane auf 1750 Meter Höhe, eingebettet in den Witwatersrand. In dem kargen Hügelland wurden Ende des 19. Jahrhunderts die weltweit größten Goldvorkommen entdeckt. Die Aussicht auf schnellen Reichtum lockte Abenteurer in Scharen; heute leben im Großraum Johannesburg mehr als sechs Millionen Menschen. Zwar ist die Stadt berüchtigt für ihre Kriminalität, aber gegen die wird mittlerweile erfolgreich vorgegangen.

Im Westcliff Hotel ist freundlicher Empfang garantiert

ÜBERNACHTEN

1 THE WESTCLIFF
Die acht Luxusvillen der Extraklasse befinden sich hinter gut bewachten Schlagbäumen mit einem großartigen Blick von Balkonen und Terrassen über den Zoo bis zu den Magalies-Bergen.
■ Johannesburg 2193, Saxonwold, 67 Jan Smuts Av., Tel. 011 481 60 00.
80 Zimmer, 35 Suiten: DZ 2720–13 150 R.
www.westcliff.co.za

2 RIVONIA VALLEY B&B
Bed & Breakfast-Unterkunft: klein, aber fein. Aus den Bäumen am Rand des Gartens erklingen morgens und abends Vogelkonzerte.

Frühstück mit Room Service im Rivonia Valley B&B

Nach einer Viertelstunde Fußweg vom Tal des Flüsschens Sandspruit erreicht man das Rivonia Centre mit guten Restaurants.
■ Johannesburg 2068, Sandton/Rivonia, 6 Rodwiela Rd., Tel. 011 234 17 35.
2 Zimmer: DZ 490–600 R.
www.rivoniavalleybandb.co.za

3 A ROOM WITH A VIEW
Die Zinnen der drei Schlösschen, die den Hotelkomplex ausmachen, sind von „A hundred Angels" (so der zweite Teil des ungewöhnlichen Hotelnamens) gekrönt: musizierenden Putten. Außen wie innen ist alles sehr „toskanisch" anmutend – und das im trendigsten Afrojazz-Stadtteil Jo'burgs.
■ Johannesburg 2109, Melville, 1 Tolip St./Corner 4th Av., Tel. 011 482 54 35.
9 Zimmer: DZ 500–900 R.
www.aroomwithaview.co.za

4 PARK HYATT
Von außen wirkt es wie eine Mauer. Innen aber wird alles großräumig und licht, fast wie die Architektur einer Kathedrale. Sehr zuvorkommendes Personal, das Gäste mit Namen anspricht. Im Ristorante Zafferano gestaltet der Schweizer Küchenchef köstliche Pasta-Variationen.
■ Johannesburg 2196, Rosebank, 191 Oxford Rd., Tel. 011 280 12 34.
244 Zi.: DZ 1450–3300 R.
www.johannesburg.park.hyatt.com

5 ROSEBANK
Klassisches Stadthotel mit vielen Bustouristen (Deutsche und Japaner). Service reibungslos. Außergewöhnlich gut ist das chinesische Restaurant Lien Wah.
■ Johannesburg 2196, Rosebank, Corner Tyrwhitt & Sturdee Avenues, Tel. 011 447 27 00.
294 Zimmer, 24 Suiten: DZ 1080–1628 R.
www.rosebankhotel.co.za

6 HOLIDAY INN KATHERINE
Vorsicht, wenn Sie am Flughafen ins Taxi einsteigen: Es gibt acht Holiday Inns in Jo'burg. Dieses ist überschaubar, ruhig und nur ein paar Fußminuten von Sandton City entfernt. Wer einen Kontrast zur Stille des Gartens sucht, findet ihn im lauten Bistro Kelseys.
■ Johannesburg 2146, Sandton, 115 Katherine St., Tel. 011 884 85 44.
60 Zimmer: DZ 750–1450 R.
www.holiday-inn.com

7 IRENE COUNTRY LODGE
Seit mehr als 100 Jahren hat hier die Van-der-Byl-Familie ihre Farm. Wo früher die Schweineställe waren, befindet sich seit 1998 die Lodge. Idealer Abstecher für ein grünes Wochenende – eine halbe Stunde Autofahrt von Jo'burg.
■ Centurion 0062,

i Tel.-Vorwahl aus Dt.: 0027, dann die lokale Nummer ohne Null
Umrechnen in Euro: Rand-Betrag durch 9 teilen

MEIN TIPP

KOBIE VAN RENSBURG „Zugegeben, ‚Tuisnywerheid' kann man schwer aussprechen, aber in Südafrika werden Sie immer wieder darauf stoßen. Tuisnywerheid heißt so viel wie ‚Heimindustrie': eine Mischung aus Feinkostgeschäft, Coffeeshop und Andenkenladen, betrieben von engagierten Hausfrauen-Kooperativen. Man bekommt in diesen Geschäften frische, hausgemachte Produkte: Pfannkuchen und Kekse, Muffins und Marmeladen, Konserven, Salzgebäck, alle Sorten Tee. Und Kunsthandwerk, vor allem Töpferwaren – die idealen Mitbringsel. Mein Lieblings-Tuisnywerheid in Johannesburg ist das Koljander (11 Main Road, Melville, Tel. 011 726 62 82/3/4)."

■ Kobie van Rensburg singt an internationalen Opernhäusern Hauptpartien in Werken Monteverdis, Händels und Mozarts. Der Tenor mit Vorliebe für Barockmusik ist Mitte der Neunziger von Johannesburg nach München gezogen.

Im „Room with a View" herrscht gediegenes Toskana-Ambiente. Im Township-Klassiker Wandie's Place werden deftige Fleischgerichte aufgetischt

Irene, Nellmapius Drive,
Tel. 012 667 64 64.
49 Zimmer: 850–1200 R.
www.irenecountrylodge.co.za

ESSEN & TRINKEN

1 KARACHI

Beliebtes pakistanisches Restaurant gegenüber dem Shopping-Centre Oriental Plaza: pikante Hammel- und Hähnchen-Biryanis mit Reis, Linsen und Gemüse (40 Rand) und eine große Auswahl an Samoosas, Gebäck mit Curry-Fleisch oder Gemüse (30 Rand).
■ Newtown, 47 Bree St.,
Tel. 011 838 74 18.
Geöffnet 11–22 Uhr.

2 WURSTBUDE

Currywurst, Bratwurst (ca. 16 R), Schnitzel für 25,50 Rand. Auch Sauerkraut ist im Angebot. Die Fotos neben dem Tresen beweisen, dass schon mancher Deutsche und Österreicher (die Besitzerin Gerda Fink kommt aus Kärnten) „The House of Currywurst" zu seiner Heimat gemacht hat.
■ Melville, 12 Main Rd.,
Tel. 011 726 37 58.
Geöffnet tgl. ab 11 Uhr.

3 NUNO'S

Eine wunderbare portugiesische Volksküche. Das Tagesgericht gibt es mittags immer zum halben Preis, etwa Fettuccine Seafood für 23,50 Rand (abends 47 Rand). Zwei Glas Weißwein dazu und einen Espresso, dann kommen knapp 60 Rand zusammen.
■ Melville, 5 7th Street,
Tel. 011 482 69 84.
Geöffnet 9–24 Uhr.

4 PICCOLO MONDO

Im Hotel Michelangelo sollte man sich die venezianisch anmutenden Neorenaissance-Hallen anschauen. Empfehlenswert ist auch ein Besuch des dort angesiedelten Restaurants. Im Angebot: etwa Suppen (35 Rand) und Crayfish (Flusskrebs, 80 Rand) als Vorspeise, Wildente und Muscheln (je 95 Rand) als Hauptgericht.
■ Sandton, Hotel The Michelangelo, Nelson Mandela Square, West St., Tel. 011 282 70 00.
Geöffnet 12–15 und 18–23 Uhr.

5 WANDIE'S PLACE

Der Township-Klassiker. Schon seit 1981 bewirtet Wandi Ndaba Gäste mit deftigen Fleischgerichten. Er leistet sich den Gag, sein Restaurant in „Apartheid Section" und „Modern Section" zu unterteilen. Man kann auch übernachten: 7 DZ, B& B ab 360 Rand.
■ 1800 Soweto, Dube,
618 Makhalemele Street,
Tel. 011 982 27 96.
Geöffnet tgl. 11–22 Uhr.

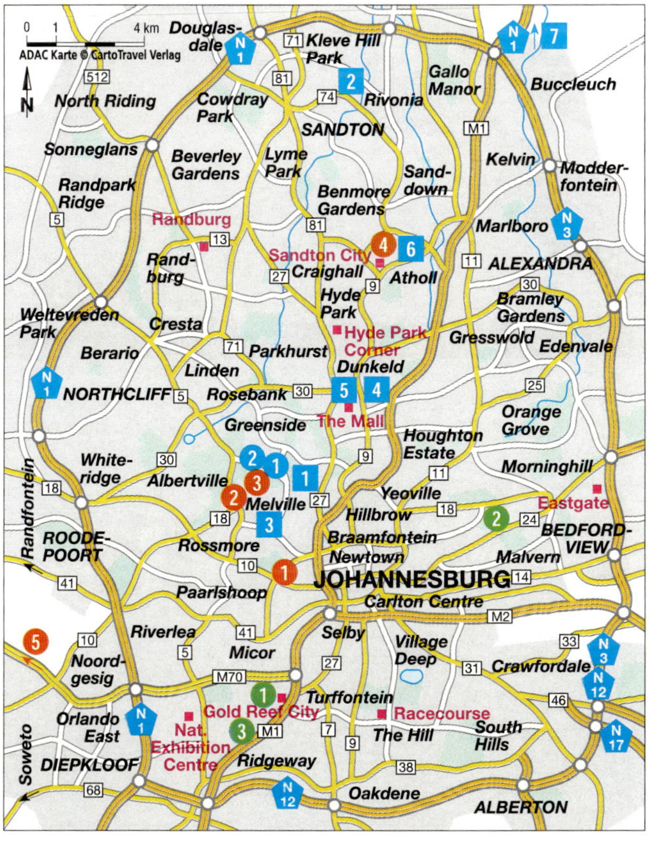

AUSGEHEN

1 COOL RUNNINGS

Ein Stück Jamaika im Herzen von Melville: coole Cocktails, heißer Reggae und schmackhafte Snacks unter Strohdächern.
■ Melville, 27 A 4th St.,
Tel. 011 482 47 86.
Geöffnet So.–Do. 11–2,
Fr. u. Sa. 11–4 Uhr.

2 NEW MELVILLE THEATRE

Ein Haus mit Kabarett-Tradition, heute aber meistens mit Shows einheimischer Musiker.
■ Melville, 7 Main Road,
Tel. 011 482 79 81.

ANSCHAUEN

1 GOLD REEF CITY

1887 befand sich Schacht 14 einer Goldmine hier, heute liegt

Auf den Spuren der Goldgräber in Gold Reef City

auf dem ehemaligen Gelände ein Vergnügungspark. Man kann sich einen ganzen Tag dort aufhalten – oder auch eine Nacht im Protea Hotel Gold Reef City. Eingerichtet ist es wie zu viktorianischen Goldgräberzeiten. Im Angebot sind zudem Untertage-Fahrten bis zu 220 Meter in die Tiefe.
■ Geöffnet Di.–Mo.
9.30–17 Uhr.
www.goldreefcity.co.za

2 MAI MAI MARKET

In dem ehemaligen Mine Hostel (Ecke Anderson und Berea St. im Zentrum) übernachteten früher die Bergarbeiter, eingepfercht in kleine Zellen. Heute kann man sich hier von etwa zwölf Sangomas (Naturheilern) die Knochen werfen, Kräuter verschreiben und die Zukunft voraussagen lassen. Auswahl an Kunsthandwerk.

3 APARTHEID-MUSEUM

Die düstere Geschichte der Rassentrennung wird in aller Härte, aber nicht düster präsentiert. Eindrucksvolle Optik.
■ Northern Parkway/
Gold Reef Road,
Tel. 011 309 47 00.
Geöffnet Di.–So. 10–17 Uhr.
www.apartheidmuseum.org **R.B.**

SICHERHEITSTIPPS • Geben Sie sich nicht als Tourist zu erkennen • Wertsachen im Hotelsafe aufbewahren • Townships wie Alexandra, Soweto, Yeoville sowie Stadtteile wie Hillbrow nicht alleine aufsuchen; in touristischen Zentren wie Sandton und Melville kann man sich mit der nötigen Vorsicht völlig frei bewegen • Achtung in Vorortzügen, Minibussen, Parks • Autotüren stets verriegeln

Fotos: Guy Stubbs (5)

Schilder wiesen den Bürgern ihre Plätze zu. Europäer, also Weiße, durften auf dieser Bank sitzen. Alle anderen nicht

APARTHEID

Getrennt leben

Nicht-Weiße müssen in separaten Gebieten wohnen, sie dürfen bestimmte Orte nicht betreten und nicht wählen gehen – alles gesetzlich geregelt, alles keine 20 Jahre her. Wie Apartheid entstand und wie sie überwunden wurde

Foto: dpa/picture-alliance

Als Jan van Riebeeck 1652 mit den ersten europäischen Siedlern am Kap der Guten Hoffnung ankam, lebten dort braungelbe Khoikhoi und San. Ab 1658 führte die Vereinigte Ostindische Kompanie schwarze Arbeitssklaven aus Angola und Guinea ein. Der Liebestrieb sorgte dafür, dass sich die Schwarzen und die Braungelben und die Weißen vermischten und vermehrten; ihre Nachkommen bezeichnet man heute als Coloureds. Später stießen noch Malaien hinzu und Inder und jene Afrikaner, die aus der Nachbarschaft zuwanderten: Xhosa, Zulu, Tswana.

Ohne Zweifel: Aus dem Süden Afrikas hätte so etwas wie Brasilien werden können – wenn, ja wenn die Siedler Portugiesen gewesen wären. Die Siedler waren aber rheinische und niederländische Bauern (Buren), die der holländisch-reformierten Kirche angehörten. Ihr calvinistischer Prädestinationsglaube ging von der Ungleichheit der Menschen aus, die Gott nach eigenem Ermessen in Auserwählte und Verdammte geteilt hatte. Die Kinder Chams, dazu verdammt, niedere Arbeiten zu verrichten und auf immer Diener der Erwählten zu bleiben (Gen. 5, 25f.), entsprachen in der Wahrnehmung der Buren genau jener dunkelhäutigen Bevölkerung, mit der man es am Kap zu tun hatte.

Sich selbst sahen die Buren, nachdem sie in ihren Wagenburgen mehrfach der schwarzen Übermacht standgehalten hatten und später sogar die Briten (im ersten Burenkrieg) besiegt hatten, als von Gott auserwähltes Volk. Sexuelle Beziehungen zwischen Buren und Schwarzen galten als schändliche Verbrechen der Hurerei.

Halten wir fest: Rassenideologische Vorurteile sind in vielen Teilen der Welt anzutreffen. Diskriminierung der „Eingeborenen“ gab es nicht nur an der Südspitze, sondern überall im kolonisierten Afrika. Da die Briten infolge des gewonnenen zweiten Burenkriegs seit 1902 auch Südafrika dominierten, waren sie es (und nicht die Buren), die durch den „Natives Land Act“ von 1913 die Grundlage für die territoriale Rassentrennung schufen. Durch diesen Parlamentsbeschluss wurden den Afrikanern alle Besitzrechte in als „weiß“ deklariertem Territorium genommen. Die Schutzgebiete für die afrikanischen Stämme hingegen machten nur 7,5 Prozent der gesamten südafrikanischen Grundfläche aus. Der ebenfalls britisch inspirierte „Native Urban Areas Act“ von 1923 verstärkte die Diskriminierung der Nicht-Weißen in den Städten. Aber erst der Sieg der Nationalen Partei (NP) der Buren bei den Wahlen von 1948 ermöglichte es, dass jene Situation, die bisher de facto geherrscht hatte, de jure besiegelt wurde.

Der spätere Präsident Nelson Mandela, 1964 wegen Hochverrats zu lebenslanger Haft verurteilt, schreibt in seinem Buch „Long Walk to Freedom“: „Apartheid war ein neues Wort, aber eine alte Idee. Es meint wörtlich ‚Trennung, Getrenntsein‘ und steht für die Kodifizierung eines Systems der Unterdrückung, das die Afrikaner schon über Jahrhunderte gegenüber den Weißen in einer unterlegenen Position gehalten hatte. Nun wurde es durch all diese Gesetze und Regeln festgeschrieben.“

Schon 1950 leitete die regierende Nationale Partei in ihrer Gesetzgebungswut den „Population and Registration Act“ ein – und damit die Klassifizierung der gesamten Bevölkerung nach „rassischen“ Merkmalen wie Dunkelheit der Haut und Beschaffenheit der Haare. Sexuelle Kontakte über die Rassengrenzen hinweg wurden nun mit Strafen belegt („Prohibition of Mixed Marriages Act/Immorality Act“), das Wohn- und Bleiberecht in Stadtvierteln mit bestimmter Hautfarbe wurde

GESCHICHTLICHE DATEN SÜDAFRIKAS

Ab 500 n. Chr. Bantu-Völker aus Zentralafrika besiedeln die Kap-Region und treffen auf San und Khoikhoi.
1488 Der Portugiese Bartolomeu Diaz umsegelt das Kap der Guten Hoffnung.
6. April 1652 Der Holländer Jan van Riebeeck gründet im Auftrag der Vereinigten Ostindischen Kompanie Kapstadt als Proviantstation für die Schifffahrt.
Um 1690 Französische Glaubensflüchtlinge lassen sich am Kap nieder. Niederländische Bauern (Buren) gründen Farmen und halten Sklaven; Viehzüchter der Khoikhoi und San werden verdrängt.
Ab 1760 Weiße Farmer (Treckburen) ziehen ins Landesinnere, es kommt zu kriegerischen Auseinandersetzungen mit den Xhosa („Kaffern“).
1795/1806 Die Kap-Kolonie wird britisch (ab 1814 Kronkolonie).
1816–1828 Unter König Shaka steigt das Zulu-Reich zu einer Großmacht auf.
Ab 1835 Nach verstärkter Einwanderung britischer Siedler und Abschaffung der Sklaverei ziehen ca. 6000 Buren im Großen Treck vom Kap Richtung Nordosten.
1839–1854 Buren gründen die Republiken Natal (1842 von Briten annektiert), Transvaal und den Oranje-Freistaat, die Khoikhoi (Griqua) werden vertrieben.
1881 Erster Burenkrieg: Nach dem Sieg über die Briten rufen die Buren die unabhängige Republik Transvaal aus (Präsident wird Paul Krüger, S. 89).
1886 In Transvaal werden riesige Goldvorkommen entdeckt (S. 152).
1899–1902 Zweiter Burenkrieg: Die Briten besiegen die Buren und annektieren den Oranje-Freistaat und Transvaal.
1910 Gründung der Südafrikanischen Union als Teil des British Empire, Ministerpräsident wird Louis Botha.
Ab 1911 Zahlreiche Gesetze diskriminieren die schwarze Bevölkerung.
1912 Gründung des South African National Congress (ANC); Widerstand gegen das Apartheidregime.
1948 Die Nationale Partei der Buren gewinnt die Wahlen.
1949–1957 Weitere Apartheidgesetze.
1961 Südafrika tritt aus dem British Commonwealth aus und wird unabhängig.

Fortsetzung auf Seite 161

Symbolfiguren des Widerstands gegen das Regime: Der 13-jährige Hector Pieterson wurde im Juni 1976 bei einer Schülerdemonstration in Soweto von Polizisten erschossen. Nelson Mandela überlebte 26 Jahre ununterbrochene Gefangenschaft und wurde 1994 zum Staatspräsidenten gewählt

Das Schwarz-Weiß-Denken der herrschenden Minderheit erfasste jedes Alltagsdetail, sogar Telefonzellen. Stacheldraht sollte die Bewohner schwarzer Viertel davon abhalten, den ihnen zugewiesenen Raum zu verlassen. Die Zäune provozierten Ungehorsam

nach Gruppenzugehörigkeit organisiert („Group Areas Act").

Konkret bedeutete das: Wenn ein bis dahin als weiß geltender Mann, der eine schwarze Urgroßmutter gehabt hatte, von einem Beamten als Coloured eingestuft wurde, musste er in eine Coloured Area ziehen. (Es gab separate Wohngebiete für Weiße, Schwarze, Farbige und Asiaten.) Seine, sagen wir mal, reinrassige weiße Frau musste ihn begleiten oder sich scheiden lassen. Er aber durfte auf gar keinen Fall weiter in einem weißen Wohngebiet bleiben. Bis zur Abschaffung des Gesetzes 1991 entschieden also banale Äußerlichkeiten über Tausende von Schicksalen.

Allgegenwärtig und bis heute in fotografischer Erinnerung: die Schilder „Whites only" und „Non-Whites", die den jeweils gesetzlich genehmigten Weg wiesen, ob in Bussen und Bahnen, Behörden, Toiletten, in öffentlichen Parks, an den Stränden oder an den Tribünen der Sportplätze. Neben dieser „Kleinen Apartheid" wurde eine „Große Apartheid" angestrebt. Die 264 im „Natives Land Act" von 1913 ausgewiesenen Stammesgebiete sollten zusammengelegt und zu Homelands mit Selbstregierung aufgewertet werden. Alle Schwarzen würden dann keine Bürger Südafrikas mehr sein, sondern die Staatsbürgerschaften ihres jeweiligen Homelands haben. Der Anfang wurde mit der angeblichen Unabhängigkeit von Transkei, Bophuthatswana und Venda gemacht.

Allerdings wohnten zwei Drittel der Afrikaner in Townships am Rande der Städte. Dass die verqueren Visionen der Homelands schon eine Generation später scheiterten, lag vor allem an der zunehmenden Internationalisierung der Probleme. Weltweite Boykotte hatten Südafrikas Exportmöglichkeiten quasi gestoppt. Das Land wurde mehr und mehr isoliert, auch im Bereich von Kunst und Sport. In den Townships gab es Aufstände, die sich zum Bürgerkrieg auszuweiten drohten. Sogar calvinistische Theologen brandmarkten die Apartheid mittlerweile als Sünde.

Typisch für die Lage Anfang der achtziger Jahre war massenhafte Gehorsamsverweigerung. Vor allem die Passgesetze, nach denen Schwarze stets Aufenthaltsgenehmigung und Arbeitserlaubnis bei sich tragen mussten, wurden schlicht ignoriert. Täglich wurden Hunderte dieser Verweigerer verhaftet – und wieder freigelassen, wenn ihre Arbeitgeber sie identifizierten und ein Bußgeld akzeptierten. Mitte der achtziger Jahre, als ich in Johannesburg in den offiziell „weißen" Vierteln Hillbrow und Joubert Park lebte, waren sicher schon 20 Prozent der Bewohner Schwarze, Farbige und Inder, stillschweigend geduldet von weißen Hausbesitzern. Ich ging mit nicht-weißen Kollegen gemeinsam essen, obwohl die Restaurants offiziell noch „Whites only" waren.

Der Zusammenbruch des Apartheid-Systems verlief zeitgleich mit dem Zusammenbruch des Ostblocks und genauso überraschend schnell. Südafrikas „Gorbatschow" war Präsident Frederik Willem de Klerk. In seiner Eröffnungsrede zur neuen Sitzungsperiode des rein weißen Parlaments am 2. Februar 1990 kündigte er die Freilassung aller politischen Gefangenen (also auch Mandelas) und eine faire, demokratische Machtbeteiligung der Schwarzen in der Zukunft an: One Man, One Vote. Damit gab er binnen 35 Minuten am Rednerpult jenen Überlegenheitsanspruch auf, für den sein Burenvolk in den Weiten seines Gelobten Landes 300 Jahre lang gekämpft hatte. Fünf Jahre später wurde die Wahrheits- und Versöhnungskommission gebildet (Seite 110), um die Gewalt und die Menschenrechtsverletzungen während der Apartheitszeit aufzuarbeiten. ■

Randolph Braumann

1964 ANC-Aktivist Nelson Mandela wird zu lebenslanger Haft verurteilt.
1975 Gründung der Inkatha-Bewegung der Zulu unter Mangosuthu Buthelezi.
1976 Schüleraufstand in Soweto gegen die Einführung von Afrikaans als Unterrichtssprache wird gewaltsam niedergeschlagen, 23 Todesopfer.
Ab 1976 Gründung der Homelands Transkei, Bophuthatswana, Venda, Ciskei.
1983–1994 Es kommt zu bewaffneten Auseinandersetzungen zwischen ANC- und Inkatha-Anhängern.
1984 Inder und Coloureds erhalten eingeschränktes Wahlrecht.
1990 Der neue Staatspräsident de Klerk erklärt die Apartheidpolitik für gescheitert. Mandela wird aus der Haft entlassen, ANC und weitere Oppositionsgruppen sind nicht länger verboten.
1995 Unter Erzbischof Desmond Tutu wird die Wahrheits- und Versöhnungskommission gebildet (Seite 110).
27.4.1994 Die ersten freien Wahlen gewinnt Nelson Mandela vom ANC.
1997 Die neue Verfassung tritt in Kraft.
1999 Thabo Mbeki vom ANC wird zum Präsidenten gewählt.
2004 Der ANC erhält bei Parlamentswahlen fast 70 Prozent der Stimmen.

TOWNSHIP-TOUREN

Soweto (South Western Township) im Südwesten Johannesburgs ist mit ca. 3,5 Millionen Einwohnern das größte zur Zeit der Apartheid entstandene Wohngebiet Südafrikas. Bekannt wurde es, weil von hier Widerstand gegen die Rassentrennung ausging. ANC-Aktivist Nelson Mandela lebte hier, Demonstrationen und der Aufstand der Schüler 1976 fanden hier statt. Auf organisierten Touren (auch mit Übernachtung) kann man Sowetos Schauplätze von damals besuchen, darunter das einstige Wohnhaus Mandelas (heute ein Museum) und ein Denkmal für den ermordeten Schüler Pieterson. Weitere Erinnerungsstätten auf den Seiten 56 und 157.

■ Township-Touren-Anbieter:
www.soweto.co.za

Fotos: Keystone France/laif ; David Turnley, Martin Jones/Corbis; Jacoby/Ullstein

Unser Dankeschön für einen neuen Abonnenten

Sie möchten einem Ihrer Freunde, Nachbarn oder Bekannten ein Reisemagazin-Abonnement vermitteln! Alle 2 Monate kommt unser Reisemagazin bequem, pünktlich und zuverlässig nach Hause – selbstveständlich portofrei!

40 Euro in bar

Wollen Sie sich ganz spezielle Wünsche erfüllen? Dann lassen Sie sich einfach Ihre Werbungsprämie in bar auszahlen. Für das Werben eines 12-Monats-Abonnenten gibt´s 40,– Euro.

JENOPTIK Digital-Kamera JD C 1.3 SD

- Auflösung: 1.3 Mio. Pixel (1280 x 1008), bis 2 Mio. Pixel interpolierbar
- CMOS-Bildsensor • Fixfokus • Brennweite: 8,79 mm (entspricht 43 mm bei 35 mm KB-Format) • Videofunktion (320 x 240 Pixel, bis zu 15 Bilder/Sek.)
- LCD-Statusanzeige für Batteriezustand, Anzahl der Bilder, gewählte Auflösung etc. • PC-Kamera-Modus • Eingebauter Blitz mit verschiedenen Blitzprogrammen • Belichtungsautomatik • Selbstauslöser • Optischer Sucher
- 8 MB interner Speicher • Speicherkapazität: ca. 10 Bilder bei 1280 x 1008 Pixel und ca. 50 Bilder bei VGA-Auflösunq • Kartenslot für SD-/MMC-Speicherkarten • Betrieb mit 3x Microbatterien (Typ AAA, inkl.)
- Kompatibel mit Windows 98SE/2000/ME/XP • Inkl. Batterien, USB-Kabel, Software CD, Quick Start Guide, Handschlaufe • Maße: ca. 9 x 2 x 6 cm
- Gewicht ca. 76 g

Gleich Karte absenden und Prämie sichern +++ Gleich Karte absenden

ADAC reisemagazin

AMERICAN TOURISTER von SAMSONITE

schwarzer Trolley:

- 2 geräumige Vorfächer • Ziehgestänge mit Druckknopf
- Inliner Rollen • Entspricht der IATA Norm für Bordgepäck (kann je nach Fluggesellschaft abweichen) • Farbe: schwarz
- Material: strapazierfähiges Polyester
- Fassungsvermögen: ca. 32 Liter • Maße: ca. 55 x 40 x 20 cm
- Gewicht: ca. 3,7 kg

DE SINA Bodenstaubsauger

„Max Mobil Duo", 1.600 W

- Wahlweise Einsatz von Staubbeutel oder Staubcontainer
- Automatische Kabelaufwicklung • Tragegurt
- Teleskoprohr, 50 - 80 cm • Zubehör: Kombi-Fugen-/ Polsterdüse • Leistung: max. 1.600 Watt
- Maße: ca. 38 x 27 x 24 cm • Gewicht: ca. 5,7 kg

T-COM Schnurlos-Telefon T-Sinus 2120 mit Anrufbeantworter

Mit dem Telefon T-Sinus 2120 sind Sie kabellos auf Draht!

- Einzeiliges, 12stelliges DotMatrix-Display mit Piktogrammzeile
- Menügeführte Bedienerführung • Tonruflautstärke und Melodie einstellbar für Mobilteil • Freisprechen am Mobilteil • Ruftoneinstellung leise • Hörerlautstärke einstellbar • Gesprächsdaueranzeige • Wahlwiederholung mit 10 Einträgen • Telefonbuch mit 20 Einträgen
- Uhrzeitanzeige • Anzeige der Rufnummer des Anrufers (CLIP)
- Unterdrückung der Rufnummernanzeige (CLIR) • Anrufweiterschaltung
- Anruferliste mit 10 Einträgen • Tastenklick (ein/aus) • Paging
- Stand-by-Zeit: bis zu 100 Std., Gesprächsdauer: bis zu 10 Std.

Integrierter Anrufbeantworter:

- Aufzeichnungsdauer ca. 14 Min. • Signalisierung neuer Nachrichten im Display • 2 Ansagetexte • Nur Ansage möglich • Fernabfrage möglich
- Maße: Basis: ca. 7 x 11,5 x 10 cm, Mobilteil: ca. 2,8 x 14 x 5,2 cm

und Prämie sichern +++ Gleich Karte absenden und Prämie sichern ++

FUSSBALL

AM TAG, ALS ACE

GNADENLOS! Hau ab! 104-jähriger Mann auf die Straße gesetzt! – „No mercy! 104-year-old man told voetsek! Thrown out into the street!" Das war die Schlagzeile auf Seite 1 der „Daily Sun".

Ich mag die „Sun". Obwohl erst 2002 gegründet, ist sie mit einer Auflage von mehr als 300 000 Exemplaren Südafrikas größte Tageszeitung. Ihre Sprache ist das südafrikanische Alltagsenglisch, „das Palmöl, das man braucht, um Worte zu essen", wie der Schriftsteller Chinua Achebe sagt. Deshalb war ich auch nicht überrascht, im Sportteil derselben Ausgabe diese romantische Headline zu finden: „Stars are shining". Die Sterne leuchten. Die Sterne, die hier gemeint waren, sind die PJ Stars, ein Profi-Fußballteam aus Dobsonville, Soweto. Die PJ Stars hatten zwei Tage vorher die Spieler des berühmten Jomo Cosmos aus dem Pokal geworfen: 3:2 nach Elfmeterschießen. Zwei Männer, schrieb die „Sun", seien die Väter der Sensation: Walter Rautmann, der Coach, und Mike Mangena, der beliebte TV-Kommentator, Präsident der PJ Stars. Es war das letzte Spiel im Orlando Stadium vor dem Beginn der Renovierung. Das Stadion wird modernisiert und umgebaut für die Fußball-Weltmeisterschaft 2010.

IN DER KABINE unter der alten Haupttribüne hatte ich ausgerechnet vor diesem Spiel Wiedersehen gefeiert mit Walter und Mike – nach mehr als 20 Jahren. In der Kabine roch es nach Schweiß und nach Massageöl. Es ist dieser Geruch, den unser olfaktorisches Gedächtnis speichert. Wer das einmal miterlebt hat in dieser Stunde vor dem Anpfiff, auf einer Holzbank Schulter an Schulter mit den Teamkameraden – der Trainer redet belehrend und beruhigend, der Masseur kümmert sich um die Problemfälle mit verhärteten Muskeln –, dem bleibt dieser Geruch ein Leben lang in der Nase und im Gehirn. Ich kenne ihn aus meiner Jugend im Ruhrgebiet (Preußen 07 Bochum), Walter kennt ihn aus Oberösterreich (Linzer ASK), Mike kennt ihn aus Soweto (Kaizer Chiefs). Es ist „the smell of the dressing-rooms", der Duft des Salböls in den heiligen Handlungen der Weltreligion Fußball.

Als wir uns vor einem Vierteljahrhundert in Johannesburg getroffen haben, als wir Freunde wurden, war der Fußball die einzige Sportart, die der Apartheid trotzte und „gemischte" Teams aufbot. Die Weißen waren dabei von Anfang an in der Minderheit; traditionell spielen die in Südafrika Rugby und Cricket.

Soccer, wie sie hier den Fußball nennen, war ein „schwarzer Sport", gelebt und zelebriert in den Townships. Erst 1982 öffnete sich zum ersten Mal ein Stadion in einem „weißen Gebiet" für Black Soccer, die damals hochmoderne Rugby-Arena Ellis Park in Jo'burg. Die Rugby-Union war fast pleite und lechzte nach Mieteinnahmen; wenn der weiße Mann Geld brauchte, griff er auch damals gern auf den schwarzen Mann zurück.

CÉSAR LUIS MENOTTI, charismatischer Trainer des argentinischen Weltmeisterteams von 1978 und Bestsellerautor, hat einmal geschrieben: „Der Fußballsport verdankt seine Existenz dem arbeitenden Volk." Dass Soccer von den schwarzen Südafrikanern als existenzielle Notwendigkeit gesehen wird, hängt noch sehr stark mit dem Gettoleben während der Apartheid-Jahrzehnte zusammen: einem von Idealen und Idolen total gereinigten Arbeitssklaven-Dasein. Die einzigen Nichtsklaven waren damals die Sportstars, die aus dem Dreck und der Armut aufgestiegen waren, um die Massen am Sonntag zu verzaubern. Ihre Namen klingen mir immer noch in den Ohren: „Ace" Ntsoelengoe, „The Warrior" Twala, „Roadblock" Makhatini, Jomo „Black Prince

MNINI TRAF

Wiedersehen mit alten Freunden: Vor 25 Jahren hat Autor Randolph Braumann in Südafrika beim Aufbau einer ersten „gemischten" Profiliga mitgeholfen. Nun ist er für uns zurückgekehrt. Persönliche Betrachtungen über die Fußball-Leidenschaft in dem Land, das die WM 2010 austragen wird Fotos von Guy Stubbs

Soweto-typischer Bolzplatz, Dobsonville: Der eine oder andere Barfußspieler wird 2010 Adidas oder Puma tragen

Dagegen richten auch Trompeten wenig aus: Die Vuvuzela ist das lärmigste Faninstrument „made in South Africa"

of Soweto" Sono, „Teenage" Dladla, „Killer" Mkhwanazi, „Last Born" Makroti, Kaizer Motaung. Der hatte keinen Kampfnamen, der hieß wirklich so.

Er ging in die USA, spielte als Profi bei den Atlanta Chiefs und gründete nach seiner Rückkehr in Soweto die Kaizer Chiefs. Auch Jomo Sono flüchtete in die USA, spielte im Beckenbauer- und Pelé-Club New York Cosmos und gründete nach seiner Rückkehr den Soweto-Club Jomo Cosmos.

SOWETO HAT HUNDERTE von Fußballclubs, was nicht erstaunlich ist bei drei Millionen Einwohnern – vielleicht sind es sogar mehr, seit Jahrzehnten hat niemand mehr versucht, sie zu zählen.

Es gibt in Soweto 100 000 „Matchbox Cottages", Streichholzschachtelhäuser, die in langen Reihen Rücken an Rücken stehen. Es gibt auch schönere Stadtteile mit Villen, es gibt neue Quartiere und alte, das älteste ist Orlando. Dort gründeten der Unternehmer Bethuel Mokgosinyana und ein paar Freunde 1937 den ersten Fußballclub. Sie wollten den aus „weißen" Gebieten Jo'burgs vertriebenen Jugendlichen in der neuen Township eine Heimat bieten. Dem Club gaben sie den Namen Orlando Pirates. Als Symbol für die Clubfahne wählten sie später einen Totenkopf und zwei gekreuzte Knochen. Ein englisches Wort für Piraten ist „Buccaneers", Seeräuber. Und so, wie der Münchner Volksmund die Sechziger „Löwen" nennt, so nennt das Volk in Südafrika die Orlando Pirates „Bucs". Für Präsident Mokgosinyana, an den heute in Soweto ein Denkmal erinnert, war es von Anfang an wichtig, dass der Club nicht nur Fußballspiele organisierte, sondern sich auch um die Alltagssorgen der Mitglieder kümmerte. In den Zeiten der Rassentrennung halfen die Bucs sich untereinander, zum Beispiel, wenn es um Arbeits- und Aufenthaltsbewilligungen ging. Heute kümmert sich eine Stiftung um in Not geratene Mitglieder – von der Wiege bis zur Bahre: Auch Beerdigungskosten werden übernommen.

Was die Bucs für Orlando, sind andere Spitzenclubs für andere Soweto-Stadtteile. Nehmen wir das Beispiel Moroka. Wir hatten den deutschen Coach Ernst Middendorp auf dem Trainingsgelände der Kaizer Chiefs besucht, in Naturena. Managerin Dara Carroll hatte mir die schwarz-goldene Kappe der Chiefs verehrt. Da es ein sonniger und heißer Tag war, hatte ich die Mütze immer noch auf dem Kopf, als wir uns später bei Wandie's einen Platz im Vorgarten suchten. Wir wollten gegen den Durst ein Bier trinken.

Im Schatten gab es nur einen großen Tisch, an dem schon vier Männer saßen. Wir fragten, ob wir uns dazusetzen dürften. Natürlich, bitte sehr. Das Bier kam, und einer der vier sprach mich an: „Diese Kappe sollten Sie hier besser absetzen. Dies ist Swallows-Territorium."

ABER JA DOCH: Wir waren im Ortsteil Dube, und der grenzt an Moroka. Und der große Club aus diesem Quartier sind die Moroka Swallows – im Volksmund The Birds.

Ich kenne die Regeln, nahm die Chiefs-Mütze ab und sagte: „Okay, okay. Aber an die Swallows habe ich ganz schlechte Erinnerungen. 1983 habe ich im Ellis Park neben Walter Rautmann auf der Trainerbank gesessen. Walter

„So ist das bei Seelenverwandten. Sie wissen, wer vor 20, 30 Jahren das entscheidende Tor geschossen hat, an welchem Tag und in welcher Minute"

Davon träumt Robert Modiadie: bei der WM 2010 im Ellis-Park-Stadion im Tor zu stehen

war damals der Coach von Witbank Black Aces. Da haben wir das Cup-Finale gegen die Birds 0:1 verloren." – „Ich war auch im Ellis Park damals", kommentierte mein Nachbar, „das war der 26. November 1983. Joel ‚Ace' Mnini hat das Tor gemacht, kurz vor Schluss." Ja, bestätigte ich: „Letzte Minute, ‚Ace' Mnini." So ist das bei Seelenverwandten. Sie wissen, wer vor 20, 30 Jahren das entscheidende Tor geschossen hat, an welchem Tag und in welcher Minute. Wer nie das Massageöl in einer Umkleidekabine gerochen hat und den Schweiß in den Mauern, der wird das für ein völlig unbedeutendes Faktum halten. Unbedeutend ist es aber keineswegs. Denn diese weltweit verbreitete Loge der Eingeweihten ist im Zeitalter der Globalisierung eine Zielgruppe geworden. Fragen Sie mal den Marketing-Manager eines Konzerns wie Coca-Cola, McDonald's, Adidas, Nike, Ford oder Vodacom nach der Fußball-WM 2010. Er wird Ihnen sagen, dass die WM im Soccer-begeisterten Südafrika ein Milliardengeschäft werden wird.

Die Spiele werden in allen größeren Städten stattfinden, in Pretoria (Tshwane), Kapstadt, Durban, Port Elizabeth, Bloemfontein. Doch das Herz des südafrikanischen Fußballs schlägt – wie das Herz des Big Business – in Johannesburg/Soweto. Und deshalb wird auch das Finale dort stattfinden, im riesigen FNB-Stadion, das den Namen des Sponsors trägt: First National Bank.

AM TAG VOR MEINEM RÜCKFLUG nach Europa wollte ich mich noch von Robert Modiadie verabschieden, dem PJ-Stars-Torwart, der gegen Jomo Cosmos die entscheidenden Elfmeter gehalten hatte. Robert stammt aus Motsethabong, der Township bei Welkom. Seit er von den PJ Stars unter Vertrag genommen worden ist, wohnt er in Zone 11, Meadowlands, Soweto. Coach Walter Rautmann hatte für diesen Tag die Losung „trainingsfrei" ausgegeben, doch Robert war nicht zu Hause. Seine Schwester Mashakoane sagte mir, er sei zu einem kleinen Fußballplatz in Dobsonville gegangen, um Konditionsübungen zu machen.

Ich setzte mich dann in Dobsonville auf die Böschung und sah ihm zu, wie er mit dem Ball am Fuß Runde um Runde drehte, spielerisch mit Sprints zwischendurch, mit kleinen Tricks – es machte ihm einfach Spaß. Bilder aus meiner eigenen, fernen Vergangenheit stiegen hoch, Erinnerungen an ein Kindheitsparadies. Erinnerungen, die einer von den Seelenverwandten, der italienische Dichter und Filmemacher Pier Paolo Pasolini, für uns alle so bezeugt: „Die Nachmittage, die ich beim Fußballspielen auf den Wiesen von Caprara verbrachte (ich spielte damals auch sechs, sieben Stunden lang, ununterbrochen, rechts außen), sind unzweifelhaft die schönsten meines Lebens gewesen. Ich habe fast einen Knoten im Hals, wenn ich daran denke." ■

Mensch, ihr müsst euch doch von früher kennen! Coach Walter Rautmann bringt die Erinnerung zurück: Mike Mangena, der „Günter Netzer" unter Südafrikas TV-Kommentatoren, und **RANDOLPH BRAUMANN** in den Katakomben des Orlando Stadium in Soweto. Der Journalist war in den achtziger Jahren in Johannesburg Geschäftsführer eines Verlages und als solcher u.a. Sponsor des FC Adriatica Johannesburg.

In Gottes Namen

Wenn fromme Südafrikaner sonntags vormittags zum Gottesdienst gehen, führt sie ihr Weg in viele verschiedenartige Kirchen. Zwar bekennen sich rund 80 Prozent der Bevölkerung zum Christentum, aber es gibt eine enorme Zahl unterschiedlicher christlich orientierter Religionsgemeinschaften, die nach und nach entstanden sind.

Die ersten europäischen Siedler haben 1652 die calvinistische holländisch-reformierte Kirche ans Kap der Guten Hoffnung gebracht. Heute machen die rund 3,5 Millionen Mitglieder dieser Gemeinde, die lange Zeit die Politik der Rassentrennung (Seite 158) als gottgewollt rechtfertigte, ungefähr acht Prozent der Bevölkerung aus; sie sind mehrheitlich Buren und in ländlichen Gebieten Coloureds. Ihre historischen Gegner, die Engländer, vertreten mit rund 1,7 Millionen Anhängern überwiegend die protestantische anglikanische Kirche, die auch während der Apartheid Schwarzen und Weißen gleichermaßen offenstand. Ihr prominentester Vertreter ist Erzbischof Desmond Tutu, der für seine Versöhnungsbemühungen 1984 den Friedensnobelpreis erhielt. Die römisch-katholische Kirche machte sich ebenfalls gegen die Rassentrennung stark; ihr gehören mehr als drei Millionen Mitglieder aller Hautfarben an. Eine weitere große Gemeinde bilden die rund 2,5 Millionen Methodisten.

In Johannesburg finden Messen oft unter freiem Himmel statt

Ein Blick zurück in die Geschichte zeigt, dass die verschiedenen christlichen Bewegungen alles daransetzten, die Afrikaner zum „wahren" Glauben zu bekehren. Mitte des 19. Jahrhunderts, als der Schwarze Kontinent systematisch erforscht wurde, entstanden Tausende christliche Missionsstationen. Dabei war es für die Europäer selbstverständlich, ihre Kultur als überlegen und maßgeblich zu betrachten.

Um ihrer eigenen kulturellen Identität mehr Gewicht zu verschaffen, gründeten schwarze Südafrikaner um 1900 die Afrikanischen Unabhängigen Kirchen (AUK). Von ihnen existieren heute geschätzte 5000 Gemeinschaften mit insgesamt elf Millionen Gläubigen, von denen die meisten der schwarzen Bevölkerung angehören. Sie verbinden in ihren Gottesdiensten traditionelle spirituelle Erfahrungen wie Trancen und ekstatische Gruppengesänge. Damit die christliche Botschaft von möglichst vielen Einheimischen verstanden wird, ist die Bibel in die elf offiziellen und weitere Landessprachen übersetzt worden.

Bei den Zulu spielen traditionelle Rituale nach wie vor eine Rolle

Die am schnellsten wachsende religiöse Bewegung setzt sich aus verschiedenen Pfingstkirchen zusammen, an deren Gottesdiensten oft mehrere tausend Menschen teilnehmen. Kritiker werfen diesen Kirchen unrealistische Heilsversprechungen vor (zum Beispiel die Aussicht auf eine spontane Genesung von Aids), den autoritären Anspruch ihrer Prediger und das extrem konservative Menschenbild. Wichtiger Glaubenssatz vieler dieser Kirchen: Arme und Benachteiligte haben selber Schuld an ihrer Misere, denn die Rechtgläubigen und Fleißigen belohnt Gott mit sichtbarem Wohlstand im Diesseits.

Dank Religionsfreiheit kann man glauben, was und wo man will

Fotos: Panos Pictures/Visum; dpa (2), HB-Verlag/picture-alliance; Jonkmanns/laif; Schulze-Gattermann/buchcover.com

Die Religionen Südafrikas sind so verschiedenartig wie seine Völker. Die meisten Einheimischen orientieren sich einerseits am Christentum, andererseits an traditionellen Glaubensvorstellungen mit Ahnenverehrung. Man betet den Heiland an – und geht zu Heilern

Christen gehen sonntags zum Gottesdienst, hier in Kapstadt

Weitere Glaubensgemeinschaften bilden die aus Indien eingewanderten sunnitischen Moslems (etwa 400 000) und Hindus (rund 540 000). In den dreißiger und vierziger Jahren suchten auf der Flucht vor dem Nationalsozialismus viele deutsche und osteuropäische Juden Schutz in Südafrika. Heute zählt die jüdische Gemeinde zwischen 80 000 und 100 000 Mitglieder.

Die allermeisten Afrikaner orientieren sich einerseits am christlichen Glauben, halten aber zugleich an traditionellen Glaubensvorstellungen fest, in deren Zentrum die Ahnenverehrung steht. Da der heute lebende Mensch nur existiert, weil seine Vorfahren ihn auf die Welt gebracht haben, sind sie der Auffassung, dass er durch möglichst viele eigene Kinder das Lebensprinzip fortsetzen müsse. Eine große Nachkommenschaft sichere nicht nur die eigene materielle Grundlage, sondern ehre auch die Verstorbenen.

Aus Muscheln und Knochen liest ein Schamane ein Orakel

Familie und Gemeinschaftssinn haben deshalb in allen afrikanischen Gesellschaften eine außerordentlich große Bedeutung. Nach ihrer Glaubensvorstellung würde ohne Zusammenhalt und Einheit des Klans die Verbindung zur spirituellen Welt verloren gehen. Ein Schöpfergott existiert zwar, jedoch ist er vom Menschen nicht erfassbar und kann so auch kein Gegenüber im Gebet sein. Gott ist fern, die Ahnen aber sind beständig anwesend und vermitteln zum Beispiel zwischen den Lebenden und dem unfassbaren Gott. Deshalb befragt man sie bei Kinderlosigkeit, Streit, anhaltender Dürre und Krankheiten.

Heiler, Wahrsager und Medizinleute gelten als Menschen mit übersinnlichen Kräften, die Kontakt mit den Toten aufnehmen und die Sorgen der Hilfe Suchenden vortragen können. In Träumen, Trancen und durch Orakel-Befragung versuchen sie, von den Verstorbenen Hinweise zu erhalten: auf die Fragen, wer für einen Konflikt verantwortlich ist, ob ein Tabu verletzt wurde oder der boshafte Nachbar einen Schadenszauber ausgesprochen hat – und was konkret zu tun ist, damit Harmonie und Einheit der Gruppe wiederhergestellt werden.

Nach traditioneller Glaubensvorstellung können sich die Ahnengeister auch zeigen, etwa in Form eines imposanten, alten Baums oder einer auffälligen Felsgruppe oder eines Wildtiers. Diese Orte und Lebewesen gelten als heilig und unberührbar. Die Welt ist allerdings nicht nur von wohlmeinenden Ahnen, sondern auch von böswilligen Geistern (und Menschen) bevölkert. Sie erschrecken mit unerklärlichen Phänomenen,

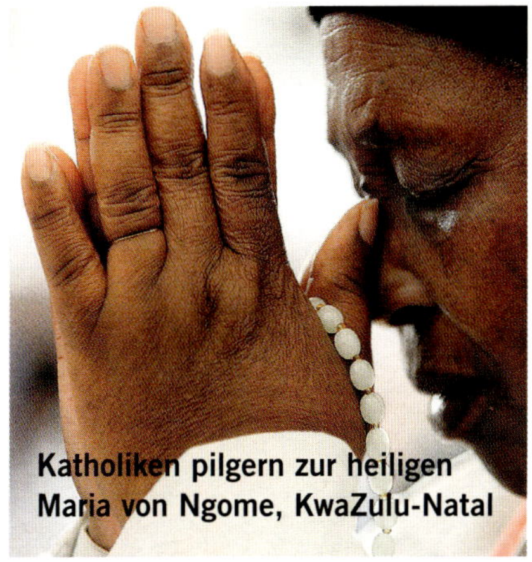

Katholiken pilgern zur heiligen Maria von Ngome, KwaZulu-Natal

hexen unheilbare Krankheiten herbei, bringen Ehepaare auseinander.

Auf afrikanischen Märkten bieten Heiler gegen vielerlei Nöte Hilfe an. Ihre Stände quellen über von Rinden, Pülverchen, Tierfellen, Schlangenhäuten, getrockneten Pflanzen, die problembezogen kombiniert werden. Zum größten auf traditionelle Heil- und Zaubermittel spezialisierten Basar, dem Mai Mai Market in Johannesburg (Seite 157), gehen die Menschen voller Zuversicht. Ob eine einfache Bäuerin oder ein Hochschulprofessor, es gibt kaum einen Afrikaner, der die Wirkung der dort angebotenen Mittel bestreitet. ■

Kerstin Kilanowski

Gut & Günstig

Kunsthandwerk, Designermode und mehr sind für relativ wenig Geld zu haben

Perle für Perle ein Hingucker: Skulpturen von Monkeybiz

MITBRINGSEL

EINGEFÄDELT
Traditionell stellen Frauen der Xhosa, Zulu, Ndebele und Sotho Perlenketten und Taschen aus winzigen Plastikkügelchen her. Inzwischen kreieren sie auch Magneten, Puppen und kleine Skulpturen. Die farbenfrohen Teile bekommt man auf Straßenmärkten ab 30 Rand. Die Initiative Monkeybiz in Kapstadt unterstützt arbeitslose Frauen aus den Townships. Sie stellt ihnen das Material kostenlos zur Verfügung und beteiligt sie am Erlös der Arbeiten. Eine Führung durch das Atelier ist möglich.
■ Monkeybiz, Kapstadt,
65 Rose Street, Bo-Kaap,
Tel. 021 426 06 36.
Geöffnet Mo.–Fr. 9–17,
Sa. 9–13 Uhr.
www.monkeybiz.co.za

EXOTISCH
Ob Straußeneier (für 40 Rand), Lampen mit eingravierten Mustern (ab 690 Rand), Staubwedel aus Straußenfedern (50 Rand), Ledergürtel oder getrocknetes Straußenfleisch: Die Vielfalt an Straußen-Produkten ist groß. Am preiswertesten sind sie in Oudtshoorn und Umgebung, wo etliche Laufvögel gehalten werden. Eine große Auswahl findet man etwa bei Lugro Ostrich Leather Products und bei Bushman Curios.
■ Lugro Ostrich,
10 km außerhalb von Oudtshoorn (östl. von Kapstadt).
www.lugro-ostrich.co.za
■ Bushman Curios,
Oudtshoorn, Queens Hotel,
5 Baron van Reede St.
www.bushmancurios.co.za

Schick in Schale: Straußeneier

WACHSKUNST
Das Geschäft mit den handbemalten Kerzen von Kapula startete als Familienunternehmen. Inzwischen kann man die dekorativen Lichtspender etwa im Blümchendekor und in Wüstenfarben nicht nur in Bredasdorp und Riversdale, sondern auch in Deutschland kaufen. Die Kunstwerke aus Wachs kosten je nach Größe zwischen etwa 11 und 900 Rand.
■ Kapula-Filialen in Südafrika (beide östlich von Kapstadt):
Bredasdorp, Patterson Road,
Tel. 02842 428 29.
Riversdale (an der N 2;
3 km außerhalb des Ortes),
Tel. 02871 336 73.
www.kapula.com

DEKORATIV
Ein typisches Mitbringsel sind geschnitzte und handbemalte Figuren aus Holz. Besonders groß ist das Angebot an Giraffen, die man auf Straßenmärkten und in Kunsthandwerksgeschäften bekommt. Für eine meterhohe Figur zahlt man einen Preis von ungefähr 350 bis 500 Rand.

STILVOLL
Carrol Boyes stellt vom kleinsten Löffel aus rostfreiem Stahl über Lederschlüsselanhänger bis zum Türknauf aus Zinn ihre Kreationen in Kleinserien her. Fantasievoll geschwungene Brieföffner sind ab 290, Brotmesser für etwa 260 und Griffe für die Eingangstür ab etwa 2500 Rand zu bekommen. Ihre Filialen findet man weltweit, in Südafrika sind sie über das ganze Land verstreut.
■ **www.carrolboyes.co.za**

SERVIERFERTIG
Ob Pastateller (ab 100 Rand), Schüsselchen (ab 70 Rand) oder Servierplatte (etwa 220 Rand): Das Geschirr von Clementina van der Walt geizt nicht mit Farbvielfalt und afrikanischen Mustern. Müslischalen kombinieren etwa

ROOIBOSTEE gilt als Nationalgetränk in Südafrika. „Rooibos" ist ein Wort aus dem Afrikaans und heißt „roter Busch". Allerdings entwickeln nur die getrockneten Blätter nach dem Aufguss eine rote Farbe, der hüfthohe Busch selbst ist grün, seine Blüten sind zitronengelb. Die Pflanze wächst in den Zedernbergen 200 Kilometer nördlich von Kapstadt. Einheimische tranken schon den Tee, lange bevor der russische Händler Benjamin Ginsberg Anfang des 20. Jahrhunderts beschloss, ihn nach Europa zu exportieren. Heute wird er in 140 Länder geliefert. Das Getränk gilt als besonders gesund, denn im Gegensatz zu schwarzem und grünem Tee enthält es kein Koffein. Mittlerweile ist eine Fülle von aromatisierten Sorten auf dem Markt: etwa mit Schokolade-Orangen- und Erdbeer-Sahne-Geschmack. **Christiane Abeltshauser**

i Telefon-Vorwahl aus Deutschland: 0027, dann die lokale Nummer ohne Null

Kreatives aus Keramik: Fliesen von Clementina

Freundlicher Verkäufer, grimmige Masken auf Kapstadts Greenmarket

grasgrüne mit erdfarbenen Blockstreifen, verziert mit dezenten, schwarzen Linien.
■ Clementina Ceramics, Kapstadt, 20 Main Road, Kalk Bay. Geöff. Di.–So. 10–17 Uhr.
www.clementina.co.za

FUNKELND
Deutlich günstiger als in Europa sind Schmuckstücke aus Gold und Diamanten. Afrogem ist das älteste Edelsteinschleif- und Poliergeschäft in Südafrika. Besucher führt man gerne durch das Atelier. Goldschmuck wird auch nach den Vorstellungen der Kunden angefertigt. Für solch einen individuell hergestellten Diamanten Ohrstecker (0,1 Karat) zahlt man etwa 4600 Rand.
■ Afrogem, Kapstadt,
64 New Church Street,
City Centre,
Tel. 021 424 80 48.
Geöffnet Mo.–Sa. 8.30–17 Uhr.

SCHMUCKSTÜCKE
Der gut sortierte Museumsshop des Gold of Africa bietet nicht nur Schmuckstück-Unikate, sondern auch die Möglichkeit, in Kurzlehrgängen Ringe, Halsketten und

Schmuck kann man bei Gold of Africa selber schmieden

Ohrhänger aus Gold und Silber selbst herzustellen. Ein Kurs kostet 325 Rand pro Person.
■ Gold of Africa Museum, Kapstadt, 96 Strand St.,
Tel. 021 405 15 40.
Geöffnet Mo.–Sa. 9.30–17 Uhr.

MEIN TIPP

GAVIN HOOD „Von Kapstadt aus fahre ich am liebsten Richtung Süden zum Fischereihafen in der Hout Bay. Dort kaufe ich an der Imbissbude ‚Fish on the Rocks' immer Fish & Chips, die man ganz klassisch in eine alte Zeitung eingewickelt bekommt (Harbour Rd., Tel. 021 790 00 01 oder 021 790 11 53). Mit dieser Mahlzeit setze ich mich auf einen der Felsen, schaue aufs Meer hinaus und greife zu, während die Möwen um heruntergefallene Krümel rangeln."

■ Gavin Hood, in Johannesburg als Sohn englischer Einwanderer geboren, ist Schauspieler, Autor, Produzent und Regisseur. Sein Streifen „Tsotsi" wurde 2006 mit dem Oscar als bester fremdsprachiger Film ausgezeichnet.

Fotos: Elke Losskarn (4); Allstar/Cinetext

Eintritt 20/10 R.
www.goldofafrica.com

BLECHERN
Aus leeren Getränkedosen, Farbkanistern, Spraydosen und Plastikabfällen stellt man in den Townships originelle Recycling-Produkte wie filigrane Spielzeugautos und dekorative Skulpturen her. Bei Streetwires in Kapstadt zum Beispiel bekommt man sie für 10 bis 600 Rand.
■ Streetwires, Kapstadt,
77 Shortmarket Street,
Tel. 021 426 24 75.
Geöffnet Mo.–Fr. 8.30–17,
Sa. 9–13 Uhr.
www.streetwires.co.za

MÄRKTE

AUS GANZ AFRIKA
Im Pan African Market in Kapstadt lassen sich in einem historischen Haus auf zwei Stockwerken unterschiedliche Souvenirs erstöbern – vom dekorativen Draht-Motorrad ab 30 Rand bis zur gigantischen Holzskulptur um 3000 Rand. Handeln ist erlaubt!
■ Kapstadt, 76 Long St.,
Tel. 021 426 44 78.
Geöffnet Mo.–Fr. 9–18,
Sa. 9–12 Uhr.
www.panafrican.co.za

KUNSTVOLL
Zahlreiche Märkte in Südafrika bieten Kunsthandwerk des gesamten Kontinents an. Auf dem Parade Market gegenüber dem Kapstädter Rathaus etwa breiten mittwochs und samstags fliegende Händler auf dem angeblich ältesten Flohmarkt Südafrikas ihre Sachen aus, darunter bunte Stoffe und Blumen. Auf dem Greenmarket Square in der Stadt werden Klamotten, Körbe und Schmuck angeboten. Ein Flohmarkt findet hier montags bis freitags von 8 bis 17 und samstags bis 14 Uhr an der Ecke Shortmarket und Burg Street statt. Preiswerter lassen sich ähnliche Waren sonntags von 8 bis 17 Uhr beim wöchentlichen Flohmarkt vor dem Green Point Stadium erhandeln. In Durban kann man auf dem Victoria Street Market (Ecke Victoria und Queen Street) im indischen Viertel Meeresgetier und Souvenirs erstehen; geöffnet montags bis samstags von 6 bis 17 und sonntags von 10 bis 15 Uhr.

MODE

FÜR DIE SAFARI
Die Filialen von Cape Union Mart und Cape Storm haben für Wanderer und Kletterer hochwertige, preisgünstige Hemden, Hosen, Jacken und Schnürstiefel im Angebot. Die meisten Geschäfte

Perlen-Piepmatz von Streetwires

Buntes Sortiment: Big-Blue-Filiale in Johannesburg

findet man in Kapstadt, aber auch in fast jeder größeren Shopping-Mall des Landes. Bei Cape Storm zahlt man für Trekkinghosen zwischen 250 und 550 Rand und für stabile Safarihemden 420 Rand. Bei Cape Union Mart ist die Kleidung etwas preiswerter, T-Shirts kosten etwa 160 Rand.
■ Übersicht über die Filialen:
www.capeunionmart.com
www.capestorm.co.za

MARKENSACHE
Die Kette Big Blue bietet Kleidung von rund 18 verschiedenen Designern. Ihre Kreationen folgen dabei den neuesten Modetrends, die mit denen von H&M vergleichbar sind. T-Shirts lassen sich ab 120 und Hosen ab 140 Rand ergattern. Filialen findet man in Johannesburg, Pretoria und Kapstadt/Claremont.
■ Übersicht über die Filialen:
www.bigblue.co.za

Tütenweise Souvenirs

LEGERES
Das Geschäft Aca Joe führt legere, junge Mode für Damen und Herren. T-Shirts kosten etwa 100 Rand, Trainingsanzüge 250 und Cargo-Hosen 150 Rand. Läden gibt es in allen größeren Malls des Landes.
■ Aca Joe, Kapstadt,
Somerset Road.
Geöffnet Mo. bis Fr. 9–17,
Sa. 9–12 Uhr.

IM TREND
Die zwölf Filialen von Young Designers Emporium (YDE) bieten saisonale, zeitgemäße Kleidung mehrerer Designer zu günstigen Preisen. Besonders zu empfehlen ist Unterwäsche von Ruby's (Satin-Slips ab 55 Rand) und YDE-Modeschmuck (Perlenketten ab 80 Rand). Einmal im Jahr wird bei einer Aktion jedes Teil für 75 Rand verkauft. Geschäfte u.a. an der Waterfront in Kapstadt, Johannesburg und Pretoria.
■ Übersicht über die Filialen:
www.yde.co.za

TRAGBAR
In den Townships und auf Straßenmärkten im ganzen Land erhält man handbedruckte Stoffe in kräftigen Farben mit Tiermustern und teils stilisierten Markenprodukten wie Cola-Flaschen. Angeboten werden sie entweder meterweise oder bereits zu Kissen und Kleidung verarbeitet. Hemden etwa kosten ab 150 Rand.

SHOPPING-ZENTRUM
Internationale und südafrikanische Markenbekleidung kauft man am besten im Access Park in Kapstadt. Sportartikel-Hersteller wie Levi's, Puma und Adidas verkaufen hier in Outlets ihre Produkte in der Regel mindestens 50 Prozent günstiger als in regulären Geschäften. Allerdings ist die Ware oft leicht fehlerhaft oder gehört nicht mehr zu den neuesten Kreationen.
■ Kapstadt, Chichester Rd.,
Kenilworth,
Tel. 021 683 58 85.
Geöffnet Mo.–Fr. 8–17,
Sa. 9–12 Uhr.

WEITERE MODEGESCHÄFTE UND DESIGNER IN KAPSTADT

■ Hip Hop Factory Boutique,
35 b Buitenkant Street,
Gardens; 12 Cavendish Street,
Claremont.

■ Craig Native Studio,
Unit 2, Wembley Road, Gardens.

■ India Jane, 125 Upper
Waterkant Road, De Waterkant.

■ Sun Goddess,
Shop 230, Victoria and Alfred
Shopping Mall, Waterfront.

WAS KOSTET WAS? Circa-Preise in Rand

IM RESTAURANT Tasse Cappuccino 9, Flasche Bier 10, Glas Softgetränk 6, 3-Gänge-Abendessen für 2 Personen 300, inklusive Wein

UNTERWEGS 1,5-Liter-Flasche Cola 8, 1,5-Liter-Flasche Mineralwasser 6, Kamerafilm für 24 Aufnahmen 9, Sonnenmilch mit Sonnenschutzfaktor 15 im Supermarkt 14

TREIBSTOFF Liter Normal 6,56, Super 6,68, Diesel 6,15

Faustregel zum Umrechnen in Euro: Rand-Betrag durch 9 teilen

Frisch frittiert:
Fish & Chips

Kollektionen junger südafrikanischer Modedesigner, u.a. von Craig Native, Stoned Cherrie und Maya Prass, gibt es außerdem bei der exklusiven Ladenkette Woolworths, die nichts mit den gleichnamigen Kaufhäusern in Deutschland zu tun hat.
■ **www.woolworths.co.za**

ESSEN & TRINKEN

DELIKAT
Bereits bei den ersten Siedlern in Südafrika war das luftgetrocknete Fleisch Biltong als haltbarer, proteinhaltiger Snack auf langen Trecks beliebt. Am häufigsten wird Biltong aus Rind hergestellt, ebenso erhältlich sind die dünnen, meist kräftig gewürzten Streifen aus dem Fleisch von Straußen und Wildtieren wie Oryx, Kudu und Springbock. Auf dem Land kann man es oft direkt vom Erzeuger in so genannten Farm Stalls kaufen, wobei die Zubereitung von der Gewürzmischung (mal Chili-scharf, mal Koriander-mild) bis zur Dauer der Lufttrocknung stark variieren kann. Biltong zählt aber auch zum Sortiment der Supermärkte und Tankstellen. Berechnet wird nach Gewicht: 100 Gramm Straußen-Biltong etwa kosten ungefähr 45 Rand, 100 Gramm Rinder-Biltong in Stangenform rund 42 Rand.
■ Spezialshop: Boesmanland Biltong im Menlyn Shopping Centre, Pretoria, 1 Atterbury Rd., Tel. 012 368 16 44, und in Kapstadt, Canal Walk & Waterfront.

MEERES-DELIKATESSE
Ein beliebter Snack sind Fish & Chips. Die edlere Variante wird mit Kingklip, einem Fisch mit festem, weißem Fleisch hergestellt. In besonders noblem Ambiente lassen sich die frittierten Teilchen im One Waterfront Restaurant in Kapstadt verspeisen. An Tischen mit gestärkten Tischdecken und Kristallgläsern zahlt man für eine Portion rund 80 Rand.
■ Cape Grace Hotel, Kapstadt, West Quay Rd., V&A Waterfront, Tel. 021 418 05 20.
www.onewaterfront.co.za

MEIN TIPP

NAIMA SEBE „Ich stöbere in Kapstadt gern auf dem Greenmarket Square, wo es viele afrikanische Dinge gibt, von Klamotten bis Perlenarbeiten und Masken. An einem heißen Tag ist für mich die Camps Bay der beste Platz, weil man hier schwimmen und leckeres Eis essen kann. Ich liebe es außerdem, mit Freunden durch das Vergnügungsviertel Waterfront zu schlendern; mal landen wir im Kino, mal kaufen wir etwas zum Anziehen. Wenn uns der Hunger packt, gehen wir in eines der Seafood-Restaurants der Kette Ocean Basket. Mein Favorit ist das in der Kloof Street Nummer 75 (Tel. 021 422 03 22). Dort isst man die besten Fish & Chips."

■ Naima Sebe spielt eine der Hauptrollen im Film „Die drei Fragezeichen" (im Frühjahr 2007 im Kino). Die 1993 geborene Schülerin lebt in Kapstadt.

UNTERWEGS

KÄFER AUF VIER RÄDERN
In Kapstadt, Durban und Johannesburg lassen sich alte, komplett überholte Käfer für etwa 30 Rand am Tag und 0,3 Rand pro Kilometer mieten. Die Versicherung kostet etwa 25 Rand pro Tag extra. Mit den preisgünstigen Wagen darf man sich nicht weiter als 50 Kilometer von den Städten entfernen. Reservierung empfohlen.
■ **www.beetlehire.co.za**
■ **www.citicarhire.co.za**

BAZ BUS
Für Rucksackreisende empfiehlt sich als Alternative zu den renommierten Busunternehmen Greyhound (www.greyhound.co.za), Translux Express (www.translux.co.za) und Intercape Mainliner (www.intercape.co.za) der Baz Bus. Zwar hat man in den Minibussen mit rund 20 Plätzen deutlich weniger Beinfreiheit, dafür kann man beliebig oft unterwegs zu- und aussteigen. Ein sieben Tage gültiges Ticket kostet für den Minibus mit 22 Plätzen etwa 950, für 14 Tage ca. 1800 Rand.
■ Baz Bus, Kapstadt, Cnr. 275 Main Rd./ Frere Rd., Tel. 021 439 23 23, E-Mail: info@bazbus.com u. german@bazbus.de.
www.bazbus.com

CAPE TOWN PASS
Mit dem Cape Town Pass hat man freien Eintritt zu mehr als 50 touristischen Attraktionen am Kap, darunter nahezu alle Museen, der Botanische Garten Kirstenbosch, Two Oceans Aquarium, Monkeytown. Zudem kann man den Cape Town Explorer Bus benutzen. Erhältlich ist der Pass in Touristen-Informationen, in einigen Lodges sowie online für die Dauer von ein, zwei, drei und sechs Tagen. Für ein Tagesticket zahlen Erwachsene 275, Kinder 180 Rand.
■ **www.thecapetownpass.co.za**

D. L.

Fotos: Elke Losskarn (3)

NAMIBIA

SELTENER ANBLICK: Im Sossusvlei, einer Salz-Ton-Pfanne in der Namib-Wüste, hat es geregnet

Fotos: Jochen Vorfelder; Gerald Hänel; Bildagentur-online; Svenja Kruse (2); Imagebroker/Arco Digital Images/Bildagentur Waldhäusl

Auf der Suche nach den Big Five

Quer durchs Land, Natur erleben, viele wilde Tiere sehen: Namibia ist das ideale Ziel für eine Tour mit dem Allradcamper

Reportage von Jochen Vorfelder

NAMIBIA

BESTE ÜBERNACHTUNGSART: ein Stellplatz auf einer Gästefarm, das Zelt über Dach und Fach aufgeklappt

Fotos: Jochen Vorfelder (3); Gerald Hänel; Bildagentur-online; Svenja Kruse (2); Imagebroker/Arco Digital Images/Bildagentur Waldhäusl

ACHTUNG! Schwarze Giraffe mit weißen Quadraten an Bauch und Hals kreuzt hier im Süden den Weg

„Wir kaufen das Eisenholz und die anderen Arten meist aus Angola, aber die Schnitzereien stammen alle von unseren eigenen Familien aus Kavango. Hier, schau, mein Onkel zum Beispiel macht diese Giraffen und Flusspferde. Ich hole die fertigen Stücke dann zweimal im Jahr mit dem Bus zu Hause ab. Unser Einkommen? Ist immer unsicher."

CLAUDIA KAKUNDA verkauft zusammen mit rund zwei Dutzend anderen Händlern Holz- und Hornschnitzereien auf dem Touristen-Markt von Swakopmund. Sie ist 24 Jahre alt und stammt aus dem Kavango-Gebiet an der Grenze zu Angola.

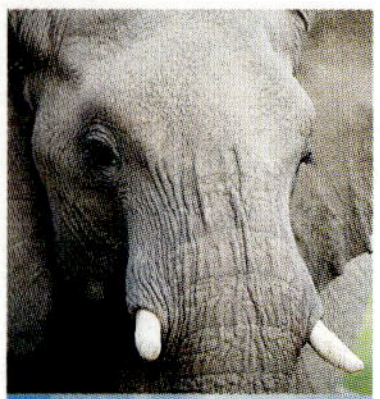

NAMIBIA

WENIGSTENS EINER VON FÜNF: Dieser Leopard balanciert auf einer Gästefarm über den Baumstamm

Fotos: Jochen Vorfelder (2); Gerald Hänel; Bildagentur-online; Svenja Kruse (2); Imagebroker/Arco Digital Images/Bildagentur Waldhäusl

„Was wir so im Angebot haben? Also hier, Brote natürlich, Vollkorn und Sauerteig, sowie Zimtwecken, gerade frisch aus dem Ofen, dann Frankfurter Kranz, Schwarzwälder Kirschtorte, Käsekuchen, Bienenstich und unsere Nussecken! Packen Sie sich den Wagen voll, die nächsten 300 Kilometer kriegen Sie mit Sicherheit so ein Angebot nicht wieder!"

EDITH BOLTE & HELGA ROHDA stehen seit Jahren hinter der Brottheke von Putensen, der ältesten Bäckerei in Swakopmund. Die Institution in Sachen Backwaren schräg gegenüber der Swakopmunder Buchhandlung wurde 1905 eröffnet.

NAMIBIA

Namibia, im Sossusvlei. Wieder so ein Moment, der sich tief ins Gedächtnis eingräbt. Es war ganz früh am Morgen, die Dämmerung zögerlich gewichen. Ich kniete im Sand und notierte ins Reisetagebuch: *„Gleich steigt die Sonne über die Naukluft-Berge. Die Gipfel stehen wie Scherenschnitte am Horizont.“* Dann kam das Licht. Wie Stahl aus dem Hochofen ergoss sich die Helligkeit über die mächtigen Dünen und floss durch die Senke, die wir mit unserem Geländewagen eine Stunde lang durchquert hatten. Sprachlos verfolgten Christiane und ich vom Kamm einer Düne, wie Sossusvlei, die riesige Lehmpfanne tief in der Namib-Wüste, zum Leben erwachte: Die Rottöne oszillierten vor den Augen, die Kameldornbäume warfen lange Schatten, die über die Ebene mit dem Buschmanngras rasten. Ein Lüftchen weckte den See, der sich nach den Regenfällen der letzten Tage gebildet hatte und Antilopen anlockte. Eine Oryx stieg aus dem weiten Bett des Tsauchab-Flusses und nahm vorsichtig Witterung auf. Ich machte mir eine weitere Notiz: *„Das Intermezzo zwischen Dunkelheit und grellem Tag ist die Mußestunde der Wüste; dann zeigt sie sich von ihrer milden Seite.“*

Rückblende. Unser Plan für Afrika war simpel gewesen: möglichst unberührte Natur erleben, immer auf eigene Faust unterwegs sein und so viele Tiere wie möglich sehen. Da kam eigentlich nur Namibia in Frage. Also mieteten wir einen Camper, um drei Wochen quer durchs Land der San, Himba, Ovambo, Damara, Herero, Nama und der weißen Nachkommen der Buren und deutschen Südwestler zu fahren. Und wir nahmen uns vor, die berühmten Big Five zu erlegen – früher ein blutiges Initiationsritual für hartgesottene Kolonialisten und Jäger, heute der Ehrgeiz jedes Fototouristen mit Teleobjektiv: Löwe, Leopard, Elefant, Nashorn und Kaffernbüffel. Die besten Chancen, das hatten wir noch schnell im Flieger gelesen, hat man im Etosha-Nationalpark im Norden: *„Eins der größten afrikanischen Tierreservate, mit endloser Steppe und einer beeindruckenden Zahl von leicht zugänglichen Wasserstellen.“* Das schien ideal für unsere digitale Trophäenjagd; wir planten wie empfohlen drei Tage vor Ort ein.

Ankunft in Windhoek. Der Wagen – ein geländegängiger Nissan 4X4 mit kompletter Camping-Ausrüstung, den wir übers Internet gebucht hatten – war in perfektem Zustand. Er bot sogar das, was für Christiane absolute Priorität hatte, das Schlafzelt auf dem Fahrzeugdach: *„Du glaubst doch nicht, dass ich in einem Nationalpark mit Löwen und Nashörnern auf dem Boden schlafe?“* Kaum waren wir vom Hof gerollt, fing es an zu regnen. Ohne Ende. In den nächsten Tagen fielen die höchsten Niederschläge in Namibia seit Menschenge-

ZWISCHEN REGIERUNGSSITZ UND SOMMERFRISCHE: Stahl und Glas treffen in der Independence Avenue von Windhoek auf Kolonialarchitektur; das Alte Amtsgericht und deutsche Wegweiser erinnern im Ferienort Swakopmund an deutsche Zeiten

denken; es gab keinen Fluss, der nicht über die Ufer trat. Wir strichen also den äußersten Norden, die angolanische Grenze und den tropischen Caprivi-Strip, ebenso den überschwemmten Fish River Canyon ganz im Süden und ließen es langsam angehen: erst einen Abstecher zum Naturpark am Waterberg-Plateau, wo vor 100 Jahren deutsche Kolonialtruppen unter General von Trotha den Herero-Aufstand erbarmungslos niedergeschlagen hatten (Seite 185) – und dann das erste Glanzlicht, der Etosha.

Wasser überall. Im Okaukuejo, einem der drei staatlichen Camps, saßen wir unter stahlgrauem Himmel; am Horizont bauten sich stündlich neue Gewitterfronten auf. Wir kauften uns einen Schirm im Andenkenladen, gingen oft ins überdachte Restaurant, und ich kritzelte in mein Notizbuch: *„Wir sind im falschen Film. Das hier ist nicht Namibia. Keine trockene Savanne, kein roter Staub wie in diesen Afrika-Historienschinken, sondern schlammige, feuchte Hölle.“* Die berühmte Etosha-Salzpfanne war wahrscheinlich seit ihrem Ausdorren vor 100 000 Jahren nie mehr so ausufernd überschwemmt, das Gelände nie so saftig grün gewesen. Das erfreute die zahlreichen Grasfresser, die Ornithologen und die Park-Ranger sehr, gemeine Fototouristen wie uns weniger. Wir fuhren auf der Suche nach Großwild zwei Tage zickzack durch den Park und sahen Giraffen, Zebras, Gnu-Bullen und riesige Antilopenherden – Impala, Kudu, Oryx und Springbock. Nur keinen der Big Five. Christiane: „Vergessen wir halt die Nashörner und Kaffernbüffel, es geht im Urlaub doch um die Erholung, oder?“ – „Wenigstens ein Elefant“, maulte ich. Doch auch die waren in den Weiten des Nationalparks, einer Fläche von der Größe Hessens, verschwunden. Wir warfen unser nasses Hab und Gut in den Pick-up und machten uns ebenfalls davon.

Nach Khorixas, wo wir unsere Vorräte auffüllten, und den Felsgravuren bei Twyfelfontein lag das Brandberg-Massiv mit der berühmten White-Lady-Felszeichnung auf der Route. Hinter unserer einheimischen Führerin Belinda („Hello, I'm you Black lady for the White Lady. You follow“) stiegen wir in die Tsisab-Schlucht zu der schätzungsweise 2000 Jahre alten Abbildung eines jungen Kriegers mit Pfeil und Bogen, den europäische Anthropologen nach seiner Entdeckung als Frau gedeutet hatten. Dort, wo das Brandberg-Massiv weithin sichtbar aus der Trockensavanne ragt und Sand der ältesten Wüste der Welt in die schroffen Täler des zentralen Plateaus weht, haben Damara wie San vor der Ankunft der weißen Siedler als Jäger und Hirten gelebt. Dort stießen wir auf ein Namibia, wie wir es gesucht hatten: rau, ursprünglich, archaisch. Stammesland. Keine asphaltierten Straßen mehr; Schotter und Sand führten zu weit abgelegenen Damara-Siedlungen mit versprengten Ziegenherden und rotznäsigen Kindern. Mit ihnen radebrechten wir auf Englisch über Collin Benjamin, den einzigen namibischen Fußballprofi in der Bundesliga.

Der Regen hörte irgendwann auf. Wir hatten uns in unserem Ferienheim auf vier Rädern zurechtgeruckelt. Ich schrieb auf: *„Camping, so heißt es, ist erdverbunden und entspannend. In der Tat. Das Leben reduziert sich auf nomadische Fortbewegung und auf die existenziellen Dinge des Lebens wie Lagerbau, Essenszubereitung und Schlafen unterm Sternenhimmel.“* Meist genehmigten wir uns ein ausgedehntes Frühstück und fuhren dann selten mehr als 200 Kilometer am Tag. An manchen Orten wie den Tiras-Bergen im Süden und der Gästefarm Okambara knapp zwei Stunden östlich von Windhoek blieben wir einfach stehen, weil wir nicht wussten, wo es schöner sein sollte. Abends machten wir Quartier auf einem der Stellplätze, die überall auf den Gästefarmen und bei den Lodges zu finden sind. Wir grillten riesige Kudu- und Impala-Steaks, die wir von den Farmersfrauen gekauft hatten, tranken dazu südafrikanischen Wein, namibisches Bier und wurden erschlagen von überwältigenden Sonnenuntergängen. In manchen Nächten waren wir mutterseelenallein und hörten nur den Wind und ab und an ein Rascheln im Unterholz.

Die Koiimasis-Farm in den Tiras-Bergen ist einer dieser einsamen Orte in Namibia, an denen man sich fragt, wie die Menschen überleben. Die nächsten Nachbarn sind 50 oder mehr Kilometer entfernt; die Kinder gehen mit sechs Jahren ins Internat nach Windhoek. Die Izkos aus Koiimasis sehen ihr Mädchen und den Jungen in den Ferien und sonst alle sechs Wochen. „Wir sind seit fünf Generationen in der Gegend, und das war schon immer so“, sagte Wulff Izko stoisch, als wir auf seiner Veranda saßen und Bier tranken. „Einfach war das Leben hier noch nie.“ Mit 20 ging er zum Militär, als Namibia noch in südafrikanischer Hand war und die Swapo, die von den Ovambo dominierte Befreiungsbewe-

„Wir haben 10 000 Hektar für unseren Wildbestand – ich schätze, inzwischen sind es fast 200 Gnus, 400 Impalas und auch 400 Kudus. Von den Großtieren wie den Giraffen, den Nashörnern und den Elefanten kennt man natürlich jedes Tier, wenn man täglich im Park unterwegs ist – da hat jedes seinen Charakter, seine Eigenheiten und seine Launen.“

ANDREAS SEIBEB ist Farmarbeiter und wohnt mit Frau und mittlerweile vier Kindern im Okambara Wildlife Resort rund zwei Stunden Fahrzeit von Windhoek entfernt. Er steuert einen der Jeeps, mit denen die Gäste auf Fotosafari gehen.

Fotos: Gerald Hänel; Bildagentur-online; Svenja Kruse (2); Imagebroker/Arco Digital Images/Bildagentur Waldhäusl; Schmid/Bildagentur Huber; Lemmens/zefa/Corbis; Jochen Vorfelder

NAMIBIA

gung, einen Guerillakrieg gegen die südafrikanischen Besatzer führte. Izko war an der Grenze zu Angola stationiert, wo die heftigsten Kämpfe tobten. „Fast jeder Weiße und viele der Schwarzen hatten damals ein Gewehr in der Hand. Ex-Soldaten findet man überall, aber selten welche, die über die Zeit reden“, sagte er und schwieg.

Auch über die drohende Landreform wollen die wenigsten Farmer reden, obwohl sich seit der Unabhängigkeit 1990 nur wenig verändert hat und der politische Druck steigt: Rund 4000 zumeist weiße Familien besitzen mehr als 50 Prozent des fruchtbaren Acker- und Weidelandes, während über eine Million schwarze Namibier mehr schlecht als recht als Kleinstbauern auf dem Rest der Fläche überleben müssen. Aufgeschlossene Farmer wie Izko sehen das Problem, das wie eine Zeitbombe tickt, doch auch sie haben keine Lösung parat: „Die bisherigen Vorschläge waren alle Nullsummenspiele. Mal angenommen, alle unsere Farmflächen würden in 1000-Hektar-Parzellen aufgeteilt und an etwa 50 000 schwarze Familien vergeben – das wären genau die 50 000 Familien, die heute bei uns auf den Farmen Arbeit finden und dann den Neusiedlern weichen müssten.“ Doch die früheren Swapo-Kader stellen heute die Regierung, und die Landreform wird wohl kommen. Dennoch lässt sich Izko nicht beirren. Er weiß, dass die Farmer neue Einkommensquellen neben der flächenintensiven Viehwirtschaft finden müssen. Das Zauberwort heißt für viele Tourismus; auch Izko setzt auf diese Karte. Er investiert in neue Bungalows und hat dabei – wie viele andere – keinen deutschen Pass in der Hinterhand: „Ich habe vielleicht deutsche Tugenden wie eine gewisse Dickköpfigkeit, aber ich bin Namibier.“

Die Bereitschaft zur Veränderung ist auch in Swakopmund zu spüren. In dem früher als „südlichstes deutsches Seebad“ bezeichneten Ort, in dem vor 100 Jahren noch kaiserliche Kriegsschiffe auf Reede lagen, ist von der alten Deutschtümelei kaum noch etwas zu spüren. Es gibt zwar noch den Karnevalsverein und die Traditionscafés, wo blonde Bedienungen in gestärkter, blütenweißer Schürze Schwarzwälder Kirschtorte servieren, doch über der ehemaligen Kaiser-Wilhelm-Straße, die jetzt nach dem ersten Staatspräsidenten Namibias Sam Nujoma Avenue heißt, liegt inzwischen ein entspanntes, mediterranes Flair. Die Zeiten der subtilen Apartheid sind zumindest in der Öffentlichkeit vorbei. Schwarz und Weiß bummeln ebenso ungezwungen wie die zahlreichen Touristen durch die hippen Boutiquen, das deutsche Antiquariat und die modernen Shopping-Center, die neben den architektonischen Überbleibseln der Kolonialzeit wie dem Kaiserlichen Bezirksgericht entstanden sind. Swakop, wie die Einheimischen sagen, ist angesagt – nicht nur bei den Namibiern, die in den heißen Sommermonaten an die Küste strömen.

Nach Swakopmund und einer Stippvisite in Walvis Bay mit dem wichtigsten Tiefseehafen des Landes fuhren wir in

MIX DER KULTUREN: Die Fleischerei Kaiser's in Swakopmund wirbt mit deutschen Spezialitäten, die Seebrücke könnte auch auf die Ostsee hinausführen, doch aus der Kaiser-Wilhelm-Straße ist längst die Sam Nujoma Avenue geworden

Fotos: Gerald Hänel; Bildagentur-online; Svenja Kruse (2); Imagebroker/Arco Digital Images/Bildagentur Waldhäusl; Jonkmanns, Riehle, Hasrcher/laif ; Charlotte Thege/Das Fotoarchiv; Jochen Vorfelder

DIE DEUTSCHE VERGANGENHEIT

Zwei Herero-Frauen mit traditioneller Kopfbedeckung

Am 24. April 1884 proklamiert Reichskanzler Otto von Bismarck die deutsche „Schutzherrschaft" über die von dem Bremer Tabakhändler Lüderitz gekaufte Bucht von Angra Pequena. Die erste Kolonie des Kaiserreichs, Deutsch-Südwestafrika, wächst innerhalb von zwei Jahren auf die Größe des heutigen Namibia. Die Sache ist ein Politikum, schafft sie doch einen Präzedenzfall für weitere Landnahmen. Schließlich teilen sich Frankreich, Belgien, Portugal und England den riesigen Schwarzen Kontinent bereits nach Gutdünken auf.

DIE DEUTSCHEN HÄNDLER und Siedler, die nun zahlreich herkommen, eignen sich das Land an, das bisher von einheimischen Stämmen und Hirtenvölkern bewohnt wird. Zweifelhafte „Schutzverträge" mit Stammesfürsten werden geschlossen und nicht eingehalten, Kolonialverwaltung und christliche Missionsgesellschaften verstehen es, die Stämme geschickt gegeneinander auszuspielen. Man drängt die Einheimischen in unfruchtbare Reservate oder hält sie wie Sklaven auf Farmen. Der Leidensdruck unter den Schwarzen wächst. 1904 rebellieren die Herero gegen das Kolonialjoch, und auch die Nama und Ovambo greifen zu den Waffen – die Revolte erfasst das ganze Land. Berlin schickt 15 000 Soldaten und mit General Lothar von Trotha einen Befehlshaber, der bereits während des Boxeraufstands in China gnadenlos durchgegriffen hat. Trotha befielt den Vernichtungskrieg.

ZUR ENTSCHEIDUNGSSCHLACHT zwischen den Herero und kaiserlichen Truppen kommt es am 11. August 1904 am Waterberg. Die Deutschen siegen ob ihrer Militärtechnik und drängen die Herero-Krieger samt ihren Familien in die Omaheke-Sandwüste ab. Das wasserlose Areal wird abgeriegelt, wer flüchtet, wird erschossen oder inhaftiert. Während des Aufstands, der bis 1908 dauert, und durch den Völkermord in der Omaheke sterben schätzungsweise 100 000 Menschen. Wenige Jahre später existiert Deutsch-Südwest nicht mehr, denn der Erste Weltkrieg geht an der Kolonie nicht spurlos vorüber. 1915 übernimmt die Südafrikanische Union die Herrschaft, erst 1990 erlangt Namibia die Unabhängigkeit. Die Nachkommen der ersten Siedler machen heute mit etwa 20 000 Menschen eine absolute Minderheit aus, doch ökonomisch spielen sie zusammen mit Buren und Engländern nach wie vor eine zentrale Rolle. **J.V./C.W.**

den Süden und über Helmeringhausen und Mariental zurück Richtung Windhoek. Auf dem Weg dorthin rollten wir wieder langsam durch diese kargen, majestätischen Landschaften; die Scheiben des Pick-ups hatten wir heruntergekurbelt.

„Riechst du das?", fragte Christiane. Ja, durch die offenen Fenster strömte der Geruch Namibias herein; ein ganz eigener, durchdringender Geruch in schneidend trockener Luft mit allen blumigen Nuancen des Buschmanngrases, das sich sanft im Wind wiegte. Der Geruch von Regen auf heißem, aufgewirbeltem Staub und die schweren Ausdünstungen großer Rinderherden hingen in der Luft, durchmischt mit dem Urin keifender Pavian-Sippen, ängstlicher Straußenfamilien und flüchtender Springbock-Herden. Es roch nach frischen Blüten und knorrigen Dornakazien und nach alten Lagerfeuern an historischen Ochsenpfaden. Ich notierte: *„Wie viele großartige Menschen haben in der Wüste wohl ihr Glück gesucht und der gewaltigen Natur eine Zukunft abgetrotzt?"* Von ihnen haben wir in Namibia mehr als fünf getroffen. ■

Info und Karte ab Seite 186

Der Trip mit dem Camper hat den Autor **JOCHEN VORFELDER** und seine Frau auch zu der Tankstelle in dem abgelegenen Flecken Solitaire geführt. Seitdem schmeckt Namibia in ihrer Erinnerung nach der Spezialität der schwarzen Tankwartsfrau: gedecktem Apfelkuchen mit Schlagsahne. Der Autor, Jahrgang 1955, lebt und arbeitet in Hamburg.

„Ich fahre jede Woche mindestens zwei Touren; einmal nach Solitaire und einmal ganz runter in den Süden bis zur Station Betta. Das sind im Monat mehr als 3500 Kilometer auf Schotterstraßen. Aber jeder Trip durch die Wüste ist anders: Mal hat man einen Sandsturm, mal ist einer der Flüsse überschwemmt, und man hängt fest. Mir wird nicht langweilig."

PAUL VAN DER WESTHUIZEN ist 59 Jahre alt und fährt seit fünf Jahren den Tanklaster, der die abgelegenen Stationen Solitaire und Betta am Rande des Namib-Naukluft-Nationalparks mit Benzin und Diesel versorgt.

INFO NAMIBIA

Die Steppe ruft

Highlights einer Rundreise: Etosha-Nationalpark, Windhoek, Namib-Wüste & Co

Himmelblau trifft Steppengelb im Etosha-Nationalpark

Namibia lässt sich sehr gut mit einem Mietwagen oder Camper auf eigene Faust bereisen. Straßen und wichtige Sehenswürdigkeiten sind in der Regel ausgeschildert, Übernachtungsmöglichkeiten zahlreich vorhanden. Unsere empfohlene Tour führt durch raue Wildnis, lebendige Städte und faszinierende Nationalparks.

DIE HIGHLIGHTS

1 WINDHOEK

In Windhoek und Umgebung wohnen rund 300 000 Menschen, etwa jeder siebte Bürger des Landes. Das Stadtzentrum, jenseits der schwarzen Vororte wie Katutura und Khomasdal, lässt sich in kurzer Zeit erkunden. Sehenswert sind die teilweise noch aus der Kolonialzeit stammenden Parlaments- und Regierungsgebäude, einige Flanierstraßen und Einkaufszentren zwischen Bahnhof, Independence Avenue und dem Ausspannplatz. Das Angebot an Kultur und Entertainment hält sich hingegen in Grenzen.

www.windhoekcc.org.na

Schön fotogen: Christuskirche in Windhoek

2 WATERBERG-PLATEAU

Rund 250 Kilometer nördlich von Windhoek befindet sich das etwa 50 Kilometer lange und 16 Kilometer breite Plateau mit ungewöhnlich grüner Vegetation. Der Nationalpark ist Lebensraum für wilde Feigenbäume, Akazien und den seltenen Kapgeier. Man kann Wanderungen und Geländewagen-Safaris machen.

■ Anfahrt: C 22 und D 2512.

3 ETOSHA-NATIONALPARK

Eines der besten und größten Wildschutzgebiete in Afrika mit riesigen Herden von Antilopen (Gnus), Zebras und Giraffen. Zentrum des rund 22 000 Quadratkilometer großen Parks ist eine 120 Kilometer breite und 72 Kilometer lange Salz-Lehm-Pfanne, die vor Millionen Jahren entstanden ist. Der riesige Park mit großem Wildbestand lässt sich von drei Punkten aus gut entdecken: Namutoni im Osten, Halali in der Parkmitte und Okaukuejo im Südwesten am Anderson Gate. Der südliche Rand ist zur Wildbeobachtung an etwa drei Dutzend Wasserlöchern sehr gut erschlossen.

4 TWYFELFONTEIN

Auf dem Gelände der ehemaligen Rinderfarm Twyfelfontein wurden 1917 die ältesten Felsbilder des Landes entdeckt. Die Gravuren in den Sandsteinplatten, überwiegend Jagdszenen und Tierdarstellungen, sind teilweise um die 6000 Jahre alt. Sehenswert in der Region: der 35 Meter hohe Fingerklip, ein senkrecht in den Himmel ragender, erodierter Tafelberg, sowie die „Orgelpfeifen", mehrere hundert Basaltsäulen.

Kunst oder kunstvolle Nachricht? Twyfelfontein-Felsbilder

■ Anfahrt von Khorixas aus über die C 39, dann Abzweige D 2628, D 2612 und D 3214. Die bewachten Fundstellen sind vom Parkplatz aus zu Fuß gut zu erreichen.

5 BRANDBERG-MASSIV

Das südlich von Khorixas gelegene Granit-Massiv (750 Quadratkilometer Fläche) ragt wie ein schwarz glänzender Vulkankegel

UNTERWEGS

ANREISE

Viele Airlines bieten Direktflüge nach Windhoek (Flugzeit ab Frankfurt/M. z.B. rund zehn Stunden). Preiswerte Angebote findet man etwa bei Air Namibia (www.airnamibia.com) und LTU (www.ltu.de). Weitere Airlines: Lufthansa (www.lufthansa.com), British Airways (www.ba.com). SAA macht Zwischenstopp in Südafrika (www.flysaa.com).

FREMDENVERKEHRSAMT

■ 60313 Frankfurt/M., Schillerstr. 42–44, Tel. (069) 133 73 60. Mo.–Fr. 9–12 u. 14–16 Uhr.
www.namibia-tourism.com

AUTO- & CAMPER-VERMIETER

Ein Fünftel der Fernstraßen ist asphaltiert, Nebenstrecken bestehen oft aus Schotter, Sand und Lehm. Meist sind sie für Pkws geeignet, zur Regenzeit und auf abgelegenen Pisten sollte man geländegängige Fahrzeuge mit Vierradantrieb vorziehen. In Ferienzeiten frühzeitig reservieren. Die Kaution von rund 100 Rand pro Tag wird auf den Tages-Mietpreis aufgeschlagen oder bei Mietbeginn per Kreditkarte bezahlt.

■ Vermieter: ASCO Car Hire. Größter Anbieter, sehr guter Service. Ein Nissan kostet ab 750 Rand/Tag.
www.ascocarhire.com

■ Ähnliche Angebote haben:
www.britz.co.za, www.campingcarhire.com.na

i 1 Namibia-Dollar = 1 Rand

Vegetationsvielfalt: von staubtrocken rund um das Brandberg-Massiv (ganz links) bis wasserreich auf dem Waterberg-Plateau

aus der Namib-Wüste. 1918 entdeckte man hier die bekannteste Felsmalerei Namibias: die White Lady, die Zeichnung einer etwa 45 Zentimeter großen Figur.
■ Anfahrt über die C 35 und den Pad D 2359. In der Tsisab-Schlucht liegt die Ranger-Station, von der aus ein Fußweg zu den Felsmalereien führt.

6 SWAKOPMUND

Drittgrößte Stadt Namibias und touristisches Zentrum mit Museen, historischem Bahnhof und altem Kaiserlichen Bezirksgericht. Das Tourismus-Büro Namib-i befindet sich in der Sam Noyoma Avenue.

7 WALVIS BAY

Einziger Tiefseehafen Namibias, bis 1994 eine südafrikanische Enklave. Seit einiger Zeit haben Kite-Surfer die Bucht für sich entdeckt. Vom Hafen starten Bootstouren durch die Lagune und zur Pelican-Point-Halbinsel mit Seevögeln, Delfinen und Robben. Einige der Robben kommen in der Regel sogar auf die Ausflugsboote (Touranbieter: z.B. Mola-Mola Safaris, www.mola-namibia.com). Extra-Anreiz für Aktive: Sandboarding in den Dünen (www.duneseven.com) und Ausflüge mit Quads (u.a. mit Dare Devil Adventures, Tel. 00264-81 128 44 92) erfreuen sich zunehmender Beliebtheit. Rundflüge über Swakopmund, Walvis Bay, Namib-Naukluft-Park findet man unter www.scenic-air.com.

8 SESRIEM/SOSSUSVLEI

Sesriem ist Ausgangspunkt für Fahrten in das bekannteste Dünengebiet Namibias: eine 60 Kilometer lange Senke, die in die Namib-Naukluft-Wüste führt. Am Ende befindet sich die Lehmpfanne Sossusvlei, umgeben von den angeblich höchsten Wanderdünen der Welt. Achtung: Selbst für geübte Geländefahrer sind die letzten Kilometer bis zur Pfanne eine Herausforderung.

9 TIRAS-BERGE

Erstaunlich, dass etliche Farmerfamilien mit oft deutschen Wurzeln schon seit mehreren Generationen in den schroffen Tiras-Bergen leben. Man sollte unbedingt dort übernachten, um einen Eindruck vom einsamen Leben auf den Höfen – die nächsten Nachbarn wohnen oft 30 oder 50 Kilometer entfernt – zu bekommen.
■ Infos: **www.koiimasis.com**

Fotos: Holger Lorenz; Bernd Jonkmanns (3); Jochen Vorfelder

10 LÜDERITZ

Im Hafen von Lüderitz nahm die deutsche Kolonialgeschichte in Namibia ihren Anfang (Seite 000). 1883 kaufte Heinrich Vogelsang für den Bremer Tabakhändler Lüderitz die Bucht und einen ersten, etwa 20 Kilometer breiten Uferstreifen. Sehenswert sind der historische Kern in der Kleinstadt, die Lüderitz-Halbinsel und die ehemalige „Diamantenhauptstadt" Kolmanskop, die langsam unter den Sanddünen verschwindet. Die Wüste südlich der Stadt ist heute Sperrgebiet wegen des Diamantenabbaus.

11 FISH RIVER CANYON

Ganz im Süden des Landes hat sich der längste Fluss Namibias, der Fish River, auf 160 Kilometer Länge durch Sand und Kalkstein gefressen und dabei 200 Millionen Jahre Erdgeschichte freigelegt. Der gleichnamige Canyon ist bis zu 27 Kilometer breit und stellenweise mehr als 500 Meter tief. Mehrere spektakuläre Aussichtspunkte wie Hell's Bend und Hiker's View Point befinden sich auf der Strecke.

12 SCHLOSS DUWISIB

Wehrtürme, Wohnräume unter Zinnen, Schießscharten – der Bau eines deutschen Schlosses in der unwirtlichen Halbwüste wurde 1908 vom Schutztruppen-Offizier Hansheinrich von Wolff in Auftrag gegeben. Die Einrichtung, noch immer gut erhalten, kam per Frachter und Ochsenkarren aus Deutschland. Wolff erlebte die Fertigstellung seines Traumgebildes nicht mehr, denn er starb 1916 im Ersten Weltkrieg. Bis 1979 war das Gebäude im Besitz einer Frankfurter Pelzfirma, die von hier aus ihre Karakulschafzucht verwaltete. Danach wurde es als Museum hergerichtet.
■ Idealer Zwischenstopp an der Fernstraße C 14 zwischen Helmeringhausen und Mariental; Abzweig am Pad D 826 nach Betta. Campingplatz unmittelbar am Schloss, kleines Café.

13 OKAMBARA LODGE & WILDLIFE RESORT

Etwa anderthalb Autostunden von der Landeshauptstadt entfernt sind auf knapp 10 000 Hektar etliche Giraffen, Zebras, Strauße, Nashörner und Elefanten zu sehen. Das reine Tier-Resort wird seit der Eröffnung von den Deutschen Christian und Uschi Schmitt betrieben.
■ Abzweig nach Okambara 120 km östlich von Windhoek an der D 1808/D 1800. Ab der D 1800 den Wegweisern folgen.
www.okambara.de **J.V.**

Zahlreiche Tipps für Unterkünfte in Lodges und auf Campingplätzen sowie Restaurant-Empfehlungen finden Sie unter **www.adac.de/reisemagazin**

Service

AUSKUNFT

SOUTH AFRICAN TOURISM
60311 Frankfurt/Main,
Friedensstr. 6–10.
Informationen und Prospekte:
Tel. (01805) 72 22 55
(0,12 €/Min.).
www.southafrica.net

Info-Tel. für Österreich:
Tel. (0820) 50 07 39
(0,14 €/Min.).

Info-Tel. für die Schweiz:
Tel. (0848) 66 35 22
(0,14 €/Min.).

Ein ausgesprochen freundliches, kompetentes und engagiertes Team, bei dem Sie schnell gute Informationen, Tipps und Hinweise bekommen.

ADAC-SERVICE

Die ADAC-Plus-Mitgliedschaft bietet Reisenden umfassenden Schutz. Neben den Vorteilen der „normalen" Mitgliedschaft umfasst sie viele Extraleistungen wie Krankenrücktransport und Heimholservice (Notruf Seite 192). Zusätzlich empfiehlt sich der Abschluss der ADAC-Auslandskrankenversicherung, die Krankenhaus- und Arztkosten erstattet. Im Leistungsumfang der Goldkarten von ADAC-Visa- und Eurocard ist eine Auslandskrankenversicherung enthalten, die für den Inhaber, Ehe- oder Lebenspartner und minderjährige Kinder gilt.
Im ADAC Verlag ist der ADAC Reiseführer Südafrika (4,95 Euro) erschienen. Kostenlos bekommen Mitglieder das ADAC-Tourset mit Landesinfos, Städteführer und Übersichtskarten. Auskunft erhält man in den Geschäftsstellen des ADAC, außerdem beim ADAC-Info-Service (Tel. 01805-10 11 12/ 0,123 Euro/Minute) sowie im Internet (www.adac.de). Mitglieder des ADAC können die Dienste des südafrikanischen Automobilclubs AA in Anspruch nehmen. Mit der europäischen Clubkarte bekommt man in Südafrika beim AA kostenlos Karten und Info-Material. Büros gibt es in allen größeren Städten.

ANREISE

Diverse Fluggesellschaften fliegen mehrmals pro Woche nach Südafrika. South African Airways (www.flysaa.com) und Lufthansa (www.lufthansa.com) fliegen täglich nonstop nach Johannesburg und Kapstadt. Weitere Nonstopverbindungen ab Deutschland sowie preiswerte Flüge haben oft auch LTU (www.ltu.de), Air France (www.airfrance.com/de), KLM (www.klm.com) und Air Namibia (www.airnamibia.com), die über Windhoek nach Kapstadt und Johannesburg fliegt, im Programm. Die Flugzeit von Frankfurt/Main nach Johannesburg beträgt ca. 10, direkt nach Kapstadt 11 bis 12 Stunden.

ÄRZTE UND KRANKENHÄUSER

Apotheken heißen in Südafrika Chemists und befinden sich in jedem größeren Ort. Alle wichtigen Arzneimittel sind erhältlich, meist zu erheblich günstigeren Preisen als in Europa. Der Standard der ärztlichen Versorgung ist sehr gut. Die Kosten für ärztliche Behandlungen liegen deutlich unter denen in Mitteleuropa. Schutzimpfungen sind für Südafrika nicht vorgeschrieben. Im nordöstlichen Landesteil KwaZulu-Natal sowie im Krüger-Nationalpark empfehlen sich Malariaschutz sowie das Tragen hautbedeckender, heller Kleidung.

DIPLOMATISCHE VERTRETUNGEN

In Deutschland:

BOTSCHAFT DER REPUBLIK SÜDAFRIKA
10785 Berlin, Tiergartenstr. 18,
Tel. (030) 22 07 30,
Fax: 22 07 31 94. Geöffnet
Mo.–Fr. 9–12 Uhr.
www.suedafrika.org

Die gut gemachte Website der Botschaft enthält ausführliche Tipps zur Einwanderung nach und zum Arbeiten in Südafrika. Der konsularische Amtsbezirk schließt alle Bundesländer außer Bayern und Baden-Württemberg ein. Infos für Bewohner dieser Bundesländer:

GENERALKONSULAT DER REPUBLIK SÜDAFRIKA
80336 München,
Sendlinger-Tor-Platz 5,
Tel. (089) 231 16 30,
Fax: 23 11 63 63. Geöffnet
Mo.– Fr. 9–12 Uhr.

In Südafrika:

BOTSCHAFT DER BUNDESREPUBLIK DEUTSCHLAND
Pretoria, 180 Blackwood St.,
Arcadia, Tel. 012 427 89 00,
Fax: 012 343 94 01. Geöffnet
Mo., Di., Do. u. Fr. 8.30–12,
Mi. 13.30–15.30 Uhr.
www.pretoria.diplo.de

GENERALKONSULAT DER BUNDESREPUBLIK DEUTSCHLAND
Kapstadt, 19. Stock, Safmarine
House, 22 Riebeeck St.,
Tel. 021 405 30 00,
Fax: 021 421 04 00.
Geöffnet Mo.–Fr. 9–12 Uhr.

STICHPUNKT

SPRACHE In Südafrika gibt es elf offizielle Sprachen, Formulare etwa sind in all diesen Sprachen erhältlich. Die Sprachverteilung sieht folgendermaßen aus: Zulu (Erstsprache für 23,8 % der Bevölkerung), Xhosa (17,6 %), Afrikaans (13,3 %), Sepedi (9,8 %), Englisch (9,1 %), Tswana (7,2 %), Sotho (9,4 %), Tsonga (4,2 %), Swasi (2,6 %), Venda (1,7 %), Ndebele (1,5 %), andere (2 %). In den meisten Landesteilen wird Englisch gesprochen und verstanden, lediglich in ländlichen Bereichen, vor allem in den Kap-Provinzen, dominiert Afrikaans. Das südafrikanische Englisch weist einige Besonderheiten auf, viele Wörter werden abgekürzt, häufig werden ein paar Afrikaans-Brocken dazwischengeworfen. Zwei Beispiele: Beim Verabschieden sagt man nicht „goodbye", sondern „cheers" oder „cheers for now", eine Ampel heißt nicht „Traffic Light", sondern „Robot".

EINREISE

Deutsche und Schweizer benötigen für einen Aufenthalt von bis zu drei Monaten, Österreicher bis zu 30 Tagen lediglich einen Reisepass, der bei der Ankunft noch mindestens sechs Monate gültig sein muss. Bei der Einreise nach Südafrika muss der Reisepass noch mindestens drei freie Seiten aufweisen. Kinder sollten statt Kinderausweise Reisepässe haben. Wer mit dem eigenen Fahrzeug einreisen möchte, benötigt ein Grenzpassierscheinheft (Carnet de Passage). Zu bekommen ist das Carnet beim ADAC gegen Hinterlegung einer Kaution oder Bankgarantie. Das Carnet ermöglicht die zollfreie Einfuhr eines Fahrzeugs für zwölf Monate.
Für Namibia gelten die gleichen Einreise-Formalitäten.

AUF EINEN BLICK

Fläche: rd. 1 220 000 qkm.
Einwohner: rd. 45 Millionen.
Hauptstädte: Tshwane/Pretoria (Regierungssitz), Kapstadt (Parlamentssitz), Bloemfontein (Sitz des Obersten Gerichtshofs).

Amtssprachen: elf offizielle Amtssprachen (Kasten S. 188). **Währung:** Südafrikanischer Rand (ZAR o. R). Neben dem Namibia-Dollar (N$) ist der Rand zweite offizielle Währung in Namibia **Geografie:** Südafrika lässt sich grob in zwei Hauptregionen aufteilen: ein gewaltiges Inlandsplateau, das an drei Seiten von einem schmalen Küstensaum umrahmt wird. Die beiden Gebiete trennt eine Schichtstufe aus Bergen und Hügeln, die von der mächtigen Kette der Drakensberge im Osten dominiert wird. Andere größere Bergketten finden sich in der Provinz Western Cape. Viele Wasserläufe in Trockengebieten führen nur saisonal Wasser. Die Haupthäfen liegen in Durban, Kapstadt, Port Elizabeth, East London (Buffalo City), Richard's Bay und Saldanha Bay. **Bevölkerung:** Schwarze 79 % (35,6 Mio.), Weiße 9,6 % (4,3 Mio.), Coloureds 8,9 % (4 Mio.), Asiaten 2,5 % (1,1 Mio.). Das Bevölkerungswachstum beträgt 0,8% pro Jahr. **Staat und Politik:** Seit 1994 wird Südafrika von einer ANC-Regierung geführt. Nach Nelson Mandela, dem ersten schwarzen Präsidenten des Landes, übernahm 1999 Thabo Mbeki dieses Amt. 2004 wurde er wiedergewählt. Südafrikas neue und sehr fortschrittliche Verfassung (verabschiedet am 10.12.1996) gliedert das Land in neun Provinzen mit eigenem Premier und Kabinett sowie eigener Legislative. Alle Provinzen erhalten Unterstützung durch die Zentralregierung und besitzen eigene Investment- und Tourismus-Agenturen.

FEIERTAGE UND FESTE

Fällt einer der folgenden Feiertage auf einen Sonntag, ist der darauffolgende Montag frei. **1. Januar:** Neujahr. **21. März:** Human Rights Day; am 21. März 1960 starben beim Sharpeville-Massaker 69 Schwarze, die gegen die Apartheid-Politik protestiert hatten, im Kugelhagel der Polizei. **27. April:** Freedom Day; am 27. April 1994 fanden Südafrikas erste demokratische Wahlen statt. **1. Mai:** Worker's Day. **16. Juni:** Youth Day zum Gedenken an die Schüleraufstände 1976 in Soweto. **9. Aug.:** National Women's Day. **24. Sept.:** Heritage Day; der Geburtstag des Zulu-Kriegers Shaka. **16. Dez.:** Day of Reconciliation (Tag der Versöhnung); vor den ersten demokratischen Wahlen Südafrikas erinnerte der 16. Dezember an die Schlacht am Blood River, wo ein bewaffnetes Burenkommando Tausende von Zulukriegern getötet hatte. Der Tag des Gelöbnisses, Day of the Vow, war der höchste Feiertag der Buren. **26. Dez.:** Day of Goodwill. Außerdem: Ostersonntag/-montag, Weihnachten.

GELD & BANKEN

Landeswährung ist der Rand, der in 100 Cent aufgeteilt ist. Ein- und ausführen darf man maximal 500 Rand. Fast überall kann mit Kreditkarte bezahlt werden, Mastercard und Visa sind die gebräuchlichsten. Zum Automieten ist eine Kreditkarte Voraussetzung. An Tankstellen muss meist bar bezahlt werden. Mit Kreditkarte (mit Maestro- oder Cirro-Symbol) und Pin-Nummer kann an vielen Bankautomaten Geld abgehoben werden. Schalterstunden der Banken: Mo.–Fr. 9–15.30, Sa. 9–11 Uhr. Bargeld sowie Traveller-Schecks (hauptsächlich American Express, Visa und Thomas Cook) wechseln American Express und Rennies Travel, eine weit verbreitete Reisebüro-Kette, außerhalb der normalen Banköffnungszeiten zu günstigen Konditionen. In abgelegenen und ländlichen Gegenden wie in Northern Cape und an der Wild Coast empfiehlt sich die Mitnahme von Bargeld, da dort weder Reiseschecks noch Kreditkarten angenommen werden.
1 Euro entsprechen ca. 9 Rand.

weiter auf Seite 192

ALLGEMEINE INFOS

Einen guten Überblick über Südafrika, wie z.B. die aktuelle politische Situation, Wetter, Umtauschkurse, Kino-News, verschaffen die südafrikanischen Suchmaschinen: **www.iafrica.com, www.ananzi.co.za, www.aardvark.co.za**

INTERNET-ADRESSEN SÜDAFRIKA

AKTUELLE NACHRICHTEN

www.sundaytimes.co.za Auflagenstärkste Wochenzeitung **www.southafricantourism.de** Website des südafrikanischen Fremdenverkehrsamts in Frankfurt/Main **www.suedafrika-guide.de** Allgemeine Tipps auf Deutsch **www.suedafrika.org** Aktuelle Einreisebestimmungen finden sich in der Website der südafrikanischen Botschaft in Berlin **www.gov.za** Infos zur südafrikanischen Regierung **www.parliament.gov.za** Infos zum südafrikanischen Parlament **www.proudlysa.co.za** Unter dem Motto „Proudly South African" haben sich viele Firmen und Dienstleister zusammengeschlossen, in dieser ausführlichen Website sind alle mit ihren Details aufgelistet

ORTE & REGIONEN

Kapstadt ist im Netz besonders stark vertreten. Hier sind die ausführlichen deutschen Seiten **www.kapstadt.com, www.kapstadt.net** und **www.kapstadt.de** zu empfehlen. Auf Englisch informiert die hervorragende Seite des Tourismusbüros: **www.cape-town.org.** Infos über Kapstadt und Western Cape bietet **www.tourismcapetown.co.za,** über die Westküste **www.sawestcoast.com**, die Cederberge **www.cederberg.co.za,** Knysna **www.knysna-info.co.za,** Plettenberg Bay **www.plettenbergbay.co.za.** Die Garden Route stellt sich unter **www.gardenroute.co.za** vor, auf Deutsch unter **www.gardenroute.de.** Kapstadts Wahrzeichen, der Tafelberg, hat natürlich seine eigene Website: **www.tablemountain.net,** wie auch die berühmte Waterfront mit vielen Tipps zu Restaurants und Übernachtungsmöglichkeiten: **www.waterfront.co.za.** Robben Island kann unter **www.robben-island.org.za,** Cape Point unter **www.capepoint.co.za** und der Table Mountain National Park unter **www.tmnp.co.za** besucht werden. Sechs der Hauptsehenswürdigkeiten Kapstadts haben sich in einer Website Cape Town's Big 6 zusammengeschlossen: **www.capetownbig6.co.za.**

ESSEN & TRINKEN

Unter **www.dining-out.co.za** und **www.restaurants.co.za** sind viele Restaurants gelistet. Wer sich für die südafrikanischen Weine, Weingüter und -routen interessiert, sollte die sehr ausführliche Website **www.wine.co.za** besuchen (Weingüter, Tipps zum Kauf und Versand, Wein-News). Wer Kaffee liebt, sollte sich unbedingt **www.coffee.co.za** ansehen. Neben einem ausführlichen Kaffee-Wörterbuch sind alle Plätze in Südafrika aufgelistet, die hervorragenden Cappuccino und Espresso zubereiten.

FAUNA & FLORA

Wer die südafrikanische Fauna live erleben möchte, sollte sich bei dieser Webkamera einklicken: **www.africam.co.za.** Der abwechslungsreichste Nationalpark des Landes hat seine eigene Website: **www.addoelephantpark.com.** Unter **www.apexpredators.com** gibt es faszinierende Bilder vom Weißen Hai in Kapstadts False Bay.

www.adac.de/reisemagazin
Hier finden Sie die wichtigsten Links zum Anklicken.

A
B
C
D
E
1
2
3
4
5
6
Toscanini
Brandberg
2573
Otjozondjupa
Summerdown
Omaheke
Ghanzi
Skeleton-
Coast-
National-
park
Omaruru
Hochfeld
Epukiro
Erongo
Spitzkoppe
1728
Steinhausen
Rietfontein
Cape Cross
Usakos
Karibib
Wilhelmstal
Okahandja
Tshootsha
Tswaane
Hentiesbaai
Omitara
Witvlei
Buitepos
Mamuno
Centr
Kalah
Gam
Reser
Wlotzkasbaken
B2
Witwatersberge
1881
Hochland
Seeis
B6
Gobabis
WINDHOEK
Swakopmund
Walvis Bay
Khomas
Dordabis
Nina
Aroams
Kalahari-
Grootberg
1847
Khomas
Palamakoloi
Walvis Bay
Rooibank
Rehoboth
Karubeamsberge
Leonardville
Tsetseng
Khutse
Game
Reserve
Sandwich
Bay
Nauchas
Derm
Aminuis
Wüste
Kang
Kweneng
Dutlwe
B1
Uhlenhorst
Klein Aub
Tshane
Black Cliff
Solitaire
Namib-
Conception Bay
Tsondab-
vlei
Kalkrand
Aranos
Botsuana
Naukluftberge
Gamis
Hardap Dam
Recreation
Resort
Stampriet
Sekom
Naukluft-
Khakhea
Mariental
Kgalagadi
Southe
Black Reef
Namibia
Lendepas
Gochas
Sossus-
vlei
Maltahöhe
Kgalagadi
Losberg
1976
Hardap
Gibeon
Witbooisvlei
Makopong
Black Rock
National-
St. Francis Bay
Chowagasberg
Schwarzkuppe
Schwarzrand
Brakpan
Transfrontier
Bray
Easter Point
2063
Asab
Namaland
Senlac
Vergel
Schwartzenberg
Welverdiend
park
1922
Knoll Point
Tses
Koës
Mercury Island
Helmering-
hausen
Tshabong
Park
Piet Pl
Rooirand
Berseba
Nort
Hottentots Bay
Gamanas-
Pfanne
Bethanie
Dikwillem
1505
Hakskeen-
pan
Penguin Island
B4
Aus
Seeheim
Keetmanshoop
Lüderitz
Kolmanskop
Goageb
B4
B1
Narubis
Aroab
Van Zylsrus
Kleine Karasberge
Elizabeth Bay
2202
Vredeshoop
Gordonia
Hotazel
Possession Island
Sperr-
Huib-Hoch-Plateau
Schroffen-
stein
Korannaberg
Kuruman
Pomona Island
Sandykop
Karas
Fish
Dibeng
Ai-Ais/
Richtersveld
Transfrontier
Park
Grünau
Sishen
1855
Sinclair's Island
Kurumanberge
Karasburg
Spits
gebiet
Ai-Ais
B3
Roastbeef Island
Rosh Pinah
N 10
N 14
Postmasburg
Delportsh
Richtersveld
B1
Upington
Vaalbos
NP
Augrabies-Falls-
Nationalpark
Norotshama
859
Oranjemund
Warmbad
1682
Langeberg
Keimoes
Richters-
veld
NP
Alexander Bay
Noordoewer
Onseepkans
Kakamas
N 10
Groblershoop
Griekwastad
Campbell
Orange
Vioolsdrif
Northern Cape
Douglas
N 7
Wreck
Point
Port
Nolloth
Pofadder
Kenhardt
Steinkopf
Marydale
Asbesberge
Hopetown
Namaqualand
Wedge Point
Nababeep
N 14
Prieska
Goegap N.R.
Kleinsee
Springbok
Bushmanland
Verneuk Pan
Strydenburg
Grootvloer
Petr
Skulpfonteinpunt
Van Wyksvlei
Kamieskroon
Philipsto
Vosburg
Brandvlei
Britstown
N 10
De
Garies
Kliprand
Kareeberge
Strandfonteinpunt
Sakrivier
Kareebos-
poort
Loeriesfontein
Carnarvon
Island
Point
Swartkolk-
vloer
Tontelbos
N 12
Hanov
Bitterfontein
Nieuwoudt-
ville
Victoria West
Bokkeveldberge
Williston
Richmon
Lutzville
Calvinia
Loxton
Hutchinson
N 1
Groß Karoo
Vredendal
Bloukrans-
pass
Sneel
Strandfontein
Vanrhynsdorp
Riet
Three
Sisters
Murrays
burg
Klawer
Tankwa-
Karoo
NP
Fraserburg
Molteno
Pass
Clanwilliam
Roggeveldberge
Lambert's Bay
Teekloof
Karoo
NP
Graaff-Re
Sandberg
Beaufort West
Eland's Bay
Nuweveldberge
Cederberge
Kamsberge
Swartruggens
N 1
Die Vlakte
N 7
Aber
St. Helena Bay
Stompneuspunt
Citrusdal
N 9
Leeu-Gamka
Velddrif
N 12
Janse
Western Cape
Piketberg
Porterville
Klipplaa
Vredenburg
Laingsburg
Touws
River
Prince
Albert
Klaar-
stroom
Saldanha Bay
Witteberge
Steytlerville
West Coast
National Park
Hopefield
Willowmore
1382
Darling
Malmesbury
Ceres
Kleinswartberge
Grootswartberge
Baviaanskloof
Dassen Island
Kouga
Wellington
Worcester
Klein Karoo
Oudtshoorn
De Rust
Atlantis
Uniondale
Melkbosstrand
Paarl
Montagu
Herold
Kouga
1715
Table Bay
N 1
Robertson
Barrydale
Herberts-
dale
George
Knysna
Kareedou
Kapstadt
Bellville
Stellenbosch
Langeberge
Swellendam
Mossel Bay
Plettenberg
Bay
Hout Bay
Somerset
West
N 2
Riviersonderend
Askraal
Riversdale
N 2
Cape St. Blaize
Knysna
N.L.A.
Simon's Town
Muizen-
berg
Caledon
De Hoop
N.R.
Gouritsmond
Kap der
Guten Hoffnung
Hawston
Bredasdorp
St.
Sebastian
Bay
Walker Bay
Gansbaai
Waenhuiskrans
Quoin Point
L'Agulhas
Kap
Agulhas
Atlantischer Ozean
REP.
KONGO
UGANDA
SOMALIA
Mogadischu
Libreville
GABUN
Kampala
KENIA
RUANDA
Kigali
Nairobi
Brazzaville
DEM. REP.
KONGO
Bujumbura
BURUNDI
Victoria
ANGOLA
Kinshasa
Dodoma
TANSANIA
SEYCHELLEN
Luanda
Moroni
KOMOREN
ANGOLA
SAMBIA
Lilongwe
Lusaka
MALAWI
Harare
Antananarivo
SIMBABWE
MOSAMBIK
MADAGASKAR
Réunion
(FR)
NAMIBIA
BOTSUANA
Windhoek
Gaborone
Pretoria/
Tshwane
Maputo
Mbabane
SWASILAND
LESOTHO
Maseru
SÜDAFRIKA
Atlantischer Ozean
Indischer Ozean

Simbabwe
Mosambik
Central
Kgatleng
Limpopo
Mpumalanga
Gauteng
Free State
LESOTHO
SWASILAND
KwaZulu-Natal
Eastern Cape
Gaza
Inhambane
Maputo
Indischer Ozean
GABORONE
PRETORIA/TSHWANE
JOHANNESBURG
SOWETO
TEMBISA
BENONI
PIETERSBURG (POLOKWANE)
MBABANE
MAPUTO
MASERU
BLOEMFONTEIN
KIMBERLEY
WELKOM
KROONSTAD
KLERKSDORP
POTCHEFSTROOM
PIETERMARITZ-BURG
Durban
Umtata
East London (Buffalo City)
Port Elizabeth
Grahamstown
Mdantsane
Bisho
Uitenhage
Nelspruit
Francistown
Mahalapye
Mochudi
Rustenburg
Mafikeng
Ladysmith
Newcastle
Richards Bay
Inhambane
Chókwe
Xai-Xai
0 50 100 km
ADAC Karte © CartoTravel Verlag

Freude am alljährlichen Freedom Day: Am 27. April 1994 fanden die ersten demokratischen Wahlen statt

MEHRWERTSTEUER-RÜCKERSTATTUNG
Touristen bekommen bei der Ausreise an den Flughäfen in Kapstadt, Johannesburg und Durban sowie in Schiffshäfen 14 Prozent Mehrwertsteuer (VAT) erstattet. Das gilt für Waren ab einem Gesamt-Einkaufspreis von 250 Rand. Dazu muss man vor dem Einchecken beim VAT Refund Office die Steuerrechnungen (Tax Invoices) vorlegen, auf denen Preis und VAT der gekauften Ware, VAT-Nummer, Name und Adresse des Verkäufers, Beschreibung der gekauften Güter, Steuerrechnungsnummer, Ausstellungsdatum und Nummer der Tax Invoice erwähnt sein müssen. Bei Waren, deren Wert 500 Rand übersteigt, müssen Name und Adresse des Käufers auf der Rechnung erscheinen. Bei Vorlage von Ware, Tax Invoice und Pass bekommt man den Rückerstattungsbetrag entweder per Scheck in Rand oder Landeswährung oder auf das Kreditkartenkonto gutgeschrieben. Am besten einen Tag vor der Abreise erledigen. Infos unter: **www.taxrefunds.co.za**

NOTRUF

JOHANNESBURG
Ambulanz: alle Gebiete Tel. 999,
Feuerwehr: City-Tel. 624 28 00.

TSHWANE (PRETORIA)
Ambulanz: alle Gebiete
Tel. 101 77,
Feuerwehr: alle Gebiete
Tel. 323 27 81.

KAPSTADT
Ambulanz: Tel. 948 99 00,
Feuerwehr: Tel. 535 11 00,
Seerettung: Tel. 449 35 00.

DURBAN
Ambulanz: Tel. 101 77,
Feuerwehr: Tel. 361 00 00,
Seerettung: Tel. 337 22 00.

IN GANZ SÜDAFRIKA
Polizei: Tel. 101 11, in Johannesburg zusätzlich die 999, und in Kapstadt die 51 51 51, Handy-Notruf: Tel. 112.

IN DEUTSCHLAND
ADAC-Notrufzentrale:
Tel. (0949-89) 22 22 22.
ADAC-Ambulanz-Dienst:
Tel. (0949-89) 76 76 76.

ÖFFNUNGSZEITEN

Geschäfte sind normalerweise werktags von 8 bis 17 und samstags von 8 bis 13 Uhr geöffnet. Einkaufszentren in größeren Städten schließen samstags erst um 18 Uhr. Supermärkte in größeren Städten sind teilweise sonntags geöffnet. Tankstellen sind fast immer 24 Stunden in Betrieb.

REISEVERANSTALTER

Zu den Spezialisten zählen Jacana Tours (www.jacana.de), die Safaris, Golf-, Flug-, Camping-, Hochzeits-, Wein- und Foto-Reisen für Pauschal- und Individualreisende im Programm haben. Ähnliche Angebote halten Toucan Reisen (www.toucan-reisen.de), AST-African Special Tours (www.ast-reisen.de), Impala Tours (www.impala-tours.de), Olifants (www.olifants.de), Chamäleon (www.chamaeleon-reisen.de),

ANGABEN FÜR DURBAN

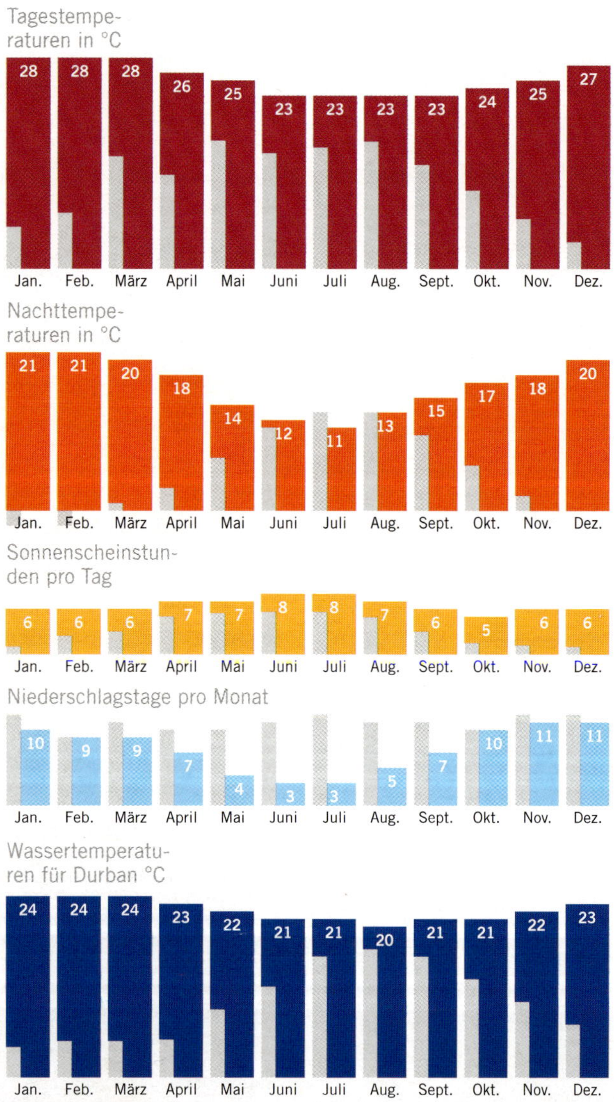

REISEZEIT

Südafrika liegt auf der Südhalbkugel, die Jahreszeiten sind denen der nördlichen Hemisphäre daher entgegengesetzt. Im Dezember und Januar ist Hauptferienzeit in Südafrika. Die Küstenorte sind dann recht voll. Eine gute Reisezeit ist zwischen Mai und Juni, tagsüber ist es warm, nachts kühl. Für Wanderer eignen sich besonders die Monate August bis Ende September. Anfang Juli bis Ende September kann es im ganzen Land recht kalt werden, in der westlichen Kap-Provinz spricht man von der „Green Season", in der es viel regnet und die Natur aufblüht. Im Südwinter lässt sich in den Drakensbergen (Seite 136) sogar Ski fahren. Schnee fällt zudem in den Cederbergen in der westlichen Kap-Provinz. Die Bekleidung sollte sich den Jahreszeiten und Unternehmungen anpassen: leichte und luftdurchlässige Textilien, dazu ein Pullover und festes Schuhwerk für Wanderungen, im Winter ein Goretex-Anorak. Südafrikaner sind im Allgemeinen sehr leger angezogen. In guten Restaurants sind Shorts, T-Shirt und Turnschuhe jedoch verpönt.

■ = Vergleichswert Hamburg; Wassertemperaturen Küste vor Durban/Nordsee

WAS SIE NICHT TUN SOLLTEN

UNGEDULDIG SEIN Ob an der Bushaltestelle, am Kiosk oder vor dem Bankautomaten: In Südafrika warten die Menschen geduldig in der Schlange, bis sie an der Reihe sind. Vordrängeln wird als ausgesprochen unhöflich empfunden. Beim Einkauf im Supermarkt gehört es zum Service, dass ein Mitarbeiter die Waren an der Kasse einpackt. Auch hier wartet man, bis alles fertig eingetütet ist.

SELBST TANKEN An Tankstellen in Südafrika braucht man das Benzin nicht selber zu zapfen. Das übernehmen die Hilfskräfte, die meist zusätzlich Wasser-, Ölstand und Reifenluftdruck überprüfen sowie oftmals die Scheiben waschen. Je nach Einsatz gibt man 3 bis 5 Rand Trinkgeld. Wichtig zu wissen: Nur die wenigsten Tankstellen in Südafrika akzeptieren Kreditkarten, man sollte genug Bargeld dabeihaben.

ÜBERALL RAUCHEN Wer sich von Zigarettenqualm belästigt fühlt, braucht sich in Südafrika keine Sorgen zu machen. In allen öffentlichen Gebäuden und Einkaufszentren ist das Rauchen verboten. In Restaurants hat man die Wahl: Entweder speist man im Nichtraucherbereich oder im abgeschlossenen Teil für Gäste, die sich gern eine anzünden.

AN DEN TISCH STÜRMEN In Restaurants sucht man sich nicht selbst einen freien Tisch, sondern wird von einer Empfangsperson an den Platz gebracht. Üblich ist dann, zunächst Getränke zu ordern und erst, wenn sie gebracht werden, das Essen zu bestellen.

Foto: dpa/picture-alliance; Illustration: Nils Fliegner

Karawane Reisen (www.karawane.de) sowie Westtours (www.westtours.de) bereit. Ob Hiking, Trekking, Wandern, für den Aktivurlaub bieten folgende Veranstalter attraktive Angebote: Wikinger Reisen (www.wikinger.de), Hauser Exkursionen (www.hauser-exkursionen.de) und Explorer Fernreisen (www.explorer-fernreisen.com). Der Veranstalter Berge&Meer (www.berge-meer.de) hat Rund- und Erlebnisreisen durch Südafrika und Namibia mit einem sehr guten Preis-Leistungs-Verhältnis im Programm. Abacus Touristik (www.abacus-touristik.de) bietet mit dem südafrikanischen Veranstalter CC Afrika speziell Safaris an. Der Studienreiseveranstalter Studiosus (www.studiosus.de) bietet sogar 21 Reisen. Natürlich haben auch die großen Reiseveranstalter ein breites Südafrika-Angebot: von der klassischen Busrundreise bis zur Schlemmertour. Zu den bekanntesten Veranstaltern gehören Dertour (www.dertour.de), TUI (www.tui.de), Meiers Weltreisen (www.meiers-weltreisen.de), Gebeco (www.gebeco.de), ADAC Reisen (www.adac.de) und Airtours (www.airtours.de).

TELEFON

Die Telefonvorwahl für Südafrika ist 0027. Wer von Südafrika nach Deutschland telefoniert, wählt 0949, nach Österreich 0943 und in die Schweiz 0941. Mobiltelefone deutscher Betreiber können benutzt werden. Bei längeren Aufenthalten empfiehlt es sich, Handys (Cellphones) direkt am Flughafen zu mieten. Betreiber: Vodacom, MTN (Mobile Telephone Network) und Cell C. Telefonieren kann man von blauen Münz- und grünen Kartentelefonen oft günstiger als in Deutschland. Die nationale Telefonauskunft ist unter 1023 zu erreichen. Die Telefonnummern sollen auf zehnstellige Nummern umgestellt werden, d.h., die ehemalige Vorwahl muss auch innerhalb der Orte mitgewählt werden, in Kapstadt wählt man z.B. 021 und dann die siebenstellige Rufnummer. Derzeit funktioniert häufig auch noch die Anwahl mit siebenstelliger Rufnummer. Bei Anrufen aus dem Ausland entfällt die Null der früheren Regionalvorwahl.
Die Vorwahl für Namibia ist 00264, für Lesotho 00266. Deutschland erreichen Sie aus diesen Ländern mit der Vorwahl 0049.

UNTERWEGS

MIT DEM FLUGZEUG
Südafrika verfügt über ein dichtes Inlandsflugnetz, wobei die Flüge jedoch relativ teuer sind. Fluggesellschaften, die innerhalb des Landes operieren: Kulala (www.kulala.com), günstig und

STICHPUNKT

SICHERHEIT IN SÜDAFRIKA Die Kriminalitätsrate in Südafrika ist relativ hoch. Insbesondere Johannesburg, aber auch Durban und Pretoria gelten in bestimmten Bezirken als unsicher. Nach Geschäftsschluss sollte man die Zentren dieser Städte vorsichtshalber verlassen. Beim Autofahren im Land sind generell einige Sicherheitstipps zu beachten. So sollte man möglichst nicht nachts fahren und einsame Gegenden meiden. Am besten lässt man immer, auch im Stadtverkehr, die Fenster oben und Türen verriegelt. Fühlt man sich beim Warten vor einer roten Ampel bedroht, darf man straffrei weiterfahren. Falls verdächtige Personen am Straßenrand Sie zum Anhalten animieren, sollten Sie nicht stoppen. Vorsicht auch, wenn es nach einem Unfall aussieht; oft sind die Pannen gestellt. Besser: die Polizei rufen und weiterfahren. Das Fahren per Anhalter ist sehr verbreitet, trotzdem sollte man weder Personen mitnehmen, noch selbst den Daumen raushalten. An Aussichtsorten hält man besser nur, wenn andere Touristen in Sichtweite sind. Unbeleuchtete Parkplätze sollte man in jedem Falle meiden.

ALLGEMEINE VERKEHRSREGELN:
- Es herrscht Linksverkehr.
- Weiße Striche quer zur Fahrbahn bedeuten „Stopp".
- Vor Kreuzungen warnt ein Schild „4S" davor, dass alle Einmündungen dieser Kreuzung Stoppschilder besitzen. Hier muss jeder anhalten. Wer zuerst da war, darf auch als Erster fahren.
- Die Promillegrenze liegt bei 0,5.
- Es besteht Anschnallpflicht.
- Die Höchstgeschwindigkeit auf Autobahnen beträgt 120 km/h, im Stadtgebiet 60 km/h.

gut; South African Airways (SAA, www.flysaa.com) mit dem vielleicht besten Inlandsflugnetz, British Airways/Comair (www.ba.co.za), Nationwide Air (www.flynationwide.co.za) u.a.

MIT DEM BUS

Bustouren sind eine gute Alternative zu den teureren Flugverbindungen zwischen den großen Städten. Interessant sind die Travelpässe, die ein, zwei oder drei Wochen unbeschränkt im ganzen Land gültig sind und ab 1400 Rand pro Woche zu haben sind. Fahrpläne und Preise in den ausführlichen Websites der drei Busunternehmen Translux Express (www.translux.co.za), Intercape Mainliner (www.intercape.co.za) und Greyhound Cityliner (www.greyhound.co.za).

MIT DEM MIETWAGEN

In Südafrika sind alle internationalen Autovermieter mit Filialen vertreten. Meist sind deren Angebote in Europa jedoch billiger zu buchen als direkt vor Ort. Es gibt aber auch immer wieder günstige Internet-Angebote, die nur online erhältlich sind. Hier die wichtigsten Anbieter, die manchmal auch Geländewagen anbieten:
Avis (www.avis.co.za), Budget (www.budget.co.za), Europcar Interrent (www.europcar.co.za), Imperial Car Rental (www.imperialcarrental.co.za), Atlantic Car Hire (www.atlanticcarhire.co.za).

MOTORRÄDER

Karoo-Biking (www.karoo-biking.de), Infos und Reservierung in Deutschland unter Tel. 0221-355 33 20 02: BMW-Motorradreisen und -vermietung in Südafrika unter deutscher Leitung. Harley-Davidson Cape Town (www.harley-davidson-capetown.com) vermietet die neuesten Maschinen des amerikanischen Herstellers. Schroeder Biking (www.schroederbiking.com): BMW-Motorradvermietung an der Garden Route, auch Organisation von begleiteten Touren.

GELÄNDEWAGEN

Avis Luxury Cars (www.avisluxurycars.co.za) vermietet relativ teuer Fahrzeuge wie Mitsubishi Pajero u. Jeep Grand Cherokee. Britz Offroad (www.britz.co.za) vermietet für Geländetouren geeignete Fahrzeuge. Buffalo 4x4 & Camper Hire (www.buffalo.co.za) hat voll ausgestattete, aber etwas ältere, dafür günstigere Camper und Geländewagen mit Dachzelt im Programm. Sani 4x4 Rentals (www.africa-adventure.org/s/sani) offeriert Einzel- und Doppelkabiner, die auch in Mosambik, Simbabwe, Namibia, Lesotho, Swasiland und Botsuana gefahren werden können.

CAMPER UND WOHNMOBILE

Gute Adressen sind Bobo Campers (www.bobocampers.com), Camper Hire (www.camperhire.co.za) und auch Drive Africa (www.driveafrica.co.za/information/camper.htm).

ZEIT

Während der mitteleuropäischen Sommerzeit (zw. März und September) gibt es keine Zeitdifferenz zwischen Deutschland und Südafrika. Den Rest des Jahres ist es in Südafrika eine Stunde später.

BEILAGENHINWEIS

Ein Teil dieser Ausgabe enthält Beilagen von:
- Financial Times Deutschland, Stubbenhuk 3, 20459 Hamburg.
- Hapag-Lloyd Kreuzfahrten GmbH, Ballindamm 25, 20095 Hamburg.
- Plan International Deutschland e.V., Bramfelder Str. 70, 22305 Hamburg.

Foto: Guy Stubbs

IMPRESSUM

HERAUSGEBER
Allgemeiner Deutscher Automobil-Club e.V. (ADAC),
Am Westpark 8, 81373 München
CHEFREDAKTEUR
Joachim Negwer (verantwortlich für den redaktionellen Inhalt)
STELLVERTRETENDE CHEFREDAKTEURE Christiane Würtenberger, Thomas Zwicker (Text)
ART-DIREKTION
Jürgen Kaffer/Büro Hamburg
CHEFIN VOM DIENST
Jeanette Langer
REDAKTION Doris Ehrhardt (Galleria, Hintergrund), Dr. Traute Ewers, Bianca Gerlach, Dr. Hartmut Kobrow, Anne Zuber, Beate Röhl (Dokumentation), Marianne Dietze (Redaktions-Assistenz)
BILDREDAKTION Katharina Oesten, Kathrin Hilse
GRAFIK Svenja Kruse (stellv. Art-Direktorin), Viola Schmieskors, Mareike Krause, Dirk Kleinschmidt
PRODUKTIONSLAYOUT
Joachim Fischer
KARTEN CartoTravel, Bad Soden
ANSCHRIFT DER REDAKTION
ADAC reisemagazin,
Hohe Brücke 1, 20459 Hamburg,
Sekretariat: Tel. (040) 37 86 18-0,
Fax: 37 86 18-10, E-Mail:
redaktion@adac-reisemagazin.de,
Internet: www.adac.de/reisemagazin
VERLAG ADAC Verlag GmbH,
Leonhard-Moll-Bogen 1,
81373 München
GESCHÄFTSFÜHRER
Dr. Ralf Ueding
ANZEIGEN Leitung: Dr. Carsten C. Hübner; Abwicklung: Hannelore Stadler (verantwortlich für den Inhalt der Anzeigen), Leonhard-Moll-Bogen 1,
81373 München,
Tel. (089) 76 76-47 14,
Fax: 76 76-47 01,
E-Mail:anzeigen@adac.de;
Anzeigentarif: vom 01.01.2006, Nr. 16
HERSTELLUNG Leitung: Eberhard Wagner; Werner Pflöschner
VERTRIEB Leitung: Michael Epp;
Handel: Burda Medien Vertrieb GmbH,
Vertriebsleitung:
Andreas Klinkmann,
Tel. (089) 92 50-17 92,
Fax: 92 50-31 41,
E-Mail: andreas.klinkmann@burda.com
ABONNENTEN-SERVICE
ADAC Verlag GmbH, Leserservice,
33407 Verl, Tel. (05241) 94 77 95,
Fax: 94 77 96, E-Mail:
info@buecherservice.adac.de
DRUCK Mohn Media Mohndruck GmbH,
Carl-Bertelsmann-Str. 161,
33311 Gütersloh

Nr. 95, November/Dezember 2006
ISBN-10 3-89905-344-3
ISBN-13 978-3-89905-344-9
ISSN 1610-2290

Das ADAC reisemagazin erscheint zweimonatlich.

SO ERREICHEN SIE UNS
WENN'S UMS ABONNEMENT GEHT
ADAC Verlag GmbH, Leserservice,
33407 Verl, Tel. (05241) 94 77 95,
Fax: 94 77 96,
E-Mail: info@buecherservice.adac.de
BEI FRAGEN AN DIE REDAKTION
Tel. (040) 37 86 18-0,
Fax: 37 86 18-10, E-Mail:
redaktion@adac-reisemagazin.de
IM INTERNET
www.adac.de/reisemagazin

VORSCHAU

USA Westküste

„If you're going to San Francisco/Be sure to wear some flowers in your hair", geht ein alter Ohrwurm von Scott McKenzie. Nun reisen die Menschen heute nur noch selten mit Blumen im Haar an die Westküste der USA, dafür aber mit einem Koffer voller Erwartungen. Und was finden sie dort in den Bundesstaaten Kalifornien, Oregon und Washington? Neben spannenden Megastädten wie San Francisco und Los Angeles auch jede Menge Natur, zum Beispiel entlang dem Highway 101 Richtung kanadische Grenze und in den Nationalparks mit ihren gewaltigen Redwood-Bäumen. Als Kontrastprogramm gibt's Nervenkitzel an den Spieltischen von Las Vegas oder beim Burning Man, dem völlig ausgeflippten Kunst-Happening in einsamer Wüste. Sie können auch die abwechslungsreiche Crossover-Küche probieren und von den besten Weinen der Welt kosten. Oder, natürlich, einfach mal schauen, was aus den Hippies geworden ist, die Scott McKenzie so schön besang: „You're gonna meet some gentle people there" – du wirst dort freundliche Menschen treffen. Garantiert!

Das ADAC reisemagazin USA Westküste erscheint am 12. Dezember 2006

BURNING MAN: „Gypsy Butterfly"

SAN FRANCISCO: Golden Gate Bridge

HIGHWAY 101: Richtung Norden und dann immer an der wilden Küste entlang

NAPA VALLEY: Weintest bei Mondavi

In Vorbereitung:
Italienische Seen | Kroatien | Bodensee

Zuletzt erschienene Ausgaben:
Baltikum | Wien | Türkei

Alle lieferbaren Titel finden Sie auf der beiliegenden Bestellkarte

Fotos: Bernhard Schmidt; Jon Ross/http://images.burningman.com; Julia Knop; Andreas Weise

? Eine Frage noch: Sind hier alle Brüder und Schwestern?

Illustration: Isabel Klett

Im Sommer 2006 übertrug der US-Fernsehsender CNN eine Diskussion aus Soweto. Thema: Gegenwart und Zukunft Südafrikas. Vom Jazzmusiker bis zum Topmanager sprachen alle Teilnehmer über positive Veränderungen seit dem Ende der Apartheid. Nur der amerikanische Moderator redete penetrant von Problemen. Da wandte sich eine Frau aus dem Publikum an ihn und sagte, auch sie sehe kein volles Glas, aber ein halb volles, sie sehe Fortschritt, sie sehe Hoffnung. Und das liege an den Menschen ihres Landes, an ihren „Brüdern und Schwestern".

In Südafrika ist es selbstverständlich, dass sich Fremde aller Rassen, Klassen, Religionen als Brüder und Schwestern bezeichnen. Unter schwarzen Stämmen ist es Tradition, sich als Familie zu verstehen, unabhängig davon, wie viele Generationen die gemeinsamen ethnischen Wurzeln zurückreichen. Während der Apartheid drückte die Anrede zudem die Verbundenheit im Kampf gegen das Unrecht aus. Und inzwischen sprechen sich nicht nur Schwarze und Weiße mit den Zulu-Worten „Bhuti" (Bruder) und „Sisi" (Schwester) an, auch Weiße tun es untereinander.

„Wenn ich sage: ‚Danke, Bhuti, danke, Sisi', dann ist das liebevoll", sagt die Galeristin Heidi Erdmann aus Kapstadt, „ich will ausdrücken, dass wir gleichwertig sind." Außerdem erleichtere es den ersten Kontakt, denn Begegnungen in Südafrika seien oft ein Aufeinanderprallen der Gegensätze, getragen vom Schuldgefühl der Weißen und noch nicht völlig überwundenen Minderwertigkeitsgefühl der Schwarzen.

Die familiäre Anrede ist keine Floskel, sie drückt Verbundenheit aus

Wie selbstverständlich die Anrede ist und wie sie die Verbundenheit aller Menschen unabhängig von Herkunft und Hintergrund in einem Wort zusammenfasst, zeigt das Beispiel einer schwarzen Mutter, die vor der Wahrheits- und Versöhnungskommission erstmals dem Mörder ihres Sohnes gegenüberstand. Sie fragte ihn: „Warum hast du das getan, mein Sohn?"

Es geht also um mehr als nur höfliche Floskeln und Kommunikation. Es geht um den Geist des Landes, das einem tatsächlich Hoffnung für die Zukunft machen kann, weil es statt rückwärtsgewandt gegenwartsbezogen denkt und weil es beherzt Gemeinsamkeiten über Differenzen stellt und dafür die Sprache zum Instrument macht.

Alles beginnt mit Sprache. Nur wer miteinander spricht, kann sich verstehen. Mittlerweile haben zahlreiche Vokabeln schwarzer Sprachen Eingang ins südafrikanische Englisch gefunden, etwa Umama (Mutter), Ubaba (Vater) und Ubuntu (Mitgefühl, Humanität). Die Schwarzen wiederum benutzen statt „yes" das Wort „ja" aus dem Afrikaans. Und das afrikaanse „Trek" versteht die ganze Welt.

Wer den Südafrikanern seinen Respekt dafür zollen möchte, wie sie den Nächsten als Bruder oder Schwester betrachten, kann das mit einem Wort tun: „hhayibo". Das ist aus der Sprache der Zulu und wird längst von allen Südafrikanern benutzt. Es drückt in etwa dasselbe aus wie das englische „wow". ■

Gerhard Waldherr